职务犯罪案例解析

冀 洋 编著

东南大学出版社
·南京·

图书在版编目(CIP)数据

职务犯罪案例解析/冀洋编著.—南京:东南大学出版社,2019.3
ISBN 978-7-5641-8239-7

Ⅰ.①职… Ⅱ.①冀… Ⅲ.①职务犯罪—案例—中国—教材 Ⅳ.①D924.305

中国版本图书馆 CIP 数据核字(2019)第 011173 号

* 江苏高校哲学社会科学重点研究基地成果
* 江苏高校"青蓝工程"项目

职务犯罪案例解析
Zhiwu Fanzui Anli Jiexi

编 著 者	：冀洋
出版发行	：东南大学出版社
社　　址	：南京四牌楼 2 号　邮编：210096
出 版 人	：江建中
网　　址	：http://www.seupress.com
照　　排	：南京星光测绘科技有限公司
经　　销	：全国各地新华书店
印　　刷	：兴化印刷有限责任公司
开　　本	：787mm×1092mm　1/16
印　　张	：13.75
字　　数	：343 千字
版　　次	：2019 年 3 月第 1 版
印　　次	：2019 年 3 月第 1 次印刷
书　　号	：ISBN 978-7-5641-8239-7
定　　价	：48.00 元

本社图书若有印装质量问题,请直接与营销部联系。电话(传真):025-83791830

目 录

第一章 贪污罪 / 1
    一、贪污罪的沿革 / 3
    二、贪污罪的法益 / 6
    三、贪污罪的构成 / 7
    四、贪污罪的处罚 / 18

第二章 挪用公款罪 / 25
    一、挪用公款罪的沿革 / 27
    二、挪用公款罪的法益 / 28
    三、挪用公款罪的构成 / 29
    四、挪用公款罪与贪污罪（职务侵占罪）、挪用资金罪 / 40
    五、挪用公款罪的处罚 / 45

第三章 受贿罪 / 47
    一、受贿罪的沿革 / 48
    二、受贿罪的法益 / 50
    三、受贿罪的构成 / 54
    四、受贿犯罪追诉的证据规则 / 67
    五、受贿罪的处罚 / 71

第四章 利用影响力受贿罪 / 76
    一、利用影响力受贿罪的沿革 / 78
    二、利用影响力受贿罪的构成 / 80
    三、利用影响力受贿罪的共犯 / 99
    四、利用影响力受贿罪的处罚 / 100

第五章 行贿罪 / 101
    一、行贿罪的沿革 / 104

二、行贿罪的构成 / 106

三、行贿罪的处罚 / 111

第六章 对有影响力的人行贿罪 / 115

一、对有影响力的人行贿罪的沿革 / 116

二、对有影响力的人行贿罪的法益 / 120

三、对有影响力的人行贿罪的构成 / 123

四、对有影响力的人行贿罪的处罚 / 131

第七章 对单位行贿罪 / 134

一、对单位行贿罪的沿革 / 135

二、对单位行贿罪的构成 / 136

三、对单位行贿罪的处罚 / 141

第八章 介绍贿赂罪 / 143

一、介绍贿赂罪的沿革 / 143

二、介绍贿赂罪的构成 / 144

三、介绍贿赂罪与行贿罪、受贿罪的关系 / 146

四、介绍贿赂罪的处罚 / 149

第九章 巨额财产来源不明罪 / 150

一、巨额财产来源不明罪的沿革 / 151

二、巨额财产来源不明罪的构成 / 152

三、巨额财产来源不明罪的处罚 / 154

第十章 滥用职权罪 / 157

一、滥用职权罪的沿革 / 159

二、滥用职权罪的构成 / 160

三、滥用职权罪的"罪与非罪":以一起拆迁案件为例 / 165

四、滥用职权罪的处罚 / 169

第十一章 玩忽职守罪 / 171

一、玩忽职守罪的沿革 / 173

二、玩忽职守罪的构成 / 174

三、玩忽职守罪的处罚 / 178

第十二章 故意(过失)泄露国家秘密罪 / 180

一、故意(过失)泄露国家秘密罪的沿革 / 183

二、泄露国家秘密罪的构成 / 185

三、泄露国家秘密罪的处罚 / 188

第十三章 徇私枉法罪 / 189

一、徇私枉法罪的沿革 / 190

二、徇私枉法罪的构成 / 190

三、徇私枉法罪的处罚 / 193

第十四章 环境监管失职罪与食品监管渎职罪 / 195

一、环境监管失职罪、食品监管渎职罪的沿革 / 197

二、环境监管失职罪、食品监管渎职罪的构成 / 198

三、环境监管失职罪、食品监管渎职罪的处罚 / 201

第十五章 非法批准征收、征用、占用土地罪 / 207

一、非法批准征收、征用、占用土地罪的沿革 / 210

二、非法批准征收、征用、占用土地罪的构成 / 211

三、非法批准征收、征用、占用土地罪的处罚 / 212

第一章 贪污罪

【《中华人民共和国刑法》(最新版)相关法条】

第三百八十二条 国家工作人员利用职务上的便利,侵吞、窃取、骗取或者以其他手段非法占有公共财物的,是贪污罪。

受国家机关、国有公司、企业、事业单位、人民团体委托管理、经营国有财产的人员,利用职务上的便利,侵吞、窃取、骗取或者以其他手段非法占有国有财物的,以贪污论。

与前两款所列人员勾结,伙同贪污的,以共犯论处。

第三百八十三条 对犯贪污罪的,根据情节轻重,分别依照下列规定处罚:

(一)贪污数额较大或者有其他较重情节的,处三年以下有期徒刑或者拘役,并处罚金。

(二)贪污数额巨大或者有其他严重情节的,处三年以上十年以下有期徒刑,并处罚金或者没收财产。

(三)贪污数额特别巨大或者有其他特别严重情节的,处十年以上有期徒刑或者无期徒刑,并处罚金或者没收财产;数额特别巨大,并使国家和人民利益遭受特别重大损失的,处无期徒刑或者死刑,并处没收财产。

对多次贪污未经处理的,按照累计贪污数额处罚。

犯第一款罪,在提起公诉前如实供述自己罪行、真诚悔罪、积极退赃,避免、减少损害结果的发生,有第一项规定情形的,可以从轻、减轻或者免除处罚;有第二项、第三项规定情形的,可以从轻处罚。

犯第一款罪,有第三项规定情形被判处死刑缓期执行的,人民法院根据犯罪情节等情况可以同时决定在其死刑缓期执行二年期满依法减为无期徒刑后,终身监禁,不得减刑、假释。[①]

【司法解释】

■ 2016年4月18日,最高人民法院、最高人民检察院《关于办理贪污贿赂刑事案件

[①] 2015年8月29日第十二届全国人民代表大会常务委员会第十六次会议通过《刑法修正案九》对刑法第三百八十三条进行了修正,原条文为:对犯贪污罪的,根据情节轻重,分别依照下列规定处罚:(一)个人贪污数额在十万元以上的,处十年以上有期徒刑或者无期徒刑,可以并处没收财产;情节特别严重的,处死刑,并处没收财产。(二)个人贪污数额在五万元以上不满十万元的,处五年以上有期徒刑,可以并处没收财产;情节特别严重的,处无期徒刑,并处没收财产。(三)个人贪污数额在五千元以上不满五万元的,处一年以上七年以下有期徒刑;情节严重的,处七年以上十年以下有期徒刑。个人贪污数额在五千元以上不满一万元,犯罪后有悔改表现、积极退赃的,可以减轻处罚或者免予刑事处罚,由其所在单位或者上级主管机关给予行政处分。(四)个人贪污数额不满五千元,情节较重的,处二年以下有期徒刑或者拘役;情节较轻的,由其所在单位或者上级主管机关酌情给予行政处分。对多次贪污未经处理的,按照累计贪污数额处罚。

适用法律若干问题的解释》

第一条 贪污或者受贿数额在三万元以上不满二十万元的,应当认定为刑法第三百八十三条第一款规定的"数额较大",依法判处三年以下有期徒刑或者拘役,并处罚金。

贪污数额在一万元以上不满三万元,具有下列情形之一的,应当认定为刑法第三百八十三条第一款规定的"其他较重情节",依法判处三年以下有期徒刑或者拘役,并处罚金:

（一）贪污救灾、抢险、防汛、优抚、扶贫、移民、救济、防疫、社会捐助等特定款物的;
（二）曾因贪污、受贿、挪用公款受过党纪、行政处分的;
（三）曾因故意犯罪受过刑事追究的;
（四）赃款赃物用于非法活动的;
（五）拒不交待赃款赃物去向或者拒不配合追缴工作,致使无法追缴的;
（六）造成恶劣影响或者其他严重后果的。

受贿数额在一万元以上不满三万元,具有前款第二项至第六项规定的情形之一,或者具有下列情形之一的,应当认定为刑法第三百八十三条第一款规定的"其他较重情节",依法判处三年以下有期徒刑或者拘役,并处罚金:

（一）多次索贿的;
（二）为他人谋取不正当利益,致使公共财产、国家和人民利益遭受损失的;
（三）为他人谋取职务提拔、调整的。

第二条 贪污或者受贿数额在二十万元以上不满三百万元的,应当认定为刑法第三百八十三条第一款规定的"数额巨大",依法判处三年以上十年以下有期徒刑,并处罚金或者没收财产。

贪污数额在十万元以上不满二十万元,具有本解释第一条第二款规定的情形之一的,应当认定为刑法第三百八十三条第一款规定的"其他严重情节",依法判处三年以上十年以下有期徒刑,并处罚金或者没收财产。

受贿数额在十万元以上不满二十万元,具有本解释第一条第三款规定的情形之一的,应当认定为刑法第三百八十三条第一款规定的"其他严重情节",依法判处三年以上十年以下有期徒刑,并处罚金或者没收财产。

第三条 贪污或者受贿数额在三百万元以上的,应当认定为刑法第三百八十三条第一款规定的"数额特别巨大",依法判处十年以上有期徒刑、无期徒刑或者死刑,并处罚金或者没收财产。

贪污数额在一百五十万元以上不满三百万元,具有本解释第一条第二款规定的情形之一的,应当认定为刑法第三百八十三条第一款规定的"其他特别严重情节",依法判处十年以上有期徒刑、无期徒刑或者死刑,并处罚金或者没收财产。

受贿数额在一百五十万元以上不满三百万元,具有本解释第一条第三款规定的情形之一的,应当认定为刑法第三百八十三条第一款规定的"其他特别严重情节",依法判处十年以上有期徒刑、无期徒刑或者死刑,并处罚金或者没收财产。

第四条 贪污、受贿数额特别巨大,犯罪情节特别严重、社会影响特别恶劣、给国家和人民利益造成特别重大损失的,可以判处死刑。

符合前款规定的情形,但具有自首,立功,如实供述自己罪行、真诚悔罪、积极退赃,或者避免、减少损害结果的发生等情节,不是必须立即执行的,可以判处死刑缓期二年执行。

符合第一款规定情形的,根据犯罪情节等情况可以判处死刑缓期二年执行,同时裁判决定在其死刑缓期执行二年期满依法减为无期徒刑后,终身监禁,不得减刑、假释。

一、贪污罪的沿革

我国现行刑法第八章"贪污贿赂罪"的第一个罪名便是贪污罪,足见国家立法对于惩治贪污行为的重视程度。在民间话语中,"贪污""腐败"也一直连用,贪污行为成为腐败的最原始行为,人们对腐败官员的第一印象就是"贪","贪官污吏"甚至成为职务犯罪人员的统称。我国历代王朝的贪污腐化行为,酿造了无数次的"官民冲突",以致引发"农民起义",造成王朝政权更迭,所以"贪污"被统治者视为集团内部最大的祸害,各代君王莫不以"肃贪"为安邦定国之要务。《左传》对夏朝法律的记载中即有"昏墨贼杀,皋陶之刑也"的记载,"墨"就是贪墨、贪污,及至明代洪武时期,耸人听闻的"剥皮楦草"成为惩治贪污罪相当严厉的刑罚表现之一。

新中国"第一大贪污案"

【案例1-1】 刘青山、张子善是经历过土地革命、抗日战争和解放战争严峻考验,对革命事业做出过很大贡献的党和国家老干部。新中国成立后,刘、张二人先后担任河北省天津地委书记。刘、张主要犯罪事实有:一是利用职权,盗用飞机场建筑款,克扣地方粮、干部家属救济粮、民工供应粮等公款总计达171.6亿元多元(旧币,1万元折合现行人民币值1元,以下同),用于经营他们秘密掌握的所谓"机关生产"。二是勾结奸商,投机倒把,从事倒买倒卖的非法活动,勾结奸商以49亿元巨款倒卖钢材,使国家财产损失达21亿元;为从东北套购木材,他们不顾灾民疾苦,占用4亿元救灾款,还派人冒充军官倒买倒卖。三是刘、张二人生活腐化堕落,拒不悔改,他们从盗取的国家资财中贪污挥霍共达3.78亿多元。刘青山还吸毒成瘾;张子善为隐瞒罪证,一次销毁单据300余张。四是破坏国家政策。他们以高薪诱聘国营企业的31名工程技术人员,成立非法的"建筑公司",从事投机活动。五是盘剥民工,将国家发给民工的好粮换成坏粮,抬高卖给民工的食品价格,从中渔利达22亿元。1952年2月10日,河北省人民法院在保定市举行了公审刘、张二犯的大会,依法判处刘青山、张子善死刑。①

新中国成立以后,贪污现象依然严峻,毛泽东等党和国家领导人格外重视吏治整顿。1951年11月30日,中共中央根据同年秋季全国工农业战线开展的爱国增产运动中揭发出的大量贪污、浪费现象和官僚主义问题,向全党指出"必须严重地注意干部被资产阶级腐蚀发生严重贪污行为这一事实,注意发现、揭发和惩处",在"三反运动"中轰动一时的大贪污分子刘青山、张子善被判处死刑。1952年4月18日,中央人民政府委员会批准通过《中华人民共和国惩治贪污条例》,第2条规定:"一切国家机关、企业、学校及其附属机构的工作人员,凡侵吞、盗窃、骗取、套取国家财物,强索他人财物,收受贿赂以及其他假公济私违法取利之行为,均为贪污罪。"可见,此时的贪污罪是"大贪污罪"概念:构成要件行为包括了贪污行为、受贿行为以及其他以公谋私的行为,犯罪主体是一切国家机关、企业、学校及其附属机构的工作人员。对待这一贪污罪的最高处罚是:个人贪污的数额,在人民币一亿元以上者,判处十年以上有期徒刑或无期徒刑;其情节特别严重者判处死刑。

1954年9月,新中国召开了第一届全国人民代表大会第一次会议,会议通过了中华人民共和国第一部宪法以及《中华人民共和国全国人民代表大会组织法》等五个组织法;同年10月,在全国人大常委会办公厅法律室的主持下,启动了新中国刑法典的起草工作,截至1957年6月共草拟22稿。② 但由于众所周知的历史原因,新中国第一部刑法典直到1979年7月1日才获得通过(即学界所称的"1979年刑法""79刑法"或"旧刑法"),1980年1月1日正式施行。该部刑法典第五章"侵犯财产罪"第一百五十五条第一款规定:"国家工作人员利用职务上的便利贪污公共财物的,处五年以下有期徒刑或者拘役;数额巨大、情节严重的,处五年以上有期徒刑;情节特别严重的,处无期徒刑或者死刑。"第二款规定:"犯前款罪的,并处没收财产,或者判令退赔。"第三款规定:"受国家机关、企业、事业单位、人民团体委托从事公务的人员犯第一款罪的,依照前两款的规定处罚。"该刑法典第八章"渎职罪"中规定了贿赂犯罪,1952年的"大贪污罪"罪名正式在法典中分化。

随着改革开放以后国家经济体制的改革,1988年1月21日全国人民代表大会常务委员会公布实施《关于惩治贪污罪贿赂罪的补充规定》,第1条规定:"国家工作人员、集体经济组织工作人员或者其他经手、管理公共财物的人员,利用职务上的便利,侵吞、盗窃、骗取或者以其他手段非法占有公共财物的,是贪污罪。与国家工作人员、集体经济组织工作人员或者其他经手、管理公共财物的人员勾结,伙同贪污的,以共犯论处。"1989年11月16日,最高人民法院、最高人民检察院联合发布《关于执行〈关于惩治贪污罪贿

---

① 《新中国成立后第一个被处死刑的高级干部贪污犯》,http://fanfu.people.com.cn/BIG5/143349/165093/165095/9882743.html。
② 参见高铭暄:《中国共产党与中国刑法立法的发展》,载《法学家》2011年第5期。

赂罪的补充规定〉若干问题的解答》,旧刑法中的贪污罪犯罪主体、构成要件行为、数额与量刑等开始具备一定的体系性,相关认定很大程度上得到细化。

1997年3月14日,新中国成立之后的第二部刑法典审议通过,同年10月1日正式施行,即现行刑法典(也称"1997年刑法""97刑法"或"新刑法")。新刑法第八章"贪污贿赂罪"第三百八十二条规定:"国家工作人员利用职务上的便利,侵吞、窃取、骗取或者以其他手段非法占有公共财物的,是贪污罪。受国家机关、国有公司、企业、事业单位、人民团体委托管理、经营国有财产的人员,利用职务上的便利,侵吞、窃取、骗取或者以其他手段非法占有国有财物的,以贪污论。与前两款所列人员勾结,伙同贪污的,以共犯论处。"该条的这一规定,一直实施至今,历次刑法修正案均未对此作出改变①,第三百八十二条成为当前贪污罪的司法定性根据、教义学分析依据。在新刑法生效后,新中国发生了很多重大贪污犯罪行为,包括贪污数额、贪污犯身份、社会影响等都在国家反腐史上留下印记,新的第三百八十二、三百八十三条成为反腐利器。

2014年10月,全国人大常委会着手准备修改刑法,法制工作委员会在《刑法修正案九(草案)》说明中指出:"按照党的十八届三中全会对加强反腐败工作,完善惩治腐败法律规定的要求,加大惩处腐败犯罪力度,拟对刑法作出以下修改:一是,修改贪污受贿犯罪的定罪量刑标准。现行刑法对贪污受贿犯罪的定罪量刑标准规定了具体数额。这样规定是1988年全国人大常委会根据当时惩治贪污贿赂犯罪的实际需要和司法机关的要求作出的。从实践的情况看,规定数额虽然明确具体,但此类犯罪情节差别很大,情况复杂,单纯考虑数额,难以全面反映具体个罪的社会危害性。同时,数额规定过死,有时难以根据案件的不同情况做到罪刑相适应,量刑不统一。根据各方面意见,拟删去对贪污受贿犯罪规定的具体数额,原则规定数额较大或者情节较重、数额巨大或者情节严重、数额特别巨大或者情节特别严重三种情况,相应规定三档刑罚,并对数额特别巨大,并使国家和人民利益遭受特别重大损失的,保留适用死刑。具体定罪量刑标准可由司法机关根据案件的具体情况掌握,或者由最高人民法院、最高人民检察院通过制定司法解释予以确定。同时,考虑到反腐斗争的实际需要,对犯贪污受贿罪,如实供述自己罪行、真诚悔罪、积极退赃,避免、减少损害结果发生的,规定可以从宽处理"。② 2015年8月29日,第十二届全国人大常委会十六次会议表决通过《刑法修正案(九)》,对刑法第三百八十三条进行了修订,修正案于2015年11月1日开始施行,贪污罪的定罪量刑标准就此发生了巨大变化。就数额而言,修订后的刑法入罪门槛被大幅提高,相同犯罪数额的贪污罪量刑被大幅降低,根据我国刑法第十二条"从旧兼从轻"的原则,《刑法修正案(九)》之前的

---

① 2006年6月29日,审议通过的《刑法修正案(六)》将贪污贿赂犯罪纳入刑法第一百九十一条洗钱罪的上游犯罪。1997年刑法典颁布时,洗钱罪的上游犯罪只有毒品犯罪、黑社会性质组织罪、走私犯罪,2001年《刑法修正案(三)》增加了恐怖活动犯罪,2006年增加了贪污贿赂犯罪、破坏金融管理秩序犯罪、金融诈骗犯罪。

② 2014年10月27日,法制工作委员会主任李适时委员长在第十二届全国人民代表大会常务委员会第十一次会议上就修改草案作出说明,参见《关于〈中华人民共和国刑法修正案(九)(草案)〉的说明》,http://www.npc.gov.cn/wxzl/gongbao/2015-11/06/content_1951884.htm.

贪污行为的处理适用新修订的第三百八十三条。

二、贪污罪的法益

贪污罪是国家工作人员利用职务上的便利,侵吞、窃取、骗取或者以其他手段非法占有公共财物的行为;受国家机关、国有公司、企业、事业单位、人民团体委托管理、经营国有财产的人员,利用职务上的便利,侵吞、窃取、骗取或者以其他手段非法占有国有财物的行为也以贪污罪论。

一般认为,刑法典第八章贪污贿赂罪规定的主要是国家工作人员的职务犯罪,这类犯罪侵犯的法益是公务人员职务行为的廉洁性。廉洁性体现在很多方面,如贿赂行为侵犯的廉洁性就是职务行为的不可收买性即权钱不可交易性。就贪污罪而言,职务行为的廉洁性之所以被侵犯是由于从事公务的人员基于自己的职务而贪墨公共财产,这意味着这些公务人员不再"干净",而是成为"脏(赃)官",这也是人民群众普遍痛恨"贪官"的原因:身为人民公仆、手握权力,却损公肥私、以权谋私,沦为"国家蛀虫",完全与"公务人员"的廉洁形象背道而驰。试问,一个见财起意的公务人员,何以保证其在各种条件下为国家服务、人民服务?贪污罪之所以被规定为第八章第一大罪,正是由于本罪对职务行为廉洁性的极度败坏。

但本书认为,贪污罪侵犯的法益首推财产法益,职务行为的廉洁性是次要法益。如前所述,在旧刑法中贪污罪被置于"侵犯财产罪"一章,当时的第八章"渎职罪"并不仅仅是"狭义的渎职类犯罪"(如玩忽职守、徇私舞弊),而是包括了行贿罪、受贿罪等,①所以贪污罪主要是对公共财产法益的侵犯,其侵害法益与贿赂犯罪有别,二者在罪名体系上、法定刑设置上都是分离的。其实,这一规定除了受到当时的政策影响之外,其还具有刑法理论上的合理性,主要原因就在于贪污罪与贿赂犯罪在法益侵害上存在很大的区别。贪污罪的行为是非法占有公共财物,其本质上就是一种贪利型犯罪,其危害性主要是通过贪污数额直观反映出来,这与盗窃罪、职务侵占罪等财产犯罪基本一致。② 只不过贪污罪是具有一定身份的人员对公共财物的财产犯罪,盗窃等罪是一般人对公私财物的财

---

① "渎"是亵渎、不敬之意,"渎职"就是对职务或职位不尊敬;在古汉语中"渎"通"黩",即贪求的意思,如黩货病民(贪财害民)、黩财(贪求财货),有贪污之意。因此,"渎职"并非只指玩忽职守、徇私枉法等。我国台湾地区所谓"刑法分则"第四章规定了"渎职罪",其中第一百三十一条规定的就是"公务员图利罪":"公务员对于主管或监督之事务,明知违背法令,直接或间接图自己或其他私人不法利益,因而获得利益者,处一年以上七年以下有期徒刑,得并科七万元以下罚金。犯前项之罪者,所得之利益没收之。如全部或一部不能没收时,追征其价额。"所以,贪污罪也是一种渎职罪,这在汉语言上并无不妥,只不过我国 1997 年刑法典在分则罪名体系上明确区分了第八章贪污贿赂罪和第九章渎职罪。

② 基于此,日本刑法典第 253 条在第 252 条侵占罪之后规定了"业务侵占罪":侵占业务上自己持有他人之物者,处十年以下惩役。公务人员基于业务上的便利而侵吞、窃取、骗取或者以其他手段非法占有公共财物的贪污行为,构成业务侵占罪。张明楷教授就建议:将来应当将职务侵占罪与贪污罪合并成一个职务(业务)侵占罪,将其规定在侵犯财产罪中。参见张明楷:《贪污贿赂罪的司法与立法发展方向》,载《政法论坛》2017 年第 1 期。

产犯罪。刑法首先应当将国家工作人员当做一般人看待，即不允许侵吞、窃取、骗取或者以其他手段非法占有公共财物；同时，基于国家工作人员的特殊身份，当他们实施了针对公共财产的侵占行为时，刑法对之做出了不同于一般人的评价，①即国家工作人员除了未尽到普通公民不得侵占他人财物之义务外，还亵渎了国家对公务人员的廉洁性而成为"赃官"。因此，贪污罪主要侵犯的是财产法益，次要侵犯的是国家工作人员的职务廉洁性。

三、贪污罪的构成

（一）本罪的主体

根据刑法第三百八十二条，贪污罪的主体是国家工作人员，受国家机关、国有公司、企业、事业单位、人民团体委托管理、经营国有财产的人员；利用职务上的便利，侵吞、窃取、骗取或者以其他手段非法占有国有财物的，以贪污论。

1. 国家工作人员

对于第一类主体"国家工作人员"，刑法从立法上进行了明确。刑法第九十三条规定：本法所称国家工作人员，是指国家机关中从事公务的人员。国有公司、企业、事业单位、人民团体中从事公务的人员和国家机关、国有公司、企业、事业单位委派到非国有公司、企业、事业单位、社会团体从事公务的人员，以及其他依照法律从事公务的人员，以国家工作人员论。换言之，国家工作人员包括以下人员：（1）在国家机关中从事公务的人员；（2）在国有公司等国有单位中从事公务的人员；（3）国家机关、国有公司等国有单位委派到非国有单位从事公务的人员；（4）其他依照法律从事公务的人员。毫无疑问，"从事公务"是国家工作人员的本质特征。2003年11月13日最高人民法院《全国法院审理经济犯罪案件工作座谈会纪要》指出，"从事公务，是指代表国家机关、国有公司、企业事业单位、人民团体等履行组织、领导、监督、管理等职责。公务主要表现为与职权相联系的公共事务以及监督、管理国有财产的职务活动。如国家机关工作人员依法履行职责，国有公司的董事、经理、监事、会计、出纳人员等管理、监督国有财产等活动，属于从事公务。那些不具备职权内容的劳务活动、技术服务工作，如售货员、售票员等所从事的工作，一般不认为是公务"。

在贪污罪的主体认定中，高等院校、科研院所的科研人员能否成为贪污罪的主体，是近年来备受学者和实务部门讨论的新的焦点问题，一些顶级科学家因经费报销问题而身

---

① 由于贪污罪比盗窃罪、诈骗罪含有更多的构成要件要素，即刑法对国家工作人员有着比普通人更高的职务或者业务要求，贪污罪应当比盗窃罪、诈骗罪等财产犯罪入罪门槛更低、处罚力度更大，但实际上我国刑法典却背道而驰，尤其《刑法修正案（九）》大幅提高了贪污罪的入罪门槛，这造成了贪污罪与盗窃罪、诈骗罪等罪的"天壤之别"。对相同法益的侵犯，由于国家工作人员身份的不同而产生了对公务人员的刑法"优待"，这违背了宪法与刑法上的平等原则。

陷囹圄,为国家发展作出重大贡献的人轻易变为"国家罪人",让刑法研究者心生很多困惑。有人认为,在目前的管理体制下,进入国有单位管理的科研经费应属于公款,科研人员支取和核销科研经费的行为是科研经费管理活动中的重要环节,具有公务活动的性质,非法占地套取科研经费,可以为现行刑法中的贪污罪所评价。① 有人认为,科研活动作为宪法规定的公民的基本权利,不能因科研经费姓"公"而将科研人员的科研活动解释为从事公务,进而将科研人员认定为刑法意义上的国家工作人员。②

山东某大学教授套取科研经费案

【案例 1-2】 刘某自 2002 年 9 月任山东某大学实验动物中心主任(副处级),尹某系山东某大学实验动物中心实验师。2003 年 11 月,山东某大学成立山东某大学新药评价中心(以下简称"药评中心"),刘某任副主任,主持该中心工作,负责该中心日常行政管理、科研经费的支出,试剂耗材及设备采购、合同制工人工资的发放等相关费用报销的签字审核等全面工作。药评中心通过济南和诺人力资源服务有限公司劳务派遣方式聘任张某为员工。济南市人民检察院指控:2009 年 3 月至 2012 年 3 月,刘某在担任药评中心副主任及科研项目负责人期间,利用职务上的便利,单独或指使被告人张某、尹某,采取虚开发票的方式,多次套取山东某大学公款共计 9 211 970 元,用于支付刘某个人公司的设备款、工程款。刘某参与全部作案,张某参与套取公款 4 553 940 元,尹某参与套取公款 1 281 700 元。山东某大学科研经费管理规定,对于横向科研经费的结余部分,项目负责人填制《山东某大学科研经费结余分配单》后,课题组成员在依法纳税的前提下可从结余经费中提取 40% 作为科研酬金。截至 2011 年年底,药评中心、实验动物中心横向科研项目结余资金为 5 272 879.23 元。济南市中级人民法院认为,刘某身为国有事业单位中从事公务的人员,利用职务上的便利,采取骗取的手段,非法占有公共财物,其行为构成贪污罪;张某、尹某身为国有事业单位中从事公务的人员,明知刘某骗取公款,而仍按照刘某的指使,分别利用职务上的便利为其提供帮助,张某、尹某的行为亦构成贪污罪。刘某实际骗取公款 3 418 030.3 元,张某参与骗取公款 1 689 511.74 元,尹某参与骗取公款 475 510.7 元。法院依法判决刘某犯贪污罪,判处有期徒刑十三年,并处没收财产 30 万元;张某犯贪污罪,判处有期徒刑六年,并处没收财产 5 万元;尹某犯贪污罪,判处有期徒刑两年,并处没收财产 1 万元。③ 一审宣判后,三人均不服判决,分别以"其行为不构成贪污罪"为主要理由提出上诉。山东省高级人民法院审理后认为,原审判决认定事实清楚、证据确实、充分,定罪准确,量刑适当,审判程序合法,遂裁定驳回上诉,维持原判。

---

① 参见孙国祥:《套取并占有科研经费的刑法性质研究》,载《法学论坛》2016 年第 2 期。
② 参见姜涛:《科研人员的刑法定位:从宪法教义学视域的思考》,载《中国法学》2017 年第 1 期。
③ 《山东省济南市中级人民法院刑事判决书》,(2013)济刑二初字第 2 号。

浙江某大学研究院院长套取科研经费案

【案例1-3】 陈某系浙江某大学水环境研究院原院长,浙江省杭州市人民检察院指控:2008年8月至2011年12月期间,陈某作为浙江某大学水环境研究院院长,在承担国家科技重大专项课题"太湖流域苕溪农业面源污染河流综合整治技术集成与示范工程"过程中,利用自己作为课题总负责人负责专项科研经费的总体把握、分配管理、预算决算编制等职务便利,将自己实际控制的杭州高博环保科技有限公司、杭州波易环保工程有限公司列为课题外协单位,以承接子课题部分项目任务的名义,将课题经费200万元和870.73万元分配给自己实际控制的波易公司、高博公司支配使用。除少量费用用于课题开支外,被告人陈某授意其博士生杨某甲、王某甲、梁某等人陆续以开具虚假发票、编造虚假合同、编制虚假账目等手段,将其中1 022.664 6万元专项科研经费套取或者变现非法占为己有。被告人陈某否认犯有起诉书指控的贪污罪,辩称起诉书指控其编制虚假预算、虚开发票、编制虚假账目均不符合事实;其并未利用职务进行违法犯罪。其辩护人认为,起诉书指控的1 022万元所谓的贪污款是在浙江某大学与协作单位之间转移的资金,转移资金之举不能被认为是陈某贪污的行为;高博公司、波易公司作为课题的协作单位在使用科研经费中有违约行为,可以合同法规定的违约行为来追究责任,不应动用刑法;许多无法列支到预算的费用,如前期垫付费用、示范工程建设资金缺口填补、示范工程长效运行与后期维护费用等都将从中开支,陈某没有贪污的主观故意,没有实施贪污的客观行为。杭州市中级人民法院审理后认为,被告人陈某犯贪污罪,判处有期徒刑十年,并处没收财产计人民币20万元。①

从我国实务情况看,贪污罪论成为实务中的主流意见,如上述案例1-3中,杭州市中级人民法院审理认为:被告人陈某身为国有事业单位中从事公务的人员,利用国家科技重大专项苕溪课题总负责人的职务便利,采用编制虚假预算、虚假发票冲账、编制虚假账目等手段,将国拨科研经费1 000万余元冲账套取,为己所控,其行为已构成贪污罪。但是,这也常常面临很多质疑,例如清华大学建筑学院付林教授被北京市海淀区人民检察院以贪污罪立案,而清华大学师生发起联名信否认清华大学有损失,并且向被采取强

---

① 《浙江省杭州市中级人民法院刑事判决书》(2013),浙杭刑初字第36号。2017年4月,杭州市中级人民法院审理认为,罪犯陈某在服刑期间,能认罪悔罪,认真遵纪守法,接受教育改造,确有悔改表现,执行机关对罪犯陈某提请减刑的事实清楚,证据充分,依照《中华人民共和国刑事诉讼法》裁定准予减刑八个月。参见《浙江省杭州市中级人民法院刑事裁定书》,(2017)浙01刑更字第1799号。

制措施的付林提出签订续聘合同。① 一时间舆论哗然,这场针对高校的"反腐斗争"变得具有戏剧性甚至讽刺性。

我们认为,科研人员从事的科研活动属于"劳务"而非"公务",他们不属于"国家工作人员"而是普通科研工作人员,其违规套取或以其他方式违规使用研究经费的行为不构成贪污罪。2003年《全国法院审理经济犯罪案件工作座谈会纪要》规定的"从事公务"只是代表国家机关、国有单位等履行组织、领导、监督、管理等职责,行使与职权相联系的公共事务以及监督、管理国有财产的职务活动。当今高校内从事科研工作的教师一般分为教学科研岗位与专职研究员岗位,其最高专业身份称为"教授""研究员",如北京大学某某教授、南京大学某某研究员(科研院所一般只称"研究员",如中国社会科学院某某研究员),这种身份称谓与其职业行为是表里如一的,即教授从事的活动是教学和科研,研究员从事的活动一般为科研(可能兼顾教学),而无论科学研究、专业研究还是对在读学生的教学,这都与"代表国家机关、国有单位等履行组织、领导、监督、管理等职责"没有任何关系,这里虽然涉及的是"人民教师"这一主体,但其行为与"公共事务""监督管理国有财产"没有联系,科研活动所具有的只是一种"技术性"劳动。以成功获得国家社科基金资助项目"法治时代的刑法解释规则研究"的高校教师甲为例,甲对刑法解释规则的研究行为本身是属于其自己申报立项、自己组织研究团队、自主开展研究,整个研究活动和目标是对刑法解释的相关理论和实务进行的原理性、立场性以及方法论的知识生产,无论其研究方法为何、研究结论为何,这都不成其为"公务",他的研究与没有获得资助的其他科研人员一样,都只是将自己的所思所得呈现出来,完全是一种独立性研究活动,不代表国家和任何国有单位行使任何与公共事务相联系的职权。并且,获得国家资助的科研人员在研究过程中对经费的使用不是直接支配管理,高校人员获得的项目资金均由学校收取管理费并代管,研究人员的经费开支由其在单位财务系统办理报销手续,不符合规定的票据,财务人员可以"拒收"。这就意味着,科研人员对国家资助的资金并不享有管理职责,直接管理经费的是用人单位的财务部门而非个人。因此,上述案例中的刘某、陈某只是埋头做研究的劳务人员,国家出钱资助甲的研究是提供物质保障的行为,科研行为即是"科研合同"下的"劳务"而并非代表公权力行使"科研职权"。

有学者认为,只要是国有单位中的工作人员,他们在单位中的活动都应作"公务活

---

① 参见《他攻克了雾霾,却被抓起来了!》,http://www.sohu.com/a/209947263_640913.htm. 付林于2016年3月17日被刑事拘留,同年4月1日被逮捕,2018年2月14日春节前夕被取保候审,返回家中。海淀区检察院于2017年5月27日向海淀区人民法院提起公诉,指控被告人付林犯贪污罪、挪用公款罪。在付林案侦查和审查起诉阶段,他的律师为他作了无罪辩护,曾多次申请取保候审被拒。2018年9月20日,海淀区检察院最终要求撤回对付林的起诉,海淀区法院认为经审查撤诉符合法律规定,准许撤诉。2018年10月18日,海淀区检察院作出不起诉决定书,认为被不起诉人付林利用职务上的便利挪用公款,其行为符合挪用公款罪的构成条件,鉴于其对该行为在性质有一定认识,并于案发前已全部归还挪用款项,可以免于刑事处罚,决定对付林不起诉。至此,检方仍然认定的是"有罪(不起诉)"。参见《清华付林案后续:检方撤诉后称仍构罪》,http://www.infzm.com/content/140792.

动"认定,故他们都应属于刑法中的国家工作人员;①国家资助项目的管理过程中,从经费拨发入账、申领使用到核销有许多环节,科研人员在使用科研经费时,要进行经费的申领和核销,其申领和核销活动,是学校科研经费公款管理的一个重要环节,属于典型的经手"公共财物"的行为,应属于公务活动。由此,科研人员的身份能够成为刑法上的国家工作人员。② 本文认为这值得商榷。"公务活动"是须要从实质进行认定的,"从事公务"与工作人员的"身份"(是否在编、正式职工抑或临时职工)没有关系,"从事公务"即考察该工作人员所从事的内容具体是否与公共管理等职权相关,而非从事的一切活动均为公务,否则"身份论"与"公务论"就没有区别。国有单位的仓库保管员、会计、证券部经理等在从事国有公司货物保管、财务管理、证券事务管理时,属于"劳务",也属于"从事公务",因而按照刑法第九十三条构成"国家工作人员";而高等院校、科研院所等国有事业单位的工作人员虽然也具备"处级"等干部等级身份或者享受相关待遇,但他们在从事科学研究活动等专业性事务时,就只是从事"劳务",不具有单位公共事务的管理性质,不是"国家工作人员"。

我国台湾地区学者对大学教授是否可以构成贪污罪的主体有过理论和实务上的讨论,争议焦点也在于大学科研人员是否属于"公务员"。台湾地区所谓"刑法"第10条规定:"称公务员者,谓下列人员:依法令服务于'国家'、地方自治团体所属机关而具有法定职务权限,以及其他依法令从事于公共事务,而具有法定职务权限者;受'国家'、地方自治团体所属机关依法委托,从事与委托机关权限有关之公共事务者。"这包括三类公务员,即身份公务员、授权公务员和委托公务员,③科研人员是否构成贪污罪的关键主要在于科研人员是否属于这里的"授权公务员"。为消弭争议,台湾地区"最高法院"2014年通过刑事庭会议决议,认定"公立大学"教授受当局、"公立研究机构"或民间之委托或补助,负责科学技术研究计划,由学校出面签约,受托或受补助之研究经费拨入学校账户,其办理采购事务的,此教授或科研人员无所谓"刑法"上"公务员"身份。理由是:(1)"公立大学"教授并非所谓"刑法"第10条第2项第1款所称"依法令服务于'国家'、地方自治团体所属机构而具有法定职务权限之人",并非"身份公务员"。(2)"公立大学"教授受当局或"公立研究机构"委托,负责科学技术研究发展计划,性质上仍属学术研究,并未经由所谓"法令"授权而取得任何职务权限。其为完成该项科研计划而参与相关之采购事务,仅属于执行该项科研计划之附随事项,无"涉公权力"行使,也非有关"国计民生"之事项,非属于公共事务,与第10条中的"依法令从事公务事务而具有法定职务权限"之要件不符,不是"授权公务员"。(3)教授并非"公立大学"之"承办或监办采购人员"而具有办理采购事务之法定职务权限,也非"立法"理由例示之"授权公务员",因而教授为执行科研计划而参与之相关采购事务,既非从事公权力或公共事务,也与委托或补助之当局

---

① 参见孙国祥:《论刑法中的国家工作人员》,载《人民检察》2013年第11期。
② 参见孙国祥:《套取并占有科研经费的刑法性质研究》,载《法学论坛》2016年第2期。
③ 参见张丽卿:《刑法总则理论与运用》,五南图书出版股份有限公司,2014年版,第60-61页。

或"公立研究机构"之权限无关,非"委托公务员"。① 因此,台湾地区"最高法院"认定:"公立大学"教授受当局或"公立研究机构"委托,负责执行科研计划,与办理相关采购事务,并不具有所谓"刑法""公务员"身份,无贪污治罪条例之适用余地。虽然两岸相关规定不同,但对于科研人员在从事科研任务时是否行使了公共职权、是否代表公共机关从事公务,这一点的理解上是共通的,足资借鉴。

2. 受国家机关、国有公司、企业、事业单位、人民团体委托管理、经营国有财产的人员

对于第二类主体"受国家机关、国有公司、企业、事业单位、人民团体委托管理、经营国有财产的人员",理论和实务上存在很大争议。关于刑法第三百八十二条第二款"以贪污论"之性质,有人认为这属于注意规定,②有人认为这属于法律拟制。③ 二者导致的不同法律后果是,注意规定论将承认该类主体同样构成挪用公款罪、受贿罪等国家工作人员职务犯罪的主体,而法律拟制论则否认这一点,因而这直接关系到刑法第八章贪污贿赂罪的处罚范围。

本书认为,该款是法律拟制而非注意规定。由于第一款直接规定的是"国家工作人员"贪污罪,分清第二款的性质之关键在于:(1)"受国家机关、国有公司、企业、事业单位、人民团体委托管理、经营国有财产的人员"是否属于"国家工作人员";(2)如果没有第二款,相关行为本当如何处理。如果其本就可以直接认定为"国家工作人员",或者直接认定为贪污罪,那么该款就是"提醒特别注意"的注意规定;如果其不能被认定为"国家工作人员",或者不能认定为贪污罪而是构成其他犯罪甚至无罪,那么该款就是第三百八十二条"明知不同而以等同视之"的法律拟制。如上所述,刑法第九十三条规定了"3+1"类国家工作人员,"受国家机关、国有公司、企业、事业单位、人民团体委托管理、经营国有财产的人员"并不属于上述任何一类。最具有可比性,也最值得讨论的就是"受委托管理经营国有资产"与第3类"国家机关、国有公司等国有单位委派到非国有单位从事公务","委托"与"委派"一字之差,二者完全具有不同的行为内容。"委派"即派遣,是具有明确的"出入"方向的,是国家机关、国有公司等国有单位指派一名人员前往非国有单位,该人员"出自"国有单位,实质是被任命,其与国有单位具有一定行政性隶属关系。"委托"则是一种民事委托,国有单位委托他人负责管理经营国有财产,二者是相互独立的两个主体,这种管理经营行为源自国有单位与其的民事合作,受托人不因此而成为"国家工作人

---

① 参见邱忠义:《大学教授从事科研计划不实声请经费案之新发展》,载《月旦法学教室》2014年第144期。本文作者给出了一个彻底解决科研人员不会构成贪污罪的方案,可谓道出了大学教师和科研人员的苦楚与心酸:教授们承接的委托研究计划,应比照承揽或工程招标案,定一个标价总金额,委托机构根本不必审查受托者的支出品项及明细,该支出款项用于何处,全由受托者自由决定,委托者只要分阶段审查委托研究案的成果(如中期审查、期末报告)是否符合契约的要求即可,若符合则付款,若不符合则促请改善,不改善则可不付款。如此,大学教师就不必为发票和烦琐的报销手续伤脑筋了。
② 参见陈洪兵:《贪污贿赂渎职罪解释论与判例研究》,中国政法大学出版社,2015年版,第7-10页。
③ 参见赵煜:《惩治贪污贿赂犯罪实务指南》,法律出版社,2017年版,第34页。

员"。最常见的"委托"是国有单位与个人或者私营企业签订承包合同、租赁合同,①受托人按照合同对国有财产进行管理和经营。如果没有第二款之规定,受国家有单位委托管理、经营国有财产的人员,利用职务上的便利侵占国有财物的,符合第二百七十条"将代为保管的他人财物非法占为己有",应当构成侵占罪。刑法为了体现对国有财产的特别重视和大力保护,防止国有资产流失,而将此类行为定性为贪污罪,按照贪污罪的刑罚和追诉程序进行处理,这就是典型的法律拟制。

私营业主韩某被诉贪污罪案

【案例1-4】 2010年化隆县人民政府将国有林地群科镇沙加台苗圃,整体划拨给化隆县畜牧局管理。2012年3月西宁平西房地产开发有限公司总经理韩某甲先后找到时任化隆县副县长的冶某某(另案处理)、化隆县畜牧局局长的马某某(另案处理),要求承包化隆县群科镇沙加台苗圃,冶某某安排马某某和韩某甲就承包具体事宜进行协商。2012年8月1日在冶某某、马某某的安排下,化隆县畜牧局将沙加台苗圃整体移交给以韩某乙(韩某甲之子)为法人代表的青海鑫源公司经营管理,并签订《沙加台苗圃移交手续》。2012年底,青海省政府公告修建牙同(化隆牙什尕至黄南同仁)高速公路,途经化隆县群科镇沙加台苗圃。2012年12月初,化隆县政府对沙加台苗圃进行征地补偿登记,其间经马某某指认,将沙加台苗圃的征用土地及土地附着物丈量登记在韩某乙名下,并签订《征地拆迁安置协议书》。2013年7月2日化隆县国土局将沙加台苗圃征地补偿款3 082 555.51元转账给化隆县畜牧局,马某某请示冶某某同意付款给韩某甲后,化隆县畜牧局于2013年7月19日将2 533 887.76元转入韩某甲私人账户。2013年9月16日,在马某某安排下,化隆县畜牧局与青海鑫源公司签订承包合同,合同中约定"若国家政策变化需要占用该地,赔偿时新建附着物赔偿和土地赔偿均归乙方(青海鑫源公司)",并将合同落款填写为2012年8月18日。2013年10月18日化隆县国土局通知化隆县畜牧局上缴国有土地补偿款。2014年4月21日循化县人民检察院从青海鑫源公司扣押沙加台苗圃征地附着物补偿款319 108.26元,2015年1月26日海东市监察局自韩某甲处扣押违法款项221.477 95万元。青海省海东市乐都区人民法院审理乐都区人民检察院指控被告人韩某甲、韩某乙犯贪污罪一案,于2017年4月25日作出(2016)青0202刑初字第39号刑事判决,原审被告人韩某甲不服,提出上诉。2017年4月青海省海东市乐都区人民法院认定韩某甲、韩某乙通过承包方式取得对化隆县群科镇沙加台苗圃国有资产的管理和经营权,其间二被告人利用其管理、经营国有资产的身份便利,借助其他国家工作人员滥用职权的行为而共同擅自改变合同主要条款的方式,非法侵吞国有资产2 533 887.76元,二人构成贪污罪。鉴于被告人并非典型的国家工作人员,考虑到本案主

---

① 1999年9月9日最高人民检察院《关于人民检察院直接受理立案侦查案件立案标准的规定(试行)》规定:"受委托管理、经营国有财产"是指因承包、租赁、聘用等而管理、经营国有财产。

体的特殊性,且赃款全部追回,对其二人在量刑时可酌情从轻处罚,判处被告人韩某甲有期徒刑五年并处罚金人民币 50 万元,被告人韩某乙有期徒刑二年六个月,缓刑三年并处罚金人民币 15 万元。被告人韩某甲不服,提出上诉,青海省海东市中级人民法院二审裁定:驳回上诉,维持原判。①

本案中,被告人韩某甲案发前系自己所开"西平房地产公司"总经理,被告人韩某乙系"青海鑫源公司"法人代表,其二人均属私营业主,即不属于在国家机关中从事公务的人员,也不是在国有公司、企业、事业单位和人民团体中从事公务的人员或是受上述单位委派到非国有公司、企业、事业单位中从事公务的人员,也不是"其他依照法律从事公务的人员"和"其他由法律授权从事公务的人员"。依据刑法第九十三条规定,被告人韩某甲和韩某乙均不属于"国家工作人员",本不能成为贪污罪的犯罪主体,且无证据证实二被告人与其他国家工作人员(即被告人冶某某和马某某)合谋贪污公款并按照贪污的共同犯罪认定的情形。但依照刑法第三百八十二条第二款"受国家机关、国有公司、企业、事业单位、人民团体委托管理、经营国有财产的人员,利用职务上的便利,侵吞、窃取、骗取或者以其他手段非法占有国有财物的,以贪污论"的规定,被告人韩某甲、韩某乙虽不是"国家工作人员",但二被告人是通过承包方式取得对国有财产的管理、经营权,并利用了其二人管理、经营国有财产的便利,非法占有了 253 万余元的国有土地补偿款和新建附着物补偿款,对此行为应当"以贪污论",即构成第三百八十二条第二款的贪污罪,而非第三款"与前两款所列人员勾结,伙同贪污的,以共犯论处"。

本案二审法院在裁定书中也明确指出:根据刑法第九十三条的规定,认定贪污罪的主体必须是:(1)在国家机关中具有正式编制的且从事公务的人员。(2)在国有公司、企业、事业单位、社会团体中从事公务的人员或者是受国家机关、国有公司、企业、事业单位委派到非国有公司、企业、事业单位中从事公务的人员,此条所指委派,即委任、派遣,如任命、指派、提名、批准等形式,不论被派遣的人身份如何,只要其从事公务即可认定为国家工作人员。(3)"其他依照法律从事公务的人员",具体包括:① 依法履行职责的各级人民代表大会代表;② 依法履行审判职责的人民陪审员;③ 协助乡镇人民政府、街道办事处从事行政管理工作的村民委员会、居民委员会等农村和城市基层组织人员;④ 其他由法律授权从事公务的人员。依据上述法律规定审查,被告人韩某甲和韩某乙均不属于刑法意义上的国家工作人员,不能成为贪污罪的犯罪主体。② 因此,二审法官这一裁判理由也正好说明,如果没有第三百八十二条第二款,被告人就不构成贪污罪,第二款是一种法律拟制而非注意规定。

---

① 《青海省海东市中级人民法院刑事裁定书》,(2017)青 02 刑终字第 65 号。
② 《青海省海东市中级人民法院刑事裁定书》,(2017)青 02 刑终字第 65 号。

(二) 本罪的行为

贪污罪的构成要件行为是,利用职务上的便利,侵吞、窃取、骗取或者以其他手段非法占有公共财物。1999年最高人民检察院《关于人民检察院直接受理立案侦查案件立案标准的规定(试行)》规定,"利用职务上的便利"是指利用职务上主管、管理、经手公共财物的权力及方便条件。其中,"主管"是指对公共财物的使用或分配具有审查、批准、调拨等方面的权力,"管理"多指保管、监管公共财物的职权,"经手"则是对公共财物的一种短暂性、临时控制。

某大学院长被判贪污案

【案例1-5】 宋某自2010年7月15日起任北京某大学软件学院执行院长,北京市海淀区人民检察院指控:2010年9月至2011年6月间,被告人宋某在担任北京某大学"面向新型网络应用模式的网络化操作系统"子课题的团队负责人期间,利用审批和分配科研资金的职务便利,伙同他人,以虚列劳务人员名单的方式,将国家科技重大专项中央财政资金人民币68万元(税后实际所得人民币571 072元)据为己有,并以签订虚假劳务合同的方式应对财务审计。北京市海淀区人民法院认为,被告人宋某身为国家工作人员,利用职务上的便利,骗取公共财物人民币68万元(税后实际所得人民币571 072元),其行为已构成贪污罪,应予惩处。鉴于宋某在案发前退还了全部赃款,且系主动到案,对其依法从轻处罚,但结合其认罪态度,在量刑时亦将酌予体现。据此,北京市海淀区人民法院判决被告人宋某犯贪污罪,判处有期徒刑十年六个月,剥夺政治权利一年。被告人提出上诉,北京市第一中级人民法院认为,原审法院根据宋某犯罪的事实,犯罪的性质、情节和对于社会的危害程度所作出的判决,认定的事实清楚,证据确实、充分,定罪正确,审判程序合法,但原审法院适用法律及判处附加刑有误,终审以贪污罪改判被告人有期徒刑十年六个月。[①]

如前所述,贪污罪主体认定的实质是"从事公务",从事公务是指代表国家机关、国有公司、企业、事业单位、人民团体等履行组织、领导、监督、管理等职责,因而满足贪污罪的主体要件则需要具备一定的公务或者职权,因而行为是否存在"职务便利"与是否"从事公务"是一个问题的两个方面。换言之,在排除某一主体构成贪污罪主体要件的同时,也必然会否认其存在相关公共"职务",否认了"职务便利"的存在,也排除了主体要件符合性。在高校科研人员套取科研经费是否构成贪污罪的讨论中,有学者认为:"科研经费的使用过程中,通常涉及设备的采购、劳务费的领取与发放、购买相关资料等活动的性质认定。应当承认,这些活动也是整个科研项目的一个部分,但这些活动不是科研活动的本

---

① 《北京市第一中级人民法院刑事判决书》,(2014)一中刑终字第1160号。

身。科研经费管理并不是直接交由个人管理,而是项目承担单位进行财务结算管理,并按照公款的一般管理模式进行。在管理过程中,从经费拨发入账、申领使用到核销有许多环节,科研人员在从事科研经费使用时,要进行经费的申领和核销,其申领和核销活动,是学校科研经费公款管理的一个重要环节,属于典型的经手'公共财物'的行为,应属于公务活动。由此,科研人员的身份能够成为刑法上的国家工作人员。实际上,从公平原则看,诸如国有单位的行为人利用单位报销医药费之机,虚开医药费到单位报销,都可以成立贪污罪,有什么理由对教师、科研人员网开一面呢?"[1]还有人认为,作为项目负责人或参与人报销科研经费的行为就具有"经手"公共财产的职务便利。这里的"经手"不仅外在表现为科研人员在科研经费报销单据或凭证中属于"经手人"一栏,而且其实实在在具有一定的"权力"可以利用,司法实践中科研经费腐败案件行为人均是利用报销科研经费的便利条件采取虚开发票、利用无关人员的身份信息冒领劳务费等方式套取科研经费,行为人基于经手公共财产的职务便利而具有国家工作人员身份,因此,其套取科研经费的行为符合贪污罪的构成要件。[2]

　　本书认为,高校科研人员申领、报销经费的行为不是"从事公务",其没有"职务上的便利"。科研经费的使用如设备的采购、劳务费的发放、差旅费的缴纳等,很多时候这些费用都是科研人员首先用自己的资金垫付(通常是用工资卡刷卡),然后向收款单位索要具有单位抬头的增值税普通发票或专用发票。以出差参加会务或调研为例,一个完整的经费使用流程一般是:事先填写公务出差审批单(当然审批单可以后补)—购买往返车票—预订酒店并付款—开具发票—出差归来后填写报销单申请报销垫付费用—单位财务部门审核相关报销单据—审核通过后财务部门进行经费支取—经费转入工资卡。从中可以看出,科研经费在项目负责人或课题组成员支取以前,是由项目负责人所在单位实际控制、管理和支配,科研人员从来不"经手"科研经费即没有临时或短暂管理科研经费的可能,主管、管理或经手人员均是单位财务人员,科研人员所"经手"的仅仅是报销的单据、发票而已,这并不意味着其此时就已经在行使管理科研经费的职务,这种行为只是一种"申请"。如果说科研人员由于"经手"报销凭据就意味着行使公共职权,那么被拆迁户向政府申请土地补偿金、农民申领农村养老金、退伍军人申领义务兵补助、大学生向教育部门申请奖学金,这些"经手"一定申请程序或资料的行为是否也是一种"从事公务"的行为呢?应该难以否认这些申请行为也是整个国家财产使用流程中的重要一环吧?难道他们申请"公款"的行为可以被认定为"经手"公款?若此,则每一个公民都可能随时成为"国家工作人员",随时会因"职务便利"而受到监察委员会、人民检察院的调查,这种违背常识的性质认定值得反思。

---

[1] 参见孙国祥:《套取并占有科研经费的刑法性质研究》,载《法学论坛》2016年第2期。
[2] 参见庄永廉等:《高校科研人员套取科研经费的性质认定》,载《人民检察》2016年第15期。

"杨延虎等贪污案"

【案例 1-6】 被告人杨延虎1996年8月任浙江省义乌市委常委,2003年3月任义乌市人大常委会副主任,2000年8月兼任中国小商品城福田市场(2003年3月改称中国义乌国际商贸城,简称国际商贸城)建设领导小组副组长兼指挥部总指挥,主持指挥部全面工作。2002年,杨延虎得知义乌市稠城街道共和村将列入拆迁和旧村改造范围后,决定在该村购买旧房,利用其职务便利,在拆迁安置时骗取非法利益。杨延虎遂与被告人王月芳(杨延虎的妻妹)、被告人郑新潮(王月芳之夫)共谋后,由王、郑二人出面,通过共和村王某某,以王月芳的名义在该村购买赵某某的3间旧房(房产证登记面积61.87平方米,发证日期1998年8月3日)。按当地拆迁和旧村改造政策,赵某某有无该旧房,其所得安置土地面积均相同,事实上赵某某也按无房户得到了土地安置。2003年3、4月份,为使3间旧房所占土地确权到王月芳名下,在杨延虎指使和安排下,郑新潮再次通过共和村王某某,让该村村民委员会及其成员出具了该3间旧房系王月芳1983年所建的虚假证明。杨延虎利用职务便利,要求兼任国际商贸城建设指挥部分管土地确权工作的副总指挥、义乌市国土资源局副局长吴某某和指挥部确权报批科人员,对王月芳拆迁安置、土地确权予以关照。国际商贸城建设指挥部遂将王月芳所购房屋作为有村证明但无产权证的旧房进行确权审核,上报义乌市国土资源局确权,并按丈量结果认定其占地面积64.7平方米。此后,被告人杨延虎与郑新潮、王月芳等人共谋,在其岳父王某祥在共和村拆迁中可得25.5平方米土地确权的基础上,于2005年1月编造了由王月芳等人签名的申请报告,谎称"王某祥与王月芳共有三间半房屋,占地90.2平方米,二人在1986年分家,王某祥分得36.1平方米,王月芳分得54.1平方米,有关部门确认王某祥房屋25.5平方米、王月芳房屋64平方米有误",要求义乌市国土资源局更正。随后,杨延虎利用职务便利,指使国际商贸城建设指挥部工作人员以该部名义对该申请报告盖章确认,并使该申请报告得到义乌市国土资源局和义乌市政府认可,从而让王月芳、王某祥分别获得72和54平方米(共126平方米)的建设用地审批。按王某祥的土地确权面积仅应得36平方米建设用地审批,其余90平方米系非法所得。2005年5月,杨延虎等人在支付选位费24.552万元后,在国际商贸城拆迁安置区获得两间店面72平方米土地的拆迁安置补偿(案发后,该72平方米的土地使用权被依法冻结)。该处地块在用作安置前已被国家征用并转为建设用地,属国有划拨土地。经评估,该处每平方米的土地使用权价值35270元。杨延虎等人非法所得的建设用地90平方米,按照当地拆迁安置规定,折合拆迁安置区店面的土地面积为72平方米,价值253.944万元,扣除其支付的24.552万元后,实际非法所得229.392万元。浙江省金华市中级人民法院于2008年12月15日作出(2008)金中刑二初字第30号刑事判决:一、被告人杨延虎犯贪污罪,判处有期徒刑十五年,并处没收财产二十万元;犯受贿罪,判处有期徒刑十一年,并处没收财产十万元;决定执行有期徒刑十八年,并处没收财产三十万元。二、被告人郑新潮犯贪污罪,判处有期徒刑五年。三、被告人王月芳犯贪污罪，判处有期徒刑三年。宣判后，三被告人均提出上诉。浙江省高级人民法院于2009年3月16日作出(2009)浙刑二终字第34号刑事裁定，驳回上诉，维持原判。①

  本判例为最高人民法院2012年9月18日发布的指导案例第11号，其裁判要点指出：(1)贪污罪中的"利用职务上的便利"，是指利用职务上主管、管理、经手公共财物的权力及方便条件，既包括利用本人职务上主管、管理公共财物的职务便利，也包括利用职务上有隶属关系的其他国家工作人员的职务便利。(2)土地使用权具有财产性利益，属于刑法第三百八十二条第一款规定中的"公共财物"，可以成为贪污的对象。本案中，杨延虎正是利用担任义乌市委常委、义乌市人大常委会副主任和兼任指挥部总指挥的职务便利，给下属的土地确权报批科人员及其分管副总指挥打招呼，才使得王月芳等人虚报的拆迁安置得以实现。

  本案中，被告人杨延虎等人及其辩护人提出被告人王月芳应当获得土地安置补偿，涉案土地属于集体土地，不能构成贪污罪。法院认为，杨延虎等人明知王月芳不符合拆迁安置条件，却利用杨延虎的职务便利，通过将王月芳所购房屋谎报为其祖传旧房、虚构王月芳与王某祥分家事实，骗得旧房拆迁安置资格，骗取国有土地确权。同时，由于杨延虎利用职务便利，杨延虎、王月芳等人弄虚作假，既使王月芳所购旧房的房主赵某某按无房户得到了土地安置补偿，又使本来不应获得土地安置补偿的王月芳获得了土地安置补偿。《中华人民共和国土地管理法》第2条、第9条规定，我国土地实行社会主义公有制，即全民所有制和劳动群众集体所有制，并可以依法确定给单位或者个人使用。对土地进行占有、使用、开发、经营、交易和流转，能够带来相应经济收益。因此，土地使用权自然具有财产性利益，无论国有土地，还是集体土地，都属于刑法第三百八十二条第一款规定中的"公共财物"，可以成为贪污的对象。

四、贪污罪的处罚

  我国刑法第三百八十三条是贪污罪与受贿罪共同适用的处罚条款，1997年刑法对本条采用了由高到低的刑罚降序方式，对贪污罪的处罚进行了规定：对犯贪污罪的，根据情节轻重，分别依照下列规定处罚：(1)个人贪污数额在十万元以上的，处十年以上有期徒刑或者无期徒刑，可以并处没收财产；情节特别严重的，处死刑，并处没收财产。(2)个人贪污数额在五万元以上不满十万元的，处五年以上有期徒刑，可以并处没收财产；情节特别严重的，处无期徒刑，并处没收财产。(3)个人贪污数额在五千元以上不满

---

① 参见《最高人民法院指导案例第11号：杨延虎等贪污案》，http://www.court.gov.cn/shenpan-xiangqing-13308.html.

五万元的,处一年以上七年以下有期徒刑;情节严重的,处七年以上十年以下有期徒刑。个人贪污数额在五千元以上不满一万元,犯罪后有悔改表现、积极退赃的,可以减轻处罚或者免予刑事处罚,由其所在单位或者上级主管机关给予行政处分。(4)个人贪污数额不满五千元,情节较重的,处二年以下有期徒刑或者拘役;情节较轻的,由其所在单位或者上级主管机关酌情给予行政处分。对多次贪污未经处理的,按照累计贪污数额处罚。《刑法修正案(九)》全面修订了上述条文,改用升序的常规方式进行规定,并对数额进行了大幅度提升,增加了情节量刑因素。2016年4月18日实施的最高人民法院、最高人民检察院《关于办理贪污贿赂刑事案件适用法律若干问题的解释》对第三百八十三条中的数额、情节进行了解释规定。

(一) 本罪的死刑

"烟草大王"被判贪污案

【案例1-7】 褚时健,男,1928年生,原系云南玉溪红塔烟草(集团)有限责任公司董事长、总裁。法院认定:1993年至1994年,玉溪卷烟厂在下属的香港华玉贸易发展有限公司(简称华玉瓮)存放销售卷烟收入款(也称浮价款)和新加坡卷烟加工利润留成收入款共计2 800多万美元。褚时健指使罗以军将该款截留到玉溪卷烟厂和华玉公司的账外存放,并规定由其签字授权后才能动用。1995年6月,褚时健与罗以军、乔发科先后两次策划将这笔款先拿出300万美元进行私分。褚决定自己要100多万美元,给罗以军、乔发科每人60万至70万美元,华玉公司总经理盛大勇、华玉公司副总经理刘瑞麟(另案处理)也分一点,并把钱存放在新加坡商人钟照欣的账户上。1995年7月15日,罗以军身带褚时健签字的四份授权委托书到达深圳,向盛大勇、刘瑞麟转达了褚的旨意,盛、刘亦同意。罗以军在授权委托书上填上转款数额,褚时健为174万美元,罗以军68万美元,乔发科68万美元,盛大勇和刘瑞麟45万美元。罗将填好转款数额的授权委托书和向钟照欣要的收款银行账号交给盛大勇,叫盛立即办理。7月19日,盛大勇将355万美元转到钟照欣的账户上。罗以军返回玉溪卷烟厂后,将办理情况报告了褚时健、乔发科。上述款项案发后已追回。法院认为,被告人褚时健、罗以军、乔发科利用职务之便,私分公款355万美元,折合人民币2 870万元,其行为均已构成贪污罪,且数额特别巨大,情节特别严重。被告人褚时健在共同犯罪中起决定、组织的作用,系主犯,应对组织、参与的全部犯罪负责,应依法判处死刑,但鉴于其有自首和重大立功表现,以及赃款全部追回,经济损失已被挽回和其他情节,依法应当减轻处罚。1998年,云南省高级人民法院以受贿罪判处褚时健无期徒刑,褚时健未上诉。[①] 2001年,褚时健获减刑为有期徒刑17年;2002年初,褚时健因严重的糖尿病获批保外就医,回到家中居住养病,保外就医

---

① 《云南省高级人民法院刑事判决书》,(1998)云高刑初字第1号。

后,褚时健与妻子承包荒山开始种橙;2004年,获假释;2008年,褚时健获减刑为有期徒刑12年;2011年,褚时健刑满释放;2014年,86岁的褚时健获第九届人民网企业社会责任奖"特别致敬奖",曾经的"烟草大王"再次创业成为"中国橙王"。

死刑是我国自古以来从未被禁绝的古老刑罚,死刑制度改革是当代中国刑事法治的重大议题,死刑的残忍性足以唤起"废除论者"的无尽呐喊。然而,无论从报应性还是预防性的角度,死刑在刑法典中的存在,具有很大的意义和价值,因而"保留死刑并积极限制死刑的适用"成为一种十分务实的选择。就贪污罪而言,死刑始终是配套最高刑罚,废除贪污罪的死刑,在民间存在强烈的反对声音,官方也无意挑战民意,在近十年的历次废除死刑的立法修订中,都没有贪污罪的废除死刑计划。但2013年11月中共十八届三中全会通过的《中共中央关于全面深化改革若干重大问题的决定》明确提出要继续"逐步减少适用死刑罪名","严格控制和慎重适用死刑"成为宽严相济刑事政策的惯常表述,相应地,尽量减少贪污罪这一非暴力犯罪的死刑适用,也会成为腐败犯罪惩治政策的一种取向。

《刑法修正案(九)》修订以前,贪污罪的处罚依照的标准是:个人贪污数额在十万元以上的,处十年以上有期徒刑或者无期徒刑,可以并处没收财产;情节特别严重的,处死刑,并处没收财产。《刑法修正案(九)》生效以后,判决死刑的标准是:贪污数额特别巨大或者有其他特别严重情节的,处十年以上有期徒刑或者无期徒刑,并处罚金或者没收财产;数额特别巨大,并使国家和人民利益遭受特别重大损失的,处无期徒刑或者死刑,并处没收财产。这标准的修改明显缩小了贪污罪死刑适用的范围,即将死刑适用的门槛大幅提高,从而实现了对死刑的限制;另一方面,这一修正改变了"情节特别严重的,处死刑"这一单一死刑标准(绝对确定死刑标准),取而代之的最高刑档次变为"无期徒刑或者死刑"。更重要的是,在贪污罪的适用中,自首、立功、坦白等量刑情节的适用也在调节着死刑判决。案例1-7中,褚时健由死刑到无期徒刑判决的做出,就是基于其有自首、重大立功、赃款全部追回、经济损失已被挽回等依法予以了减轻处罚。这也遵循了刑法第四十八条规定的"死刑只适用于罪行极其严重的犯罪分子"之精神。当然,就当下惩治贪污罪的死刑观念变革而言,最重要也最具基础作用的莫过于前已述及的民众死刑观念的转变,"如果不能正视民意的诉求以及民意背后的社会因素,仅仅依靠理论上的论证显然不足以坚定国家政治决策层废止腐败犯罪死刑的决心"[①]。因此,贪污罪死刑在很长时间内还会存在,在司法上也会被适用,随着人权保障理念的深入以及刑事法治文明的发展,也会得到更多的限制。

(二)本罪的特赦

值得提及的是,案例1-7中的褚时健作为曾经掌舵"红塔山"的烟草大王,为我国烟

---

① 参见赵秉志:《论中国贪污受贿犯罪死刑的立法控制及其废止》,载《现代法学》2016年第1期。

草业的发展以及国家税收发挥过很大作用,因而在判决生效后,褚时健的辩护律师就曾上书申请对褚时健予以特赦,直到十年后的 2009 年,该律师也并未放弃这一努力。①"特赦"是一种古老的刑罚执行制度,也是我国现行法律所确立的一项基本制度。我国宪法第 67 条规定,全国人民代表大会常务委员会行使决定特赦的职权;第 80 条规定,中华人民共和国主席根据全国人民代表大会常务委员会的决定发布特赦令。刑事诉讼法第 16 条规定,经特赦令免除刑罚的,不追究刑事责任,已经追究的,应当撤销案件,或者不起诉,或者终止审理,或者宣告无罪。

新中国成立以来,国家颁发了 8 次特赦令:(1) 1959 年,对于确实改恶从善的蒋介石集团和伪满洲国的战争罪犯、反革命罪犯和普通刑事罪犯,实行特赦;(2) 1960 年,对于确实改恶从善的蒋介石集团和伪满洲国的战争罪犯,实行特赦;(3) 1961 年,对于经过一定期间的改造、确实改恶从善的蒋介石集团和伪满洲国的战争罪犯,实行特赦;(4) 1963 年,对于确实改恶从善的蒋介石集团、伪满洲国和伪蒙疆自治政府的战争罪犯,实行特赦;(5) 1964 年,对于确实改恶从善的蒋介石集团、伪满洲国和伪蒙疆自治政府的战争罪犯,实行特赦;(6) 1966 年,对于确实改恶从善的蒋介石集团、伪满洲国和伪蒙疆自治政府的战争罪犯,实行特赦;(7) 1975 年,对全部在押战争罪犯实现特赦;(8) 2015 年,为纪念中国人民抗日战争暨世界反法西斯战争胜利 70 周年,体现依法治国理念和人道主义精神,根据第十二届全国人民代表大会常务委员会第十六次会议的决定,对依据 2015 年 1 月 1 日前人民法院作出的生效判决正在服刑,释放后不具有现实社会危险性的下列罪犯实行特赦:① 参加过中国人民抗日战争、中国人民解放战争的;② 中华人民共和国成立以后,参加过保卫国家主权、安全和领土完整对外作战的,但犯贪污受贿犯罪,故意杀人、强奸、抢劫、绑架、放火、爆炸、投放危险物质或者有组织的暴力性犯罪,黑社会性质的组织犯罪,危害国家安全犯罪,恐怖活动犯罪,有组织犯罪的主犯以及累犯除外;③ 年满七十五周岁、身体严重残疾且生活不能自理的;④ 犯罪的时候不满十八周岁,被判处三年以下有期徒刑或者剩余刑期在一年以下的,但犯故意杀人、强奸等严重暴力性犯罪,恐怖活动犯罪,贩卖毒品犯罪的除外。从 1976 年至 2015 年的 40 年间,我国并未启用任何特赦,即便在最近一次特赦令中,也明确提出对贪污受贿犯罪的犯罪人不予特赦。

基于我国存在的反腐败困局,有学者就建议"特赦贪官",我们认为这种建议属于"病急乱投医",特赦制度不应当首先惠及贪官。第一,我国自古以来就存在"受赃不赦"的反腐传统,作为执政党的中国共产党对腐败犯罪深恶痛绝,新时代贯彻的是腐败"零容忍"的态度,对贪官进行特赦不符合党的廉政建设理念与反腐败决心。第二,以"特赦"为通道并不能缓解腐败治理困局,更不能直接构筑起腐败犯罪"预惩协同"系统。有观点认为,"消除犯罪原因是一项长期工程。导致腐败犯罪的原因不能完全归结于腐败分子的

---

① 参见《褚时健曾提出特赦申请》,http://news.sina.com.cn/c/2009-02-25/041815214300s.shtml。

人性和欲望等,我国当前的腐败部分体现为制度性腐败和社会性腐败,应当坚持相对理性的犯罪观……预防腐败犯罪的方式不能限于刑事制裁,必要的宽容可以起到独特的反腐效果"①。诚然,腐败犯罪的刑法治理并不是治理系统的全部,惩罚犯罪可以在一定程度上实现预防犯罪,可实现腐败犯罪积极治理的关键在于刑法前置法如财产申报制度、行政公开制度、听证制度等环节的监督与管控。②但是,据此认为应当走向"刑罚"的反面即通过特赦免除刑罚、放弃追诉等,却是犯了逻辑错误,十分轻率。第三,如同腐败犯罪的死刑废除存在很大的民意障碍,对贪官的特赦也存在巨大的民意阻力。廉洁是人们对公务人员的第一要求,当前对腐败犯罪的治理取得了很大成就,但腐败案件也仍旧大面积存在,"如果不能避免官吏出现贪腐,那么至少应当保证对贪腐官员的追究"③,惩罚都不能阻止贪官贪赃枉法,如果特赦制度扩展开来,对腐败的"宽宥"难道更有利于腐败犯罪治理吗?这一点,谁也不敢保证。更何况,惩罚的不可避免性,应当成为刑罚有效性的一个保证,如果特赦惠及贪官,不仅颠覆了国家严厉打击腐败行为的政策,更会动摇民众对治理腐败的信心。第四,若要实现对确实具有悔改表现、不致有社会危害性的贪官进行宽宥,完全可以通过不起诉、免除刑罚(定罪免刑)、减刑、假释等普遍适用且执行规范相对完善的制度措施予以实现,并非只能借助于特赦。正如案例1-7中,褚时健在2001年获减刑为有期徒刑17年,2002年因严重的糖尿病获批保外就医,2004年获假释,2008年再次获减刑为有期徒刑12年,2011年刑满释放,被判决无期徒刑的褚时健最终只服刑12年,提前刑满释放并非只能靠特赦来实现。即便减刑、假释有着非常苛刻的条件并且须要实际服刑一定期限,特赦具有"短平快"的彻底性,能够让贪官迅速摆脱刑罚的困扰而成为自由人,但试问何种要被判处刑罚的贪官能够配得上如此高级的"礼遇"?总之,在新时代的中国,对贪污受贿等腐败犯罪应当予以严厉打击,从党内法规、国家法律以及刑罚的执行上采取习近平总书记提出的"零容忍"政策,"宽宥"是一件超前的态度,"特赦"不应当在贪污贿赂犯罪中予以适用。

(三)本罪的终身监禁刑

我国"终身监禁"第一案

【案例1-8】 白恩培,系十二届全国人大环境与资源保护委员会原副主任委员,因严重违法违纪于2014年08月29日接受组织调查。2014年09月26日,云南省第十二届人民代表大会常务委员会第十二次会议通过决议,决定罢免白恩培的第十二届全国人民代表大会代表职务,并报全国人民代表大会常务委员会备案、公告。2014年11月1日,全国人大常委会发布公告,依照代表法的规定,白恩培的十二届全国人大代表资格终

---

① 孙道萃:《适时依法赦免腐败犯罪的可行性研究》,载《河南财经政法大学学报》2017年第3期。
② 参见刘艳红等著:《中国反腐败立法研究》,中国法制出版社,2017年版,第153页以下。
③ 王玄玮:《腐败犯罪"特赦治理"论不可取》,载《人民检察》2015年第10期。

止;依照选举法等有关法律的规定,其十二届全国人大常委会委员、全国人大环境与资源保护委员会副主任委员职务相应撤销。2015 年 1 月,中共中央纪委决定对白恩培严重违纪问题进行立案审查,经查,白恩培利用职务上的便利为他人谋取利益,收受巨额贿赂,上述行为已构成严重违纪违法并涉嫌犯罪,依据《中国共产党纪律处分条例》等相关规定,经中央纪委审议并报中共中央批准,决定给予白恩培开除党籍、开除公职处分;将其涉嫌犯罪问题及线索移送司法机关依法处理。2015 年 1 月 13 日,最高人民检察院经审查决定,依法对白恩培以涉嫌受贿罪立案侦查并采取强制措施。2016 年 2 月,白恩培涉嫌受贿、巨额财产来源不明一案,由最高人民检察院指定河南省人民检察院侦查终结后,移送河南省安阳市人民检察院审查起诉,安阳市人民检察院向安阳市中级人民法院提起公诉。2016 年 6 月 16 日,安阳市中级人民法院公开开庭审理白恩培受贿、巨额财产来源不明一案。经审理查明:2000 年至 2013 年,被告人白恩培先后利用担任青海省委书记、云南省委书记、全国人大环境与资源保护委员会副主任委员等职务上的便利以及职权和地位形成的便利条件,为他人在房地产开发、获取矿权、职务晋升等事项上谋取利益,直接或者通过其妻非法收受他人财物,共计折合人民币 2.46 亿余元;白恩培还有巨额财产明显超过合法收入,不能说明来源。安阳市中级人民法院认为,被告人白恩培身为国家工作人员,利用职务上的便利,为他人谋取利益,利用职权和地位形成的便利条件,通过其他国家工作人员职务上的行为,为他人谋取不正当利益,非法收受他人财物,其行为构成受贿罪;白恩培的财产、支出明显超过合法收入,差额特别巨大,不能说明来源,构成巨额财产来源不明罪,应数罪并罚。法院最终判决:被告人白恩培以受贿罪判处死刑,缓期 2 年执行,剥夺政治权利终身,并处没收个人全部财产,在其死刑缓期执行 2 年期满依法减为无期徒刑后,终身监禁,不得减刑、假释;以巨额财产来源不明罪判处有期徒刑 10 年;决定执行死刑,缓期 2 年执行,剥夺政治权利终身,并处没收个人全部财产,在其死刑缓期执行 2 年期满依法减为无期徒刑后,终身监禁,不得减刑、假释。①

对于贪污罪的处罚,最值得注意的是"终身监禁"的刑罚设置,刑法第三百八十三条第三款规定:犯第一款罪,有第三项规定情形被判处死刑缓期执行的,人民法院根据犯罪情节等情况可以同时决定在其死刑缓期执行二年期满依法减为无期徒刑后,终身监禁,不得减刑、假释。终身监禁作为刑罚体系的最新执行措施,成为专门针对特别重大贪污受贿犯罪的处遇措施。我国刑法"终审监禁"第一案是白恩培案,虽然白恩培犯的是受贿罪,但由于贪污罪与受贿罪的定罪量刑种类、幅度采用同一法条,因而作为终审监禁司法化第一案的白恩培案,可以在本章贪污罪中作为终身监禁刑罚的案例。终身监禁是完善腐败治理机制的需要,是对以往贪污贿赂犯罪刑罚执行不彻底的一种承认和纾解。党的十八大以来,我国腐败治理形成了鲜明的特色,对重大腐败犯罪的惩治力度也急须要

---

① 参见《白恩培一审被判死缓》,http://www.spp.gov.cn/zdgz/201610/t20161010_168954.shtml。

予以更新。众所周知,尽管我国 1997 年刑法至今始终保留着贪污受贿罪的死刑刑罚,但在司法实践中,死刑的适用率已大大减少,保留死刑并限制适用死刑率先在贪污贿赂犯罪中得到了实现,贪官污吏得到了比普通犯罪人更加"温柔"的对待。截至 2016 年 9 月,党的十八大以来被查处的省部级高官人数已达 181 人,仅有极个别官员因腐败犯罪被判处死刑缓期执行,而死刑立即执行则从来未被适用过。面对低死刑适用率的刑罚现状,公众难免会对贪污受贿犯罪的刑罚及其效果有所怀疑,尤其在治本阶段还未到来的时刻,腐败犯罪尤其重大腐败犯罪还会屡见不鲜,刑罚的威慑性和惩罚性会受到很大的削弱。因此,如何强化刑罚对腐败的一般预防作用,成为立法必须破解的难题,终身监禁无疑有效保证了惩治腐败必须保持高压态势的客观要求。而且,这一刑罚执行措施的目标在最大限度地增强刑罚的惩治性和严厉性,这在社会观念上也释放出积极的尊重民众反腐意愿导向。① 另一方面,通过逐步限缩死刑立即执行而代之以终身监禁,也有助于校正民间死刑观念,有助于逐步调整传统中国社会的死刑观念,这也是一种一举两得之事。当然,在终身监禁的适用中也要把握尺度,"死罪可免活罪难逃"的终身监禁所倡导的限制死刑与加重打击重大贪腐犯罪的双重理念不能走向一律不予判处死刑的极端,避免该种刑罚执行措施成为巨贪们的"免死铁券"。在"白恩培案"中,被告人如实供述自己的罪行,主动交代办案机关尚未掌握的大部分受贿犯罪事实,认罪悔罪,赃款赃物已全部追缴,有效降低了国家和人民的利益损失,判处死刑立即执行过重,判处终身监禁,有效实现了贯彻少杀慎杀的死刑政策与打击重大贪贿犯罪之间关系的平衡,能够取得良好的法律效果和社会效果。

---

① 参见刘艳红:《终身监禁的价值、功能与适用》,载《人民法院报》2016 年 10 月 12 日,第 2 版。

第二章 挪用公款罪

【《中华人民共和国刑法》(最新版)相关法条】

第三百八十四条 国家工作人员利用职务上的便利,挪用公款归个人使用,进行非法活动的,或者挪用公款数额较大、进行营利活动的,或者挪用公款数额较大、超过三个月未还的,是挪用公款罪,处五年以下有期徒刑或者拘役;情节严重的,处五年以上有期徒刑。挪用公款数额巨大不退还的,处十年以上有期徒刑或者无期徒刑。

挪用用于救灾、抢险、防汛、优抚、扶贫、移民、救济款物归个人使用的,从重处罚。①

【司法解释】

■ 2016年4月18日,最高人民法院、最高人民检察院《关于办理贪污贿赂刑事案件适用法律若干问题的解释》

第五条 挪用公款归个人使用,进行非法活动,数额在三万元以上的,应当依照刑法第三百八十四条的规定以挪用公款罪追究刑事责任;数额在三百万元以上的,应当认定为刑法第三百八十四条第一款规定的"数额巨大"。具有下列情形之一的,应当认定为刑法第三百八十四条第一款规定的"情节严重":

(一)挪用公款数额在一百万元以上的;

(二)挪用救灾、抢险、防汛、优抚、扶贫、移民、救济特定款物,数额在五十万元以上不满一百万元的;

(三)挪用公款不退还,数额在五十万元以上不满一百万元的;

(四)其他严重的情节。

第六条 挪用公款归个人使用,进行营利活动或者超过三个月未还,数额在五万元以上的,应当认定为刑法第三百八十四条第一款规定的"数额较大";数额在五百万元以上的,应当认定为刑法第三百八十四条第一款规定的"数额巨大"。具有下列情形之一的,应当认定为刑法第三百八十四条第一款规定的"情节严重":

(一)挪用公款数额在二百万元以上的;

(二)挪用救灾、抢险、防汛、优抚、扶贫、移民、救济特定款物,数额在一百万元以上不满二百万元的;

(三)挪用公款不退还,数额在一百万元以上不满二百万元的;

(四)其他严重的情节。

■ 2003年11月13日,最高人民法院《全国法院审理经济犯罪案件工作座谈会

---

① 本条文自1997年刑法确定以来一直沿用至今。

纪要》

四、关于挪用公款罪

（一）单位决定将公款给个人使用行为的认定

经单位领导集体研究决定将公款给个人使用，或者单位负责人为了单位的利益，决定将公款给个人使用的，不以挪用公款罪定罪处罚。上述行为致使单位遭受重大损失，构成其他犯罪的，依照刑法的有关规定对责任人员定罪处罚。

（二）挪用公款供其他单位使用行为的认定

根据全国人大常委会《关于〈中华人民共和国刑法〉第三百八十四条第一款的解释》的规定，"以个人名义将公款供其他单位使用的"、"个人决定以单位名义将公款供其他单位使用，谋取个人利益的"，属于挪用公款"归个人使用"。在司法实践中，对于将公款供其他单位使用的，认定是否属于"以个人名义"，不能只看形式，要从实质上把握。对于行为人逃避财务监管，或者与使用人约定以个人名义进行，或者借款、还款都以个人名义进行，将公款给其他单位使用的，应认定为"以个人名义"。"个人决定"既包括行为人在职权范围内决定，也包括超越职权范围决定。"谋取个人利益"，既包括行为人与使用人事先约定谋取个人利益实际尚未获取的情况，也包括虽未事先约定但实际已获取了个人利益的情况。其中的"个人利益"，既包括不正当利益，也包括正当利益；既包括财产性利益，也包括非财产性利益，但这种非财产性利益应当是具体的实际利益，如升学、就业等。

（三）国有单位领导向其主管的具有法人资格的下级单位借公款归个人使用的认定

国有单位领导利用职务上的便利指令具有法人资格的下级单位将公款供个人使用的，属于挪用公款行为，构成犯罪的，应以挪用公款罪定罪处罚。

（四）挪用有价证券、金融凭证用于质押行为性质的认定

挪用金融凭证、有价证券用于质押，使公款处于风险之中，与挪用公款为他人提供担保没有实质的区别，符合刑法关于挪用公款罪规定的，以挪用公款罪定罪处罚，挪用公款数额以实际或者可能承担的风险数额认定。

（五）挪用公款归还个人欠款行为性质的认定

挪用公款归还个人欠款的，应当根据产生欠款的原因，分别认定属于挪用公款的何种情形。归还个人进行非法活动或者进行营利活动产生的欠款，应当认定为挪用公款进行非法活动或者进行营利活动。

（六）挪用公款用于注册公司、企业行为性质的认定

申报注册资本是为进行生产经营活动作准备，属于成立公司、企业进行营利活动的组成部分。因此，挪用公款归个人用于公司、企业注册资本验资证明的，应当认定为挪用公款进行营利活动。

（七）挪用公款后尚未投入实际使用的行为性质的认定

挪用公款后尚未投入实际使用的，只要同时具备"数额较大"和"超过三个月未还"的构成要件，应当认定为挪用公款罪，但可以酌情从轻处罚。

(八) 挪用公款转化为贪污的认定

挪用公款罪与贪污罪的主要区别在于行为人主观上是否具有非法占有公款的目的：挪用公款是否转化为贪污，应当按照主客观相一致的原则，具体判断和认定行为人主观上是否具有非法占有公款的目的。在司法实践中，具有以下情形之一的，可以认定行为人具有非法占有公款的目的：

1. 根据《最高人民法院关于审理挪用公款案件具体应用法律若干问题的解释》第六条的规定，行为人"携带挪用的公款潜逃的"，对其携带挪用的公款部分，以贪污罪定罪处罚。

2. 行为人挪用公款后采取虚假发票平账、销毁有关账目等手段，使所挪用的公款已难以在单位财务账目上反映出来，且没有归还行为的，应当以贪污罪定罪处罚。

3. 行为人截取单位收入不入账，非法占有，使所占有的公款难以在单位财务账目上反映出来，且没有归还行为的，应当以贪污罪定罪处罚。

4. 有证据证明行为人有能力归还所挪用的公款而拒不归还，并隐瞒挪用的公款去向的，应当以贪污罪定罪处罚。

一、挪用公款罪的沿革

顾名思义，挪用公款罪是将公款挪作他用的犯罪行为。如前所述，新中国成立后的1952年4月21日，中央人民政府委员会颁布了《中华人民共和国惩治贪污条例》，其中第2条规定了"大贪污罪"概念，即"一切国家机关、企业、学校及其附属机构的工作人员，凡侵吞、盗窃、骗取、套取国家财物，强索他人财物，收受贿赂以及其他假公济私违法取利之行为，均为贪污罪"。因此，挪用公款的行为在当时属于"假公济私违法取利之行为"，被贪污罪构成要件所涵盖，没有"挪用公款罪"这一独立罪名。及至1979年刑法，第三章破坏社会主义经济秩序罪第一百二十六条规定：挪用国家救灾、抢险、防汛、优抚、救济款物，情节严重，致使国家和人民群众利益遭受重大损害的，对直接责任人员，处三年以下有期徒刑或者拘役；情节特别严重的，处三年以上七年以下有期徒刑。挪用特定款物罪被独立出来，但其并没有与受贿罪一起置于第八章渎职罪中，也没有与贪污罪一起置于第五章侵犯财产罪中，[①]犯罪主体是一般主体而未加特别限定。

1988年1月21日全国人民代表大会常务委员会发布的《关于惩治贪污罪贿赂罪的补充规定》第3条规定，"国家工作人员、集体经济组织工作人员或者其他经手、管理公共财物的人员，利用职务上的便利，挪用公款归个人使用，进行非法活动的，或者挪用公款数额较大、进行营利活动的，或者挪用公款数额较大、超过三个月未还的，是挪用公款罪，

---

① 1997年《刑法》第五章侵犯财产罪第二百七十三条保留了挪用特定款物罪，且罪状条文也并无任何变化。

处五年以下有期徒刑或者拘役;情节严重的,处五年以上有期徒刑。挪用公款数额较大不退还的,以贪污论处。挪用救灾、抢险、防汛、优抚、救济款物归个人使用的,从重处罚。挪用公款进行非法活动构成其他罪的,依照数罪并罚的规定处罚"。由此,挪用公款罪被正式以立法的形式确立;而挪用公款数额较大不退还的,仍然以贪污论处。1997年刑法修改时,第三百八十四条对挪用公款罪做出了更加详细的规定,将本罪主体进一步规范为"国家工作人员",法定最高刑提高为无期徒刑,取消了以贪污罪论处的情形等。1998年4月6日,最高人民法院审判委员会通过《关于审理挪用公款案件具体应用法律若干问题的解释》,主要是针对第三百八十四条规定的挪用公款罪客观要件做出解释:一是规定了挪用公款归个人使用包括挪用公款给本人使用、给他人使用和给私有公司、私有企业使用;二是规定了挪用公款用于非法活动、营利活动以及个人使用的具体适用;三是规定了多次挪用公款、挪用公款数额巨大不退还、挪用公款转为贪污罪、挪用公款数罪并罚规则、挪用公款共犯等。2002年4月28日,全国人民代表大会常务委员会通过《关于〈中华人民共和国刑法〉第三百八十四条第一款的解释》,该立法解释进一步明确了挪用公款"归个人使用"的含义:有下列情形之一的,属于挪用公款"归个人使用":(1)将公款供本人、亲友或者其他自然人使用的;(2)以个人名义将公款供其他单位使用的;(3)个人决定以单位名义将公款供其他单位使用,谋取个人利益的。2016年4月18日,最高人民法院、最高人民检察院联合颁布《关于办理贪污贿赂刑事案件适用法律若干问题的解释》,其中第5条、第6条对挪用公款罪的数额进行了修正。

二、挪用公款罪的法益

关于挪用公款罪侵犯的法益,学界向来存在争议。第一种观点认为,本罪侵犯的是公款或公共财物的使用权。① 第二种观点认为,本罪侵犯的是国家工作人员职务行为廉洁性和公共财物的使用权。② 第三种观点认为,本罪侵犯的是职务行为的廉洁性以及公共财产的占有、使用、收益权③,"挪用"改变的是公款的用途,因而并非侵犯所有权的所有权能,而是包括占有、使用、收益在内的部分权能,不包括处分权。④ 第四种观点认为,本罪并不是仅仅侵犯了上述三种权能,而是涵盖了全部权能,因为"挪用公款"的行为也让公款的处分权变得难以实现。⑤ 本书基本认同第三种看法,挪用公款罪与贪污罪相比,二者之间的区别在于挪用公款的行为人具有归还公款的意图,即没有非法占有目的。如果行为人携带挪用的公款潜逃,挪用公款后采取虚假发票平账、销毁有关账目等手段

---

① 参见熊选国:《挪用公款与挪用资金犯罪判解》,人民法院出版社,2006年版,第15页。
② 参见周光权:《刑法总论》,中国人民大学出版社,2016年版,第467页。
③ 参见刘艳红:《刑法学(下)》,北京大学出版社,2016年版,第450页。
④ 参见高铭暄、马克昌主编:《刑法学》,北京大学出版社,2016年版,第625页。
⑤ 参见王作富主编:《刑法分则实务研究(下)》,中国方正出版社,2010年版,第1720页。

使所挪用的公款已难以在单位财务账目上反映出来且没有归还行为,或者有证据证明行为人有能力归还所挪用的公款而拒不归还并隐瞒挪用的公款去向的,应当以贪污罪定罪处罚。如果说挪用公款罪中侵犯的法益也包含公款的处分权,那么挪用公款罪与贪污罪的区分变得困难。

内勤人员挪用保费案

【案例2-1】 被告人田某被中国人寿保险公司甲公司聘为业务员,后又担任营业部内勤。2011年初至同年6月份,被告人田某利用其担任营业部内勤经手该部保险费的职务之便,将本部业务员季某等7人交来的保险费6万元以及自己收取的保险费2万元截留,未向公司报账,全部用于购买福利彩票和个人使用,致使该款至今未追回。一审法院认为,被告人田某身为受国有公司委派从事公务的人员,利用职务上的便利,侵吞公款,其行为已构成贪污罪。对此,田某不服提出上诉。二审法院认为,田某是人寿保险公司聘用的保险代理人,其身份应属于受国有公司的委托从事公务的人员而非受委派从事公务的人员;并且没有证据证明田某具有非法占有目的,不能认定为贪污罪,应当认定为挪用资金罪。

对挪用公款罪法益的认识影响了挪用型犯罪与贪污罪的区分,案例2-1即是一例。除此之外还应当强调的是,本书第一章认为第三百八十二条第二款"受国家机关、国有公司、企业、事业单位、人民团体委托管理、经营国有财产的人员,利用职务上的便利,侵吞、窃取、骗取或者以其他手段非法占有国有财物的,以贪污论",属于法律拟制而非注意规定。因此,挪用公款罪不适用这一规则,即受委托管理国有财产的人员挪用国有财产的,由于没有法律特别规定,不能认定为挪用公款罪,而只能认定为挪用资金罪,案例2-1中二审法院的定性是正确的。

三、挪用公款罪的构成

刑法第三百八十四条规定,"国家工作人员利用职务上的便利,挪用公款归个人使用,进行非法活动的,或者挪用公款数额较大、进行营利活动的,或者挪用公款数额较大、超过三个月未还的,是挪用公款罪"。挪用公款罪的主体是国家工作人员;行为要件是"利用职务上的便利,挪用公款归个人使用,进行非法活动,或者挪用公款数额较大、进行营利活动,或者挪用公款数额较大、超过三个月未还"。挪用公款罪构成要件解释和适用首先需要解决的问题也就在于行为人是否构成"国家工作人员"(实质是有无职务上的便利)以及挪用的对象是否为"公款"。

某大学教师挪用"点招费"案

【案例2-2】 高考是我国青年学生进入高等教育的第一大考,高考招生是高校、家长、教育管理部门以及整个社会最为关切的话题之一。在我国,除了正常的大学"统招"之外,还存在一种特殊的招生方式——"点招"。"点招"即选择性招生政策,选择性招生与收费直接挂钩,点招是学校的机动指标,是指高校在招生时点名录取某一考生,即使考分没有达到相应高校录取线,如能获得点招指标,考生也可被录取。由于这部分对象每年都有指标,而他们不可能每年都有子女高考,所以部分指标就流向了市场,点招指标是统招计划内的,和正常考上的没有任何区别。"点招"的实质就是通过关系渠道获得到机动指标,在考生符合点录条件的情况下,学校出面要求考试院放档。随着教育管理制度的完善,"点招"变换了很多形式,直接交费被替换成"教育捐款",即通过向高校教育基金会捐款的"公益"方式获得录取名额。某教育部直属高校 G 一直存在"点招",但为规避风险,学校不再与考生家长直接接触,而是由全校普通教职工代理考生家长办理"点招"事宜。具体流程为:家长找到某教职工→教职工到招生办公室领取考生信息登记表进行登记→学校对"点招"意向登记表进行审查→学校确定合格考生名单→家长向教职工交付相应资金→教职工凭银行存款凭单(证明具有"点招费"支付能力)以该教职工名义与学校签订捐赠承诺协议→学校根据捐赠协议确定入围考生名单并办入学手续→入学后学校通知教职工将捐赠款送交学校基金会。实践中,有教职工在个人账户收到考生家长转入的"点招费用"即捐赠资金之后、转账至学校教育基金会指定账户之前的较长时间段内,①会将上述资金用于购买基金理财等营利活动。对此,有司法机关认为涉事教职工作为国有事业单位的人员,对外具有代表高校的国家工作人员身份,而且教职工收取的考生家长"点招"捐赠款为暂存于教职工处的高校公款,教职工将之用于营利活动的,符合刑法第三百八十四条"国家工作人员利用职务上的便利,挪用公款归个人使用,进行营利活动",构成挪用公款罪。

(一) 本罪的主体

与贪污罪一样,挪用公款罪的主体是国家工作人员,关于"国家工作人员"的认定,理论界和实务界曾经存在"身份论(编制论)"、"职能论"与"综合论"之争。根据身份论,司法人员总是在行为人本身是否具有干部资格、行为人是否属于国家干部编制等问题上纠结不已,唯编制身份是从。根据职能论,行为人只要实际在依法执行公务、履行国家工作人员公共职责,就应认定为国家工作人员。1995年12月25日最高人民法院颁布的《关于办理违反公司法受贿、侵占、挪用等刑事案件适用法律若干问题的解释》(2013年废止)第4条规定:国家工作人员,是指在国有公司、企业或者其他公司、企业中行使管理

---

① 一般情况下,在每年9月份通过"点招"录取的新生入学后,学校便会通知相关教职工将考生家长交付的点招费用打入学校基金会账户,那么这些资金在相关教职工账户内停留的时间前后大约为3至6个月。但有的情况下,由于政策不明或者上级检查"风势"过紧,学校也会延期通知教职工交付"点招费",此时资金在教职工账户内停留的时间可能达一年甚至更久,如此一来,教职工将动辄几十万甚至上百万的资金挪作他用的现象不在少数。

职权,并具有国家工作人员身份的人员。这种界定则是一种综合论("身份·职能二元论"),既注重编制资格,又要考察行为职能。直至今日,争论仍未平息,当前司法人员对"国家工作人员"的认定标准依旧不统一,主要是在身份论与职能论之间摇摆不定,这都是没有进行实质解释使然。

现行刑法总则第九十三条规定,"本法所称国家工作人员,是指国家机关中从事公务的人员。国有公司、企业、事业单位、人民团体中从事公务的人员和国家机关、国有公司、企业、事业单位委派到非国有公司、企业、事业单位、社会团体从事公务的人员,以及其他依照法律从事公务的人员,以国家工作人员论"。就高校中的教职工来说,定性限定词是"国有事业单位中"的人员、"从事公务"的人员,前者是一个空间限定,后者为一个行为本质的限定。即便将"国有单位中的人员"理解为一个编制身份,"国有事业单位中从事公务的人员"也只是一种范围更为狭窄的综合论而非身份论。① 然而,在第九十三条明确附加"从事公务"的情况下,基于严打贪污贿赂犯罪的政策需要,形式主义身份论仍然无视这一实质判断标准而或明或暗地被广泛采用。例如,2008年最高人民法院、最高人民检察院颁布的《关于办理商业贿赂刑事案件适用法律若干问题的意见》第六条:"(1) 依法组建的评标委员会、竞争性谈判采购中谈判小组、询价采购中询价小组的组成人员,在招标、政府采购等事项的评标或者采购活动中,索取他人财物或者非法收受他人财物,为他人谋取利益,数额较大的,依照刑法第一百六十三条的规定,以非国家工作人员受贿罪定罪处罚。(2) 依法组建的评标委员会、竞争性谈判采购中谈判小组、询价采购中询价小组中国家机关或者其他国有单位的代表有前款行为的,依照刑法第三百八十五条的规定,以受贿罪定罪处罚。"由于上述评标委员会等机构都是独立展开业务,"国家机关或者其他国有单位的代表"与其他成员所从事的行为活动是一样的,第二款意味着,受贿罪中"国家工作人员"的认定不取决于所从事的活动是否为公务,而只取决于其与众不同的"国有单位代表"这一"出身"。正如孙国祥教授正确指出的,"在国家工作人员认定标准上,'身份论'大有峰回路转之势,又重新强调身份的重要性"②。可见,忽视了"从事公务"这一实质标准往往导致入罪的不当。

其一,学校普通教职工没有点招招生及相关财务方面的职权,不是"从事公务"的人员,只是国有事业单位中的普通劳动者。2003年《全国法院审理经济犯罪案件工作座谈会纪要》指出,"从事公务,是指代表国家机关、国有公司、企业、事业单位、人民团体等履行组织、领导、监督、管理等职责。公务主要表现为与职权相联系的公共事务以及监督、管理国有财产的职务活动"。这一看法是正确的,虽然公务也是劳务的一种,③但公务与

---

① 当然,从文义解释的角度看,第93条提供的形式标准"国有单位(国家机关、国有事业单位等)中"难以直接理解为具有编制的人;从目的解释的角度看,基于法益保护的周延性,也无必要将犯罪主体进一步限缩为有编制身份的人,即不必采综合论。
② 孙国祥:《论刑法中的国家工作人员》,载《人民检察》2013年第11期。
③ 参见陈洪兵:《国家工作人员司法认定的困境与出路》,载《东方法学》2015年第2期。

"普通劳务"必须明确区分,公务是指"公共事务",为一种具备公共职权的劳务,不从事公务者即非国家工作人员,其无法"利用职务上的便利"。公共职权的获得有两种:要么是基于职位而直接获得,如学校财务处负责人(先天职权型);要么是国有单位委托、委派或授权而获得(后天委任型)。[①] 挪用公款罪之公务是主管、管理、经手公款的职务,[②] 从 G 高校"点招"的整个运作流程上看,高校所有普通教职工本身不负责点招招生工作和财务工作,并无先天职权,而且也没有证据证明相关教职工后天获得过学校一方的明确授权,因而不存在"公务"和"职务上的便利"。G 高校只是允许不特定的教职工向学校"推荐"考生,从来没有以任何形式或程序对任何一个教职工进行积极的具体授权,学校招生办独立对考生信息进行审查确定合格名单。整个过程中,所有教职工只是拥有一个为考生与学校进行牵线搭桥的机会,教职工在其中没有任何的决定权,也没有参与任何决策。而 G 高校教职工(而不是其他任何人)之所以具有牵线搭桥的资格,只是因为学校为减少风险而自愿信任本校教职工(学校单方行为),所以这里的"资格"仅仅是一种在 G 高校工作的编制资格,这种资格的获得来源于其与学校之间的劳务聘任关系,因而教职工存在的只是普通劳务上的而非公务上的便利。

其二,学校普通教职工是家长一方的受托人,是受家长而非学校的委托。在"点招"招生流程中,主动开启"点招"运行模式的一方是考生家长,而且只有存在高校入学的需要,学校才有可能进行这种"点招",如果没有上述需求,学校就等于是巧妇为"无米之炊"。考生家长在入学需求的推动下,主动找到与其有私人交往的高校某教职工,让其出面代为操办子女入学事宜,此时该教职工当然可以选择拒绝,可以选择接受,不受校方的任何制约。教职工去学校招生办登记考生信息,这完全是替家长代为登记,这个行为是体现了考生家长的意思,也就是说,该教职工在此过程中所起作用本质上与考生家长并无二致,只不过学校为了规避风险,不接受考生家长的直接登记而需要家长主动找到一个合适的受托人代为登记。既然相关教职工与家长之间彼此存在先前的委托与受托的合意,且双方意思表示真实,那么教职工与家长之间的委托受托关系就客观真实存在。而且,在向学校签订捐赠承诺协议书时,教职工明显是捐赠合同的"相对方",是家长一方的捐赠代理人,其与校方不是一个阵营的关系。"点招费"以捐赠资金的形式交付,与校方签订"捐款承诺书"的承诺人是相关教职工本人,是教职工以显名捐赠人的名义将实际上由考生家长支付的财产数额作为捐款数额,考生家长在捐赠合同中形式上是隐名的,一切由该教职工代理(捐资助学证书也是颁发给该教职工)。这种教职工显名、考生家长隐名的做法是家长与教职工为了适应学校的"游戏规则"而采取的无奈之举,相关教职工在办理捐资助学时构成民法上的代理,属家长一方的私人代理人,从事的是"私务"。

所以,从静态上看,涉事教职工虽然身为 G 高校这一"国有事业单位中的人员",但

[①] 参见刘艳红:《行政犯罪视野下的国家工作人员犯罪》,载赵秉志主编:《刑法论丛(第 16 卷)》,法律出版社,2008 年版,第 190-191 页。

[②] 参见刘艳红主编:《刑法学(下)》,北京大学出版社,2016 年版,第 401 页。

并未得到学校明确授权、委托、指派、命令而从事点招招生、财物管理等公务,与 G 高校仅仅存在组织教学或其他普通劳务关系;从具体"点招"动态交涉情况上看,涉事教职工是家长一方的受托人或代理人,与校方处于相对方关系。因此,普通教职工的相关行为"不具有职权因素,是劳务而不是公务",因而不再属于"国家工作人员",①形式解释论的有罪论是错误的。

(二) 本罪的对象

根据刑法第三百八十四条的用语,挪用公款罪的犯罪对象是"公款",这是一个偏正短语:中心词"款"为货币形式的资金即钱款,②限定词"公"为"公共"属性,"公款"即货币形式的公共资金、公共钱款。作为挪用公款罪客观构成要件要素的"公款"之认定难点不在于其是否为"款"而在于其是否为"公","点招费"之定性关键正在于此。公款属于公共财产的一种类型,因而分则中的"公款"之公共属性需要根据"公共财产"之公共属性来解释。刑法第九十一条规定,所谓公共财产是指下列财产:(1) 国有财产;(2) 劳动群众集体所有的财产;(3) 用于扶贫和其他公益事业的社会捐助或者专项基金的财产。在国家机关、国有公司、企业、集体企业和人民团体管理、使用或者运输中的私人财产,以公共财产论。据此,"公款"应当被解释为:国有钱款、劳动群众集体所有的钱款、用于扶贫和其他公益事业的社会捐助或者专项基金钱款,在国家机关、国有公司、企业、集体企业和人民团体管理、使用或者运输中的私人钱款,以公款论。所以,认定其是否为"公款",必须考察其是否为国有单位(集体单位)实际所有或者基于一定职权占有(包括管理、使用、运输),尤其对国有单位中的人员占有、经手的钱款也必须归结到其是否为"国有单位"实际所有、占有这一根本标准上来。

值得注意的是,刑法第一百八十五条第二款规定,国有商业银行、证券交易所等国有金融机构委派到非国有金融机构从事公务的人员挪用本单位或者客户资金的,依照刑法第三百八十四条的规定定罪处罚。这里被委派的从事公务的人员属于"国家工作人员",但其挪用的资金属于非国有单位的资金,不是"公款",却仍按挪用公款罪定罪处罚。③这无疑是一种将私款视为公款的法律拟制,但司法解释不得做出此种拟制,不能在承认行为人是国家工作人员之后,便不分情形地认定其挪用的款项均为公款。换言之,不是"公家人"占有而必须是"公家"已经实际占有、所有的钱款才可能是公款,不能从前者推定后者。对"点招费案"有罪认定的第二个原因就是在对国家工作人员进行形式解释后,再次形式性地将"教职工(国有事业单位中的人员)占有"理解为"国有事业单位"占有(家

---

① 参见曲新久:《论刑法中的"国家工作人员"》,载《北大法律评论》(第 15 卷·第 2 辑),北京大学出版社,2014 年版,第 437 页。

② 国有单位的有价证券是否为"公款"值得研究,参见陈兴良:《刑法总论精释》,人民法院出版社,2015 年版,第 1073 页以下。

③ 根据第三百八十四条第二款,用于救灾、抢险等的特定"款物"比第一款"款"范围广,也是挪用公款罪的对象,此款与第一百八十五条第二款规定的犯罪也被称为非典型挪用公款罪。

长交付之后即为"所有"),没有从实质上考察"公款"公共属性的决定性因素,从而造成了"法官造法"。相反,实质解释论始终围绕"国有单位"所有或者基于合法原因占有、管理的钱款来解释公款,因而会将挪用钱款的公共属性作为考察的重中之重,贯彻了罪刑法定原则。

第一,所涉点招费即捐赠资金在交付受赠人即 G 高校基金会之前,尚不归 G 高校占有和所有,涉事教职工不是其辅助占有人。[①] 本案中,点招费事实上由教职工占有,但如前所述,教职工在这种捐资助学的动态联系中的身份不代表 G 高校一方,而是代表与之处于相对阵营的家长一方,因而一个自然的推论便是,涉事教职工占有、保管的捐赠资金就不是替 G 高校进行占有、保管,即该职工不是辅助占有人(尽管教职工是从属于学校的教学人员),G 高校教职工的占有状态不等于 G 高校的占有。从正面考察,更能确证这一点。G 高校的"点招"的交易形式是"捐资助学",而签订捐赠合同和领取捐资助学证书的实际上是教职工本人,如前所述,教职工是家长一方的隐名代理人(G 高校知情)。根据合同法第 402 条,"受托人以自己的名义,在委托人的授权范围内与第三人订立的合同,第三人在订立合同时知道受托人与委托人之间的代理关系的,该合同直接约束委托人和第三人",因此,捐赠承诺书的效力直接约束委托人(家长)和第三方(G 高校),[②] 即真正的捐赠人家长与学校之间也存在实际的赠与合同关系。又根据合同法第 185 条、186 条,"赠与合同是赠与人将自己的财产无偿给予受赠人,受赠人表示接受赠与的合同;赠与人在赠与财产的权利转移之前可以撤销赠与",抛开赠与合同是诺成性合同还是实践性合同之争论,也即不论双方之间的赠与合同有无生效,赠与人可以在交付财物之前撤销赠与,只不过赠与人可能要承担缔约过失或者违约责任;即便没有撤销,在赠与人履行动产交付到受赠人(G 高校基金会)之前,捐赠款仍然归赠与人(家长)一方所有。涉事教职工只是家长捐赠款的保管人(不是辅助占用而是自己占有),教职工只能按照家长的意志支配该资金,如果事后家长不愿意继续完成点招交易而取消子女入学意愿,教职工应当直接将钱款退给家长,不必经 G 高校同意。教职工在接到学校要其交付捐赠款的要求之前,保存在教职工账户的捐赠款本金及其利息全部归家长所有。

第二,"捐赠款"只是学校的未来预期所得利益,而非现实既得利益,对 G 高校来说,家长将该钱款转给教职工只是一种变相担保。学校在点招过程中,存在两种风险:一是被有关部门查处的风险,二是家长在考生入学后反悔而拒不交付点招费的风险。G 高校为了规避第一个风险而采取了以教职工作为引荐人的方式避免与家长直接接触;为了规避第二个风险,采取了家长先将点招费转入教职工账户的方式,为预期利益增加保障。这种点招策略可谓一举两得:如果点招操作一旦被披露,学校就能够有足够的底气抗辩

[①] 以实施占有者之从属关系为标准而区分,凡占有人亲自对于其物为事实上之管领者,谓之自己占有;反之,对于其物系基于特定之从属关系,受他人指示而为占有者,谓之辅助占有。参见谢在全:《民法物权论》,中国政法大学出版社,2011 年版,第 1154 页。

[②] 参见梁慧星:《民法总则》,法律出版社,2010 年版,第 230 页。

没有收费，利用这种第三人"倒手"的模糊状态或缓冲地带化解违规收费风险；到了考生开学以后，家长已经将捐赠款转给教职工，G 高校只要通知教职工转到基金会即可，一旦考生家长反悔，钱却在教职工手上，家长想反悔却不容易反悔成功。可见，家长向教职工交钱，只是向学校做出的一种承诺，即家长的承诺转变成教职工的承诺，"自己人"的承诺比"外人"的承诺相对更加保险。所以，家长向教职工交钱，绝不等于向学校交钱，教职工保管的捐赠款只是未来的、可以相对有实现保障的预期的捐赠款（准确来说是"拟捐赠款"），那么它尚不是"公款"。正如胎儿是将来预期获得生命的人（"拟人"），但不是现实的"人"，不是法律上的"人"，二者绝对不能混为一谈。

第三，学校只在意教职工出具的存款证明，而不核查该笔存款的来源，不审查是否为家长的捐款，这也足以说明尚未交付到学校基金会的捐款也没有被学校视为"公款"。在点招过程中，教职工以银行存款凭单为支付能力凭证与 G 高校签订捐赠承诺协议书，这是考生家长实现"点招"意愿的关键环节。此时考生家长大多已经提供了捐赠款并且实际打到教职工的个人账户，教职工提供的存款证明就是该捐赠款的入账证明。但有的情况下，教职工与家长私交甚密，此时就不排除家长的捐赠款尚未打给教职工，而教职工是以自己的存款凭单作为有资格签订捐赠承诺书的证明，此时学校根本不在意、不审查存款凭单上的该笔存款来源于谁。学校之所以不关心，根本原因还是教职工账户上的一定数额的存款仅仅为一个学校可以获得该笔数额钱款的风险担保而已，学校真正关心的只是"到时把钱拿上来"。所以，事实上学校根本无从知晓、也无暇知晓家长向教职工是否交付钱款以及交付钱款的具体时间，而且学校没有明确的财务管理制度，甚至连专款专用、专户存放这种基本的财务管理规范都没有，不禁止教职工将自己的钱与家长交付的钱混进一个账号。既然学校只关心"到时交上来"，中间环节全不在意，那么如何分清哪些钱款一定是家长交付的捐赠款，如何证明哪笔钱款是学校的"公款"、何时成为学校的"公款"，就不是一个重要问题。实践中，也不乏有家长在交付给教职工资金后取消点招入学计划，教职工直接将钱退给家长的事情而导致捐资助学交易失败，对此学校根本无可奈何。如果按照有罪论的逻辑，教职工属于国家工作人员，家长转到教职工账户的钱款随即成为"公款"，那么教职工未经允许将之退还家长的，反而构成贪污罪，这毫无道理，实践中教职工也不会因此被追究任何责任。这都印证，该笔钱款不是公款而是私款，不是挪用公款罪的犯罪对象。①

总之，有罪论者将原本不符合第三百八十四条客观构成要件的行为认定为挪用公款罪，正是未对"国家工作人员"进行实质解释，在误解了教职工的身份之后进一步将"公款"形式理解为包括"国有事业单位成员占有的单位预期获得的款项"，未对所涉款项的权属状态进行独立检讨。贯彻实质解释论的逻辑，能够对本案从客观方面否认行为不

---

① 教职工以非法占有为目的将该笔资金占为己有，拒不返还家长的，不构成贪污罪、职务侵占罪，而应对家长一方构成刑法第二百七十条侵占罪。

法,因为实质解释论能够实质地解释客观不法构成要件要素,实质地检讨值得刑罚处罚的法益侵害性,控制"法律明文规定"的范围,避免动辄得咎。

(三) 本罪的主观方面

犯罪的成立要求行为人主观上具备有责性,即"原本可以期待实施其他合法行为(他行为可能性、期待可能性),行为人却实施了违法行为,因而对此所进行的法律谴责"①。实质解释既是对作为犯罪成立条件之一的构成要件的解释,也是对犯罪成立所有条件的解释,实质解释贯穿于客观不法与主观有责的所有判断流程中,而对责任判断而言,则要求必须达到值得刑罚处罚的非难可能性,才能认定为该当于主观有责构成要件。② 所以,有责性要件的该当性须要实质地加以讨论,对有责性的本质即非难可能进行独立地判断。在有责性要件中,须要检讨的要素包含责任能力、故意、过失、违法性认识、期待可能性等,只不过后两者在责任阶层中的体系性地位存在争议,但不影响主观责任即对行为人进行非难的整体性判断。就故意责任来说,我国刑法第十四条规定,"明知自己的行为会发生危害社会的结果,并且希望或者放任这种结果发生,因而构成犯罪的,是故意犯罪"。这里规定的是一种实质故意概念,它不仅要求行为人认识到行为和结果的物理性事实,还要求行为人认识到自己行为和结果的内容和社会意义,即"要求行为人认识到行为的法益侵犯性"③。这还表明,这种实质故意概念至少也包括了最低程度的实质违法性的认识,如果不可能具备这种认识,则可以阻却故意责任。

首先,对客观不存在的事实,不能强求普通教职工存在明知。挪用公款罪属于职务犯罪,要求行为人具备"国家工作人员"这一特殊的身份。在我国传统四要件犯罪构成理论当中,身份从属于"犯罪主体"要件要素,而在主客观相统一的统领下,"犯罪主体"和"犯罪主观方面"一同居于与客观相对立的主观面,如四要件理论认为身份"反映了行为人主观恶性的大小"④。在阶层犯罪论体系中,"国家工作人员"身份为挪用公款罪"法益侵害的可能性奠定了基础"⑤,在这种法益侵害可能性被限定于一定主体的场合,违法身份便就此产生。既然"国家工作人员"(违法身份)是客观不法构成要件要素,那么就是需要行为人明知的要素,规制犯罪故意,即"认定故意的成立所必需的认识"⑥。如前所述,"点招费案"中的教职工客观上不具备国家工作人员身份,那么便不能强迫其明知这一客观身份要素,故意的内容并不充足。

其次,即便承认行为存在客观不法,也要对普通教职工是否对"规范的构成要件要

---

① [日]西田典之:《日本刑法总论》,王昭武、刘明祥译,中国人民大学出版社,2013年版,第176页。
② 参见刘艳红:《形式与实质刑法解释论的来源、功能与意义》,载《法律科学》2015年第5期。
③ 张明楷:《刑法学》,法律出版社,2011年版,第273页。
④ 高铭暄、马克昌主编:《刑法学》,北京大学出版社,2016年版,第84页。
⑤ [日]山口厚:《刑法总论》,付立庆译,中国人民大学出版社,2011年版,第37页。
⑥ 参见[日]松宫孝明:《构成要件的概念与机能》,张小宁译,载赵秉志主编:《刑法论丛》(第38卷),法律出版社,2014年版,第34页。

素"存在明知进行特别的考察。按照有罪论,客观上的违法构成要件要素"国家工作人员"、对象"公款"都已具备,涉事教职工在前述要素满足之后实施了用于营利活动的挪用行为,构成了挪用公款罪。可见,有罪论在得出存在客观不法之后,没有对犯罪构成的主观有责性要件进行任何独立判断就直接肯定了犯罪故意,继而肯定了犯罪成立。但是,刑法第三百八十四条中的"国家工作人员""公款"不是"记述的构成要件要素"而是典型的"规范的构成要件要素",对于后者并非只要认识到单纯事实即可,行为人单单认识到自己是高校教职工以及挪用的是钱款,并无任何意义,"教职工""钱款"在规范上的性质是须要进一步认知的。只不过,要求行为人认识到这些规范要素在法律上的准确含义事实上是不可能的,所以只要行为人主观上对这些概念"具有一般人的判断,就可以认为他认识到这些要素的含义"。① 本案中,纵然我们承认教职工是"国家工作人员"、被挪用的款项是"公款",也不能直接得出普通教职工对此存在认识的结论。因为 G 高校根本没有在任何程序或者方式上对普通教职工进行招生职权的授权或委托、指派、指示、命令,普通教职工事实上也不具有任何决策权;况且,是家长一方首先找到某教职工,后教职工才代其出面(不需要任何职权即可完成)办理点招手续,而非教职工在学校授权的情况下去家长那里主动招生,因而难以让人产生"公务"判断。所以,完全可以支持下述主张:普通教职工仅仅认识到自己是 G 高校的普通职工,无法认识到自己从事的是公务,而且仅仅认识到挪用的是钱款而对其"公款"属性没有认识,那么也就不存在犯罪故意。

最后,普通教职工存在合理的无违法性认识的抗辩。关于违法性认识的内容,有前法律规范违反、法律规范违反(整体法秩序违反)、刑法规范违反、可罚的刑法规范违反等不同理解,前两种观点之所以广受批判,原因就在于它们将违法性认识的判断起点设置得过低。② 刑法上的责任是能够对行为人施加刑罚的一种责难,违反刑法与违反伦理、违反私法是有相当差距的,如果行为人与刑法规范作对的态度都没有,对之进行刑罚上的非难就没有意义。正如有学者指出的,民法上的不法行为或者债务的不履行,可以在相当广的范围内成立,如果行为人认为自己实施的民事不法行为或者债务行为的不履行,可能属于损害赔偿的对象,但不会成为刑罚的对象,而且,"行为人这一理解也并不勉强(并非毫无道理),处罚这种人只会让其认为,自己遭受处罚是一种偶尔的不幸,这样反而会降低刑罚的敏感力"③。所以,无论违法性认识的内容应当采用何种主张,伦理违反性、民法违反性是应当首先被否定的。在"点招费案"中,点招招生开始之前,每一个普通教职工都可能因为其人情世故而替某家长办理点招,这不是学校一方给予其的招生权力或义务,而是因家长的请托而参与进来,涉事教职工是家长一方的受托人,并且学校与教职工在捐赠合同上是明显载明的对立的双方当事人,而不是同一阵营的人。更重要的是,G 高校长久以来的点招招生都是如此操作,教职工挪用尚未转交给校方的资金,学校

---

① 参见[日]松宫孝明:《刑法总论讲义》,钱叶六译,中国人民大学出版社,2013年版,第137页。
② 参见陈兴良、周光权:《刑法学的现代展开Ⅰ》,中国人民大学出版社,2015年版,第182页。
③ 参见[日]松原芳博:《刑法总论重要问题》,王昭武译,中国政法大学出版社,2014年版,第203页。

从未对此提出过任何异议,学校关心"到时"把承诺的捐款上交上来即可,纪检监察部门也从未涉入。① 所以教职工有足够合理的理由正常地认为,自己挪用的不是"公款"而是其占有、保管的"家长的私款",并不违背强行法。当行为人的违法性认识仅仅止步于私法上的不妥当,且客观情状足以提供这种认知资料时,这样的抗辩"并不勉强",从出罪的消极角度看,这样的抗辩能够否认违法性认识,即使承认客观违法性存在,也可以阻却主观责任要件的成立。②

通过案例 2-2 可以看出,对于挪用公款罪的认定,应当对相关要件采取实质解释,注重入罪合法性与出罪合理性。近年来,形式和实质解释论无疑是刑法学界最受关注的话题,也是走向学派之争的刑法学中最引人瞩目的学术论战。在喧哗热闹的背景下,形式解释论者对实质解释论提出了诸多质疑和批判,其中之一便认为实质解释论容易扩大处罚范围、冲破罪刑法定原则。其实,形式解释论与实质解释论之争的关键还是如何理解罪刑法定原则的问题,形式解释论者往往忽视了实质解释论与"中国特色"罪刑法定原则的契合性,遮蔽了实质解释出罪功能的重要性。我国刑法第三条规定:"法律明文规定为犯罪行为的,依照法律定罪处罚;法律没有明文规定为犯罪行为的,不得定罪处罚。"经典罪刑法定原则的要旨仅仅在于第三条后段,其体现的是入罪禁止即人权保障机能,而前段的表述则更会提示司法人员有罪必罚和出罪从严,以确保公民的违法行为必然受到法律追究,其根本目的在于确保国家刑罚权有效行使而不致空落,体现的是惩罚打击犯罪、维护社会秩序的社会保护机能。所以,"中国特色"双向表述的罪刑法定原则使得刑法的社会保护机能进一步强化,换言之,它不是以限制而是以确保国家刑罚权的行使为主要目的,不是以保障个人自由而是以惩罚犯罪保护社会为最高目标。这就意味着,如果对刑法分则构成要件条文进行形式解释,将表面上符合明文含义而实质上并不具备刑事可罚性的行为"依照法律定罪处罚",则必然扩大处罚范围,徒增刑法的不适正性,这却是违背罪刑法定原则的。案例 2-2 中,司法人员之所以认定涉事普通教职工成立挪用公款罪(有罪论),恰恰是因为对挪用公款罪的犯罪构成要件做了形式主义解释和适用:其一,在客观上对"国家工作人员"的判断仅止步于"国有单位的职员"这一形式上的身份,所以才自然得出普通教职工具备挪用公款罪之身份要件;不探讨"点招费"之实质归属而只从国有单位职员"占有"(单位预期获得)的财产这一形式而推定其"公共"性质,不对其权属进行专门检讨。其二,不对挪用公款罪的主观要件进行独立判断,在客观违法

---

① 在当前从运动反腐走向法治反腐的过程中,基层反腐工作仍然存在指标主义、政绩主义等诸多非法治因素,必须指出,并非迎合了反腐高压浪潮就自然获得了打击腐败犯罪的正当性,腐败犯罪治理必须杜绝以法益保护为名、以实现不可告人之目的为实的刑法类推适用甚至毫无章法的胡乱适用(纯工具主义)。

② 无论采用何种犯罪论体系,只要某一要件不具备即不构成该犯罪,本书在论证了教职工行为不具备挪用公款罪的客观要件时,本可直接否定挪用公款罪的成立,没有必要再在责任阶层论证主观要件的不该当性。但基于司法刑法学中的辩护逻辑,反驳他人总应力求面面俱到,将之彻底推翻,更何况,出罪是不必遵循客观优先抑或主观优先,无论在客观面还是主观面,只要听众认同其中一方面,就算大功告成。因此,对教职工主观责任方面的多角度考察,也是以实质解释来否认构成挪用公款罪的一个必要努力。

阶层失守之后继续忽视实质故意概念对犯罪成立的拦截意义,进而"顺理成章"地得出有罪定性。

刑法的目的在于保护法益和保障人权,与其他法律对法益的保护有所不同,刑法的保护机能是通过处罚行为人来达到法益保护的目的的,因而必须先有侵害法益的行为,才产生法益保护的原因。基于此,实质解释论在注重动用刑罚处罚犯罪人以实现刑法的法益保护目的的同时,更注重严格控制解释的尺度,而只将那些值得处罚的行为解释为犯罪,从而实现对个人权利的充分保护。诚然,在罪刑法定原则之下,法律形式无比重要,但面对中国特色双向规定的罪刑法定原则以及司法上的形式主义倾向,必须强调对作为形式正义的刑法规范所蕴含的实质刑事正义进行追寻,强化实质解释的出罪导向。而且,刑法的适用从来都不是仅仅依据规则就得出判决的逻辑系统,法官在将某种业已发生的现实行为涵摄于法定的构成要件事实之下的对接活动中,应始终立足于规则之上但求助于实质正义、社会经验和当下情境来形成判断。对于挪用公款罪的认定,在客观上应实质地解释"国家工作人员",反对"身份论"这种形式解释,实质地解释"公款"并论证其公共属性;在主观上,必须实质地理解犯罪故意,独立地考察行为人对"国家工作人员""公款"等规范的构成要件要素的明知,查证其违法性认识。根据实质解释论,能够否认"点招费案"挪用公款罪的客观违法性并阻却主观有责性,很好地显示了实质解释的出罪立场和方法:行为必须达到值得刑罚处罚的法益侵害性,才能认定为该当于客观违法构成要件;必须达到值得刑罚处罚的非难可能性,才能认定为该当于主观有责构成要件。

管委会主任挪用公款案

【案例2-3】 魏某系某市高新区党工委书记、翠屏工业园区管委会主任,魏某为帮弟妹马小雅还银行贷款,于2016年1月个人决定将开发区管委会的公款1500万元借给江苏华建建筑公司,由该公司借给马小雅实际控制的天成贸易公司,以此方式挪用经济开发区管委会公款1500万元。而且,魏某为借款给马小雅用于个人公司设备投入,于2016年9月个人决定将翠屏工业园区公款1500万元借给江苏海达房地产公司,再由海达公司借给马小雅,以此方式挪用滨江工业园区公款1500万元。2017年1月,魏某投案自首,2月被立案调查,并因涉嫌挪用公款罪被检察院提起公诉,2018年3月,法院以挪用公款罪判处魏某有期徒刑15年。

本案涉及的焦点问题是如何理解"挪用公款归个人使用""挪用公款进行营利活动"。根据2002年4月全国人大常委会《关于〈中华人民共和国刑法〉第三百八十四条第一款的解释》,有下列情形之一的,属于挪用公款"归个人使用":(1)将公款供本人、亲友或者其他自然人使用的;(2)以个人名义将公款供其他单位使用的;(3)个人决定以单位名义将公款供其他单位使用,谋取个人利益的。案例2-3中,魏某的第一个挪用行为是:为帮马小雅还银行经营贷款,个人决定将管委会的公款1500万元借给华建建筑公司,由该公司借给马小雅实际控制的贸易公司。魏某首先将公款借给第三方公司，再由该公司将该笔公款转给马小雅实际控制的公司，魏某挪用的目的是给马小雅的公司使用，最终也是转给了马小雅的公司，转给华建公司只不过是以合法形式掩盖非法目的。也即，魏某的挪用行为并不因为有了一个中间人的加入就发生改变。否则，挪用公款行为都可以找一个符合借款资格的中间人，倒手再将公款转移出去，那么任何挪用公款行为都可以通过中间人"洗白"了，都可以免遭处罚了，这就人为制造了法律漏洞，而且也不符合常理。本案中，天成公司归马小雅实际控制，魏某将公款挪用给天成公司，实际上是帮马小雅还银行贷款，最终使用人仍然是马小雅。魏某的第二个挪用行为是：为借款给马小雅用于个人经营，个人决定将园区公款 1 500 万元借给海达房地产公司，再由海达公司借给马小雅。魏某将公款首先转给海达房地产公司，再由该公司借马小雅，这个中转并不影响行为的定性，魏某的出发点是借给马小雅，最终也成功将公款转给了马小雅，不论中间流转多少次，这 1 500 万元属于魏某挪用给马小雅的公款，中间人并不能将挪用的公款"洗白"。魏某本次挪用的 1 500 万最终是用于马小雅个人经营，因而也属于"将公款供亲友或其他自然人使用"。所以，魏某的两次行为均属于挪用公款归个人使用。

根据刑法第三百八十四条以及 1998 年最高人民法院《关于审理挪用公款案件具体应用法律若干问题的解释》第 2 条，挪用公款数额较大，归个人进行营利活动的，构成挪用公款罪，不受挪用时间和是否归还的限制。本案中，魏某第一次公款挪用行为是帮马小雅还银行经营贷款。根据 2003 年最高人民法院《全国法院审理经济犯罪案件工作座谈会纪要》，"挪用公款归还个人欠款的，应当根据产生欠款的原因，分别认定属于挪用公款的何种情形。归还个人进行非法活动或者进行营利活动的欠款，应当认定为挪用公款进行非法活动或者进行营利活动"。既然马小雅的银行贷款是经营行为所欠下的贷款，那么魏某挪用公款帮助马小雅偿还营利活动的欠款，就属于"挪用公款进行营利活动"，此类型并无三个月时间的限制，其行为构成挪用公款罪。魏某第二次行为是转给马小雅用于个人经营，该行为明显是进行营利活动，那么也没有挪用期限的限制。因此，魏某的两次行为均构成"挪用公款归个人使用，进行营利活动"，已经构成挪用公款罪。

四、挪用公款罪与贪污罪（职务侵占罪）、挪用资金罪

挪用公款罪与贪污罪在很多方面存在不同。首先，二者的犯罪主体不尽一致。虽然贪污罪与挪用公款罪的主体都包含国家工作人员，贪污罪的主体范围宽于挪用公款罪的主体范围，贪污罪主体还包括受国家机关、国有单位委托管理、经营国有财产的人员。根据刑法第三百八十二条，受国家机关、国有公司、企业、事业单位、人民团体委托管理、经营国有财产的人员，利用职务上的便利，侵吞、窃取、骗取或者以其他手段非法占有国有财物的，以贪污论。如本书第一章所述，该规定系法律拟制而非注意规定，因而对于这类

人员挪用国有财物的,不能以挪用公款罪进行处罚。① 其次,二者的主观方面不同。挪用公款罪与贪污罪虽然都是直接故意犯罪,但贪污罪具有非法占有公共财物的目的,而挪用公款罪的犯罪目的在于非法取得公款的使用权,行为人在实施犯罪时主观意图上为暂时挪用、用完后归还,没有将公款据为己有的故意。当然,当行为人主观上由暂时非法占有公款转化为永久地非法占有公款后,其行为性质也相应地由挪用公款罪转化为贪污罪。② 以上这两个方面也是挪用公款罪与职务侵占罪区别的表现方面,即职务侵占罪不是国家工作人员犯罪,职务侵占罪与贪污罪一样,都具有非法占有财物的目的。

刑法第二百七十二条规定:公司、企业或者其他单位的工作人员,利用职务上的便利,挪用本单位资金归个人使用或者借贷给他人,数额较大、超过三个月未还的,或者虽未超过三个月,但数额较大、进行营利活动的,或者进行非法活动的,处三年以下有期徒刑或者拘役;挪用本单位资金数额巨大的,或者数额较大不退还的,处三年以上十年以下有期徒刑。该条第二款还规定(注意规定):"国有公司、企业或者其他国有单位中从事公务的人员和国有公司、企业或者其他国有单位委派非国有公司、企业以及其他单位从事公务的人员有前款行为的,依照本法第三百八十四条的规定定罪处罚。"从法条规定的罪状看,挪用公款罪与挪用资金罪的最大不同首先在于犯罪主体的差异,即前者是特殊主体。其次,二者犯罪对象的性质不同。挪用公款罪的犯罪对象是公共财产,而挪用资金罪侵犯的对象则是公司、企业或其他单位的资金。最后,二者侵犯的客体不同。挪用公款罪侵犯的是公款的使用权、国家机关的正常活动等,既有侵犯财产的性质,又有严重的渎职的性质;挪用资金罪侵犯的客体是公司、企业或者其他单位的资金的使用权,对象是公司、企业或者其他单位的资金。

董事长被反复追诉案

【案例2-4】 2007年9月,宏图集团因增资扩股、职工退股等原因产生380万元募股资金缺口,因宏图集团经营状况不佳,其他董事、股东都不愿意出资购买,并将这一难题推给时任宏图集团董事长、法定代表人李小鹏负责解决。为避免股权空挂,李小鹏在宏图集团股东兼董事、高管郝某的建议和协助下,于2007年10月以"三星服装经营部"

---

① 2000年2月24日,最高人民法院《关于对受委托管理、经营国有财产人员挪用国有资金行为如何定罪问题的批复》中规定:对于受国家机关、国有公司、企业、事业单位、人民团体委托,管理、经营国有财产的非国家工作人员,利用职务上的便利,挪用国有资金归个人使用构成犯罪的,应当依照刑法第二百七十二条第一款的规定(挪用资金罪)定罪处罚。

② 根据2013年《全国法院审理经济犯罪案件工作座谈会纪要》,有下列情形的就可以表明行为人具有非法占有的目的而认定为贪污罪:(1)根据《最高人民法院关于审理挪用公款案件具体应用法律若干问题的解释》第六条的规定,行为人"携带挪用的公款潜逃的",对其携带挪用的公款部分,以贪污罪定罪处罚。(2)行为人挪用公款后采取虚假发票平账、销毁有关账目等手段,使所挪用的公款已难以在单位财务账目上反映出来,且没有归还行为的,应当以贪污罪定罪处罚。(3)行为人截取单位收入不入账,非法占有,使所占有的公款难以在单位财务账目上反映出来,且没有归还行为的,应当以贪污罪定罪处罚。(4)有证据证明行为人有能力归还所挪用的公款而拒不归还,并隐瞒挪用的公款去向的,应当以贪污罪定罪处罚。

的名义向下属子公司宏图投资有限公司借款380万元,购买宏图集团380万元股权。2008年10月19日,李小鹏用改制时存放于宏图集团账外的资金400万元偿还上述借款及其利息(利息总计20万元)。2012年4月,检察院以李小鹏涉嫌私分国有资产罪、职务侵占罪向人民法院提起公诉,同年11月,检察院以发现漏罪为由,向法院追加起诉挪用资金罪以及其他职务侵占罪。在第一次起诉中,检察院指控李小鹏对400万元构成职务侵占罪,认为:李小鹏从公司账外存款中"支付400万元至宏图投资有限公司,冲平了其本人于2006年10月以'三星服装经营部'的名义在该公司的借款本金和利息"。在追加起诉中,检察院并未对380万元起诉挪用资金罪。2013年5月,一审法院判决书认为:被指控的李小鹏侵占的400万元在私分国有资产行为中已经认定既遂,不宜对已认定既遂的钱款又以职务侵占罪重新计算,该款项应当为李小鹏私分国有资产后的实际分赃。一审宣判后,检察院提出抗诉,上级检察院向市中级人民法院提出支持刑事抗诉意见书,认为:李小鹏将国有资产隐匿在账外并转为改制后公司所有,其侵犯的法益是国有财产所有权,已构成私分国有资产罪,公司改制完成时犯罪既遂(1300万元)。在第二阶段,将公司控制下的账外资金400万元占为己有,其侵犯的法益是改制后公司的财产所有权,构成职务侵占罪。同时抗诉指出:一审判决对原审被告人用犯罪所得购买的380万宏图集团股权及红利未依法予以追缴、处置,属适用法律错误。市中级人民法院作出终审裁定,认定:在隐匿的资产中占有使用了400万元,其行为符合刑法规定的"将国有资产集体私分给个人"的客观特征,应当依法认定为私分国有资产行为,不应再行认定为职位侵占行为;380万元股权法不应处置。二审宣判后的2016年11月,检察院将李小鹏涉嫌挪用资金罪的案件材料移送公安局经济犯罪侦查大队以涉嫌挪用资金罪立案侦查。检察院认定:李小鹏"擅自决定将宏图集团投资公司账上的人民币380万元转至三星服装经营部账户,又将该款全部转至宏图集团账户,用于其个人购买宏图集团380万元股权,构成挪用资金罪",并再次对李小鹏提起公诉。

案例2-4中,基于李小鹏的身份,不存在挪用公款罪、贪污罪的争议,对于各罪之间的上述区分,司法人员有着一定的认识。但是,本罪在挪用资金的认定上存在巨大的分歧,这更多地代表了对犯罪追诉程序上的误解和误用,这对于贪污罪、挪用资金罪等腐败犯罪的追诉也具有一定的警示意义。我们认为,检察院以挪用资金罪对李小鹏重新提起公诉,动摇了终局实体判决裁定的既判力,对被告人造成双重危险。

其一,本案已经被司法机关多次认定并最终作出了终审评价,不能被重复起诉和审判。

我国刑事诉讼法第259条规定,下列判决和裁定是发生法律效力的判决和裁定:(1)已过法定期限没有上诉、抗诉的判决和裁定;(2)终审的判决和裁定;(3)最高人民法院核准的死刑的判决和高级人民法院核准的死刑缓期二年执行的判决。这是我国刑事诉讼法典关于终局实体判决既判力的基本规定,刑事终局判决、裁定一经作出,即创设某种稳定的诉讼状态。刑事诉讼中的既判力产生了两个基本要求,即禁止重复起诉和禁止重复审判。对检察机关而言,检察机关在对被告提起公诉时代表着国家权力的行使,不能简单地分割为个案公诉权的集合,检察机关在个案中作出的决定,亦是国家整体意志的体现,不能反复更改。因此,在具体的刑事案件中,终局的刑事判决作出后,除有法律规定的特殊情况,检察机关不得就同一事实再行提起公诉。而且基于司法尊严原则,司法应获得尊重与信赖,司法机关本身不得使用违法或超过社会伦理底线的手段打击犯罪,因而检察机关不得滥用公诉权,使被告始终处于效力未定的危险状态中。那么就审判机关而言,法院不得对已生效的裁判以各种理由包括更换罪名进行重新审理,并作出新的、不利于被告的判决。早在检察院第一次起诉中,检察院指控李小鹏对400万元构成职务侵占罪,在第二次追加起诉书中,追加挪用资金罪部分也没有涉及380万元。可见,检察院在起诉中已经将380万元评价为借款,并且将之与400万元还款进行了整体评价,指控李小鹏构成职务侵占罪。如今,检察院将已经被整体评价过的事实,拆分开来,继续重复起诉,对法院终审裁定的效力构成了严重动摇,也是对法院权威的一次挑战。

其二,本案不存在"新发现的罪"(漏罪)。我国刑法第七十条规定:判决宣告以后,刑罚执行完毕以前,发现被判刑的犯罪分子在判决宣告以前还有其他罪没有判决的,应当对新发现的罪作出判决,把前后两个判决所判处的刑罚,依据先并后减的原则实行数罪并罚。

该条所说的"新发现的罪"明显是指新发现的犯罪事实,即之前的起诉书和判决书都没有发现、没有评价过的事实。如果是之前的判决书已经评价过的事实,例如法院判决认为该事实不构成犯罪,或者法院判决认定的罪名与检察院起诉的罪名不一致,那么该事实就属于已经被法院评价过的事实,不能再就该事实重新起诉或者重新判决,否则就属于对同一事实作出两次评价,违背禁止重复评价的基本原则。本案真正的问题在于,检察院认为法院没有按照起诉书指控的"职务侵占罪"来判决,于是换了一个新罪名"挪用资金罪"来起诉。可见,这里只有"新起诉的罪",没有"新发现的罪",检察院的起诉没有法律依据。本案的挪用资金行为不属于新发现的漏罪,其在二审及其之前的整个诉讼过程中已经被多次评价,并且二审法院终局裁定驳回了检察机关关于包括本行为在内的职务侵占罪的抗诉。检察院在没有新的证据、事实的情况下,重新提起诉讼,在程序上使得被告人遭受了反复追诉的危险,值得反思。

其三,即便按照检察院指控,本案也已经超过法定的追诉时效。刑法第八十七条规定,犯罪经过下列期限不再追诉:(1)法定最高刑为不满五年有期徒刑的,经过五年;(2)法定最高刑为五年以上不满十年有期徒刑的,经过十年;(3)法定最高刑为十年以上有期徒刑的,经过十五年;(4)法定最高刑为无期徒刑、死刑的,经过二十年。如果二十年以后认为必须追诉的,须报请最高人民检察院核准。1998年最高人民法院《关于适用刑法第十二条几个问题的解释》第2条规定,如果刑法规定的某一犯罪只有一个法定刑幅度，法定最高刑或者最低刑是指该法定刑幅度的最高刑或者最低刑；如果刑法规定的某一犯罪有两个以上的法定刑幅度，法定最高刑或者最低刑是指具体犯罪行为应当适用的法定刑幅度的最高刑或者最低刑。据此，第八十七条中的"法定最高刑"是指，根据行为人所犯罪行的轻重，判定应当适用的刑法条款或相应的量刑幅度，按其法定最高刑来计算追诉期限。

本案中，检察院指控李小鹏挪用资金380万元。根据2001年最高人民法院、最高人民检察院《关于适用刑事司法解释时间效力问题的规定》第2条"对于司法解释实施前发生的行为，行为时没有相关司法解释，司法解释施行后尚未处理或者正在处理的案件，依照司法解释的规定办理"，第3条"对于新的司法解释实施前发生的行为，行为时已有相关司法解释，依照行为时的司法解释办理，但适用新的司法解释对犯罪嫌疑人、被告人有利的，适用新的司法解释"，那么，对挪用资金罪的量刑应当按照最新司法解释办理。2016年4月，最高人民法院、最高人民检察院《关于办理贪污贿赂刑事案件适用法律若干问题的解释》第11条第2款规定：刑法第二百七十二条规定的挪用资金罪中的"数额较大""数额巨大"以及"进行非法活动"情形的数额起点，按照本解释关于挪用公款罪"数额较大""情节严重"以及"进行非法活动"的数额标准规定的二倍执行。那么根据该解释第6条，挪用资金数额较大、进行营利活动的标准是5万元以上，数额巨大的标准是500万元以上。本案中，李小鹏涉嫌的是挪用380万元，属于"数额较大"，根据刑法第二百七十二条，"数额较大"这一情节所对应的量刑幅度最高刑为3年。于是，根据刑法第八十七条，即便按照检察院的指控，李小鹏行为的追诉期限是3年，李小鹏涉嫌的挪用资金行为既遂时间是2007年，行为可追诉期限为2010年，2016年显然已经超过追诉时效，即便成立挪用资金罪，本案也应根据刑法第八十七条不再追诉。

其四，从构成要件看，本案难以认定为挪用资金罪。首先，挪用资金罪之"挪用"是不经批准，擅自动用所主管、管理、经手的单位资金。本案中，从投资公司借用380万元，知情人员包括投资公司实际负责人李小鹏、郝某等人，经办人员包括郝某及集团其他财务人员，而且转账支票以及支票存根上都注明了"借款"，这本身就表明出借资金的行为是公开的，是经过集体研究的，资金流向是明确的、可控的。即使存在履行程序上的瑕疵，也不能据此认为是"擅自动用"。其次，根据2004年9月8日全国人大常委会法工委《关于挪用资金罪有关问题的答复》以及2002年4月全国人大常委会《关于〈中华人民共和国刑法〉第三百八十四条第一款的解释》，挪用资金"归个人使用"包括三种情况：(1) 将单位资金供本人、亲友或者其他自然人使用；(2) 以个人名义将单位资金供其他单位使用；(3) 个人决定以单位名义将单位资金供其他单位使用，谋取个人利益的。380万元是借贷给经营部单位使用，不是给自然人使用，是以投资公司名义借贷给经营部的。现有证据也无法证明是李小鹏个人决定以投资公司名义借贷给经营部，而且李小鹏在本次借款活动中并未谋取个人利益。因此，不符合立法解释中挪用资金"归个人使用"的任何一种情况。最后，挪用资金罪是通过改变单位资金的用途而侵犯单位资金的使用权和收益权,犯罪客体是单位资金的使用权和收益权。但是,在本案中宏图投资有限公司的职能就是对外投资、盘活资金,从而使资产保值增值,事实上投资公司在本次借款活动中不仅按期收回本金380万元,而且取得了20万元的利益,所以,难以将李小鹏批准的投资公司借款380万元给三星服装经营部的行为认定为挪用资金罪。

总之,"拥有各种资源和权力的国家不应当被允许因为一个公民一项被指控的犯罪,而反复作出试图使他得到定罪的努力,以致把他置于尴尬、消耗和使其意志遭受痛苦磨难的状态之中,迫使他生活在一种持续的焦灼和不安全状态之中,同时增加即便他无罪,但也会被判定有罪的可能性"①。对此,我们深以为然。在腐败犯罪治理乃至一切犯罪追诉中,各方应当充分尊重终局判决的既判力,并充分尊重和保障犯罪嫌疑人、被告人、犯罪人的诉讼权利。刑事程序通过既判力明确了被告人的未来,并产生程序的自缚性,随着程序的展开,司法机关的操作越来越受到限制,经过程序认定的事实关系和法律关系都被一一贴上封条,成为无可动摇的真正的过去,一切程序参加者都受自己的陈述与判断之约束,事后的抗辩与反悔一般都无济于事。本案中,公安机关立案的"报案人"是检察机关,所有案件材料由检察机关"移送",然后公安机关再移送检察机关审查起诉,检察机关扮演着重要的推动角色。党的十八届四中全会审议通过的《中共中央关于全面推进依法治国若干重大问题的决定》明确提出,要"推进以审判为中心的诉讼制度改革,确保侦查、审查起诉的案件事实证据经得起法律的检验。全面贯彻证据裁判规则,严格依法收集、固定、保存、审查、运用证据,完善证人、鉴定人出庭制度,保证庭审在查明事实、认定证据、保护诉权、公正裁判中发挥决定性作用"。因此,控诉机关主导的诉讼过程应当被摒弃,作为审判机关的法院应当充分调查、认识案件的法律因素与非法律因素,在"以审判为中心"的刑事诉讼制度改革的大背景中,全面落实庭审实质化,充分发挥审判机关确保公平正义的积极作用,经受住考验,维护审判机关的司法权威与尊严。

五、挪用公款罪的处罚

挪用公款赌博案

【案例2-5】 被告人车惠忠利用被告人沈绿叶在2001年5月1日至2002年7月底担任嘉善县西塘镇大舜鸦鹊村出纳的便利,与被告人沈绿叶共同商谋,在2002年5月以做生意为由,指使被告人沈绿叶挪用公款,被告人沈绿叶即将台胞的土地补偿款中的人民币1.8万元分两次先后交给被告人车惠忠,被告人车惠忠将其用于赌博。其后,被告人车惠忠和被告人沈绿叶商谋,在2002年5月至2002年7月期间,多次挪用土地补偿款、防汛款、土地复垦保证金总计120 632.28元人民币用于被告人车惠忠赌博。案发

---

① 参见[美]拉费弗等:《刑事诉讼法》(下册),卞建林等译,中国政法大学出版社,2003年版,第1275页。

后,两被告人于 2002 年 7 月 24 至 7 月 26 日将所有挪用钱款人民币 120 632.28 元全部归还村里。嘉善县人民法院认为,被告人沈绿叶、车惠忠经共谋,利用被告人沈绿叶担任村出纳职务上的便利,挪用公款进行营利和非法活动,其行为均已构成挪用公款罪,数额达人民币 120 630 余元,属情节严重。公诉机关指控其所犯罪名成立,依法应予支持。案发后,两被告人已退清全部赃款,认罪态度较好,酌情从轻处罚。为了打击刑事犯罪,确保国家对公款的占有和使用,判决被告人沈绿叶犯挪用公款罪,判处有期徒刑五年六个月;被告人车惠忠犯挪用公款罪,判处有期徒刑五年六个月。①

1998 年 4 月 6 日,最高人民法院审判委员会通过的《关于审理挪用公款案件具体应用法律若干问题的解释》对挪用公款罪的处罚标准进行了明确,第 3 条第 1 款规定:挪用公款归个人使用,"数额较大、进行营利活动的",或者"数额较大、超过三个月未还的",以挪用公款一万元至三万元为"数额较大"的起点,以挪用公款十五万元至二十万元为"数额巨大"的起点。挪用公款"情节严重",是指挪用公款数额巨大,或者数额虽未达到巨大,但挪用公款手段恶劣;多次挪用公款;因挪用公款严重影响生产、经营,造成严重损失等情形。第 2 款规定:"挪用公款归个人使用,进行非法活动的",以挪用公款五千元至一万元为追究刑事责任的数额起点。挪用公款五万元至十万元以上的,属于挪用公款归个人使用,进行非法活动,"情节严重"的情形之一。挪用公款归个人使用,进行非法活动,情节严重的其他情形,按照本条第一款的规定执行。案例 2-5 中,被告人挪用 12 万多元用于赌博非法活动,按照审判时的上述司法解释,其行为已经达到第 2 款规定的"情节严重"的程度,应当判处五年以上有期徒刑。

2016 年 4 月 18 日,最高人民法院、最高人民检察院《关于办理贪污贿赂刑事案件适用法律若干问题的解释》对挪用公款罪的数额做了相应的调整。第 5 条规定:挪用公款归个人使用,进行非法活动,数额在三万元以上的,应当依照刑法第三百八十四条的规定以挪用公款罪追究刑事责任;数额在三百万元以上的,应当认定为刑法第三百八十四条第一款规定的"数额巨大"。具有下列情形之一的,应当认定为刑法第三百八十四条第一款规定的"情节严重":(1) 挪用公款数额在一百万元以上的;(2) 挪用救灾、抢险、防汛、优抚、扶贫、移民、救济特定款物,数额在五十万元以上不满一百万元的;(3) 挪用公款不退还,数额在五十万元以上不满一百万元的;(4) 其他严重的情节。可见,挪用公款归个人使用,进行非法活动的定罪数额,从 5 000 元至 1 万元提高到 3 万元以上;数额巨大的标准从 5 万元至 10 万元提高到 300 万元以上;情节严重的数额标准也升级为 100 万元以上:提升幅度可谓巨大。因此,案例 2-5 中的挪用行为如果发生在新司法解释之后的话,挪用 12 万余元公款进行非法活动,则离"情节严重"甚远,只能在第一档刑罚幅度量刑即五年以下有期徒刑或拘役。

---

① 《被告人沈某某、车某某犯挪用公款罪案》,https://www.lawxp.com/case/c22397218.html.

第三章 受贿罪

【《中华人民共和国刑法》(最新版)相关法条】

第三百八十五条 国家工作人员利用职务上的便利,索取他人财物的,或者非法收受他人财物,为他人谋取利益的,是受贿罪。

国家工作人员在经济往来中,违反国家规定,收受各种名义的回扣、手续费,归个人所有的,以受贿论处。

第三百八十六条 对犯受贿罪的,根据受贿所得数额及情节,依照本法第三百八十三条的规定处罚。索贿的从重处罚。

第三百八十八条 国家工作人员利用本人职权或者地位形成的便利条件,通过其他国家工作人员职务上的行为,为请托人谋取不正当利益,索取请托人财物或者收受请托人财物的,以受贿论处。[①]

【司法解释】

■ 2016年4月18日,最高人民法院、最高人民检察院《关于办理贪污贿赂刑事案件适用法律若干问题的解释》

第一条 贪污或者受贿数额在三万元以上不满二十万元的,应当认定为刑法第三百八十三条第一款规定的"数额较大",依法判处三年以下有期徒刑或者拘役,并处罚金。

贪污数额在一万元以上不满三万元,具有下列情形之一的,应当认定为刑法第三百八十三条第一款规定的"其他较重情节",依法判处三年以下有期徒刑或者拘役,并处罚金:

(一)贪污救灾、抢险、防汛、优抚、扶贫、移民、救济、防疫、社会捐助等特定款物的;

(二)曾因贪污、受贿、挪用公款受过党纪、行政处分的;

(三)曾因故意犯罪受过刑事追究的;

(四)赃款赃物用于非法活动的;

(五)拒不交待赃款赃物去向或者拒不配合追缴工作,致使无法追缴的;

(六)造成恶劣影响或者其他严重后果的。

受贿数额在一万元以上不满三万元,具有前款第二项至第六项规定的情形之一,或者具有下列情形之一的,应当认定为刑法第三百八十三条第一款规定的"其他较重情节",依法判处三年以下有期徒刑或者拘役,并处罚金:

[①] 以上条文自1997年刑法颁布以来并无修订,但根据《刑法修正案九》,第三百八十六条的处罚情况随第三百八十三条发生变化。

(一)多次索贿的;
(二)为他人谋取不正当利益,致使公共财产、国家和人民利益遭受损失的;
(三)为他人谋取职务提拔、调整的。

第二条 贪污或者受贿数额在二十万元以上不满三百万元的,应当认定为刑法第三百八十三条第一款规定的"数额巨大",依法判处三年以上十年以下有期徒刑,并处罚金或者没收财产。

贪污数额在十万元以上不满二十万元,具有本解释第一条第二款规定的情形之一的,应当认定为刑法第三百八十三条第一款规定的"其他严重情节",依法判处三年以上十年以下有期徒刑,并处罚金或者没收财产。

受贿数额在十万元以上不满二十万元,具有本解释第一条第三款规定的情形之一的,应当认定为刑法第三百八十三条第一款规定的"其他严重情节",依法判处三年以上十年以下有期徒刑,并处罚金或者没收财产。

第三条 贪污或者受贿数额在三百万元以上的,应当认定为刑法第三百八十三条第一款规定的"数额特别巨大",依法判处十年以上有期徒刑、无期徒刑或者死刑,并处罚金或者没收财产。

贪污数额在一百五十万元以上不满三百万元,具有本解释第一条第二款规定的情形之一的,应当认定为刑法第三百八十三条第一款规定的"其他特别严重情节",依法判处十年以上有期徒刑、无期徒刑或者死刑,并处罚金或者没收财产。

受贿数额在一百五十万元以上不满三百万元,具有本解释第一条第三款规定的情形之一的,应当认定为刑法第三百八十三条第一款规定的"其他特别严重情节",依法判处十年以上有期徒刑、无期徒刑或者死刑,并处罚金或者没收财产。

第四条 贪污、受贿数额特别巨大,犯罪情节特别严重、社会影响特别恶劣、给国家和人民利益造成特别重大损失的,可以判处死刑。

符合前款规定的情形,但具有自首、立功,如实供述自己罪行、真诚悔罪、积极退赃,或者避免、减少损害结果的发生等情节,不是必须立即执行的,可以判处死刑缓期二年执行。

符合第一款规定情形的,根据犯罪情节等情况可以判处死刑缓期二年执行,同时裁判决定在其死刑缓期执行二年期满依法减为无期徒刑后,终身监禁,不得减刑、假释。

一、受贿罪的沿革

只要人类不能消除欲望,通过自己占有的资源进行利益交换的行为就不可能被遏止。受贿罪是行为人利用手里的权力进行权钱交易的行为,是权力腐败的另一种典型方式,是人的贪婪本性在一定社会阶层中的极端暴露。1952年4月21日施行的《中华人民共和国惩治贪污条例》第 2 条规定:"一切国家机关、企业、学校及其附属机构的工作人员,凡侵吞、盗窃、骗取、套取国家财物、强索他人财物,收受贿赂以及其他假公济私的违法取利之行为,均为贪污罪。"如本书第一章所述,新中国成立后的受贿行为是作为贪污罪认定的,"大贪污罪"概念吸收了受贿行为,受贿罪没有独立的罪名体系位置。1979 年刑法第一百八十五条第一款规定:"国家工作人员利用职务上的便利,收受贿赂的,处五年以下有期徒刑或拘役。赃款、赃物没收,公款、公物追还。"自此,受贿罪作为独立的腐败犯罪在新中国刑法立法中占有一席之地。

1982 年 3 月 8 日全国人大常委会通过《关于严惩严重破坏经济的罪犯的决定》,对受贿罪的罪刑结构进行了修正,第 1 条第 2 款规定:"对刑法第一百八十五条第一款和第二款受贿罪修改为:国家工作人员索取、收受贿赂的,比照刑法第一百五十五条贪污罪论处;情况特别严重的,处无期徒刑或死刑。"这一立法决定删除了"利用职务上的便利"要素,增加了"索贿",并将法定最高刑提升至无期徒刑和死刑。1988 年 1 月 21 日施行的全国人大常委会《关于惩治贪污罪贿赂罪的补充规定》第 4 条第 1 款规定:"国家工作人员、集体经济组织工作人员或者其他从事公务的人员,利用职务上的便利,索取他人财物的,或者非法收受他人财物为他人谋取利益的,是受贿罪。"第 2 款规定:"与国家工作人员、集体经济组织工作人员或者其他从事公务的人员勾结,伙同受贿的,以共犯论处。"第三款规定:"国家工作人员、集体经济组织工作人员或者其他从事公务的人员,在经济往来中,违反国家规定收受各种名义的回扣、手续费,归个人所有的,以受贿论处。"1997 年刑法典坚持了 1988 年《关于惩治贪污罪贿赂罪的补充规定》中关于受贿罪的规定,并在第三百八十八条增加了国家工作人员斡旋受贿的规定。2015 年 8 月 29 日通过的《刑法修正案(九)》第四十四条,对受贿罪的法定刑进行了大规模的修正,定罪量刑标准同贪污罪一样进行了大幅度的提升。

成克杰受贿罪案

【案例 3 - 1】 成克杰,原系第九届全国人民代表大会常务委员会副委员长,曾任中共广西壮族自治区委员会副书记、广西壮族自治区人民政府主席。成克杰与李平准备各自离婚后结婚,商议趁成克杰在位,利用其职权,为婚后生活共同准备钱财。此后,成克杰、李平共同为他人谋取利益,从中收受财物。例如,1994 年 3 月 10 日,成克杰利用职权,将广西银兴房屋开发公司由原隶属广西国际经济技术合作公司改为直接隶属自治区政府领导和管理。1994 年初至 1995 年 6 月,成克杰通过李平接受银兴公司负责人周坤请托,并从李平处得知可以得到好处,遂利用职权,指定南宁市江南停车购物城工程由银兴公司承建,要求自治区计委尽快办理立项手续;指令南宁市政府将该工程 85 亩用地以每亩 55 万元低价出让给银兴公司;多次向中国建设银行广西分行行长曾国坚提出要求,为银兴公司发放贷款人民币 7 000 万元。为取得事先约定的好处,在张静海的协助下,成克杰、李平收受周坤以银兴公司多付土地转让费的方式给予的人民币 20 211 597 元。

李平将其中人民币900万元送给张静海。成克杰、李平取得人民币11 211 597元。再如,1996年,成克杰接受广西北海市公安局海城分局局长周贻胜的请托,向该市市委主要负责人推荐周贻胜担任北海市公安局局长。为此,成克杰两次收受周贻胜给予的美元3 000元(折合人民币24 911元)。1996年2月至1997年12月间,成克杰接受自治区计委服务中心主任李一洪的请托,利用职权,安排李一洪担任了自治区政府驻京办事处副主任。为此,成克杰三次收受李一洪给予的人民币1.8万元。成克杰在位期间,通过以上手段,伙同李平或单独非法收受贿赂款、物合计人民币41 090 373元,李平将其中1 150万元送给帮助转款、提款的张静海。成克杰、李平实得贿赂款29 590 373元。北京市第一中级人民法院认定,被告人成克杰身为国家工作人员,利用担任中共广西壮族自治区委员会副书记、广西壮族自治区人民政府主席的职务便利,伙同李平或单独接受他人请托,为他人谋取利益,非法收受财物,其行为已构成受贿罪。被告人成克杰的受贿数额特别巨大,其作为高级领导干部,所犯罪行严重破坏了国家机关正常工作秩序,侵害了国家工作人员职务的廉洁性,败坏了国家工作人员的声誉,犯罪情节特别严重,依法应予严惩。据此,判决被告人成克杰犯受贿罪,判处死刑,剥夺政治权利终身,并处没收个人全部财产。2000年9月7日,最高人民法院裁定核准成克杰死刑;2000年9月14日,成克杰被执行死刑。

"成克杰"一案在当时引起很大震动,他作为当时的全国人大常委会副委员长因受贿罪这一个罪名被判处死刑,可谓共和国反腐败历史上的一个影响深远的判决之一。由于贪污犯罪即直接非法占有公共财产的行为,极容易被发现和查处,受贿罪则因为行贿人与受贿人之间的"攻守同盟",受贿行为并不容易被查处,权钱交易获益巨大而风险较小或者侥幸心理更重,因而受贿行为较为普遍且成为官员腐败的主要形式。在腐败犯罪的死刑判决中,受贿罪的数量远远大于贪污罪。当然,受贿罪的处罚也很不均衡,《刑法修正案(九)》大幅度提升受贿罪的量刑数额标准,在一定程度上也意味着刑罚处罚受贿行为的力度的降低。2016年4月18日施行的《关于办理贪污贿赂刑事案件适用法律若干问题的解释》虽然规定"受贿数额特别巨大,犯罪情节特别严重、社会影响特别恶劣、给国家和人民利益造成特别重大损失的,可以判处死刑",但像成克杰这样的受贿数额,在今后几乎不太可能被判处死刑。

二、受贿罪的法益

关于受贿罪侵犯的法益,我国向来存在着很大的争论。有观点认为,受贿罪的法益是国家工作人员的职务廉洁性。[①] 有观点认为廉洁性说存在含义模糊等缺陷,受贿罪的

[①] 参见高铭暄、马克昌主编:《刑法学》,北京大学出版社,2016年版,第629页。

法益应当是国家工作人员职务行为的不可收买性(不可出卖性、无不正当报酬性),也可以说是国家工作人员职务行为与财物的不可交换性,这种法益不是个人法益而是超个人法益。① 也有观点认为,刑法规定受贿罪是为了防止国家工作人员在正常的职务报酬之外再被收买,而且保护公务行为不被收买是其主要法益;同时,公务行为被收买自然会使公众对职务行为的公正性产生怀疑,公众对职务行为不可收买的信赖也是本罪侵犯的法益。② 根据上述争议,还有学者直接认为,职务行为的廉洁性就是指职务行为的不可收买性;③有学者采取了较为综合的观点,认为受贿罪的本质在于职务行为与贿赂之间的交易,职务行为具有不可侵犯性、不可收买性和廉洁性,包括职务行为本身的不可收买性以及公众对之的信赖。④ 在国外,受贿罪的法益主要存在信赖说、职务行为公正性说、职务行为不可收买性说、国家意志篡改说等。

最近,我国学界又开始了新的讨论。孙国祥教授认为,尽管贿赂犯罪的本质特征被通俗形象地界定为"权钱交易",但从现代社会发展的现实看,涵盖面略小,受贿罪的交易范围现实中作为交易筹码的对价表现形式多样化,未必表现为赤裸裸的金钱,权力和权力行为的不可交易性展现了对现阶段贿赂犯罪丰富的解释维度,形塑了现阶段贿赂犯罪各种复杂形态,因而由此受贿罪的保护法益应抽象为职务和职务行为的不可交易性,这比"职务行为的不可收买性"更精确。⑤ 黎宏教授主张,受贿犯罪的保护法益应当是国家工作人员职务行为的公正性。据此来理解受贿犯罪,则刑法分则第八章所规定的受贿犯罪不再只是"以权换利",即侵害职务行为不可收买性的犯罪,而是扩展至行为人凭借其职权或者地位形成的便利条件即影响力,进行利益交易的"影响力交易"犯罪,所侵害的不仅是行为人本人职务行为的公正性,还包括被其利用的其他国家工作人员职务行为的公正性。这种保护法益理解上的转变,使刑法第三百八十八条等在立法上具有了存在的理由。同时,行为人并非亲自以权获利,而是利用其他国家工作人员的职务行为间接获利的情况,使第三百八十八条受贿罪的主体具有了"类似教唆犯"的构造,从而使其在认定上具有了不同于刑法第三百八十五条所规定的一般受贿罪的若干特点。⑥ 还有学者认为,廉洁性不是贪污受贿罪的法益,"在现有立法规定之下,在受贿罪法益问题上采不可收买性说是一种虽然无奈但却最具说服力的选择"。选择不可收买性作为受贿罪的保护法益,一方面在于它是廉洁性规范保护的对象化客体,另一方面在于它契合我国受贿罪的构成要件,符合我国对受贿罪的传统理解。从不可收买性出发,可以看出传统理论对"权钱交易"理解偏差的根源在于两点:一是惑于形式,未能洞彻实质;二是囿于客体,

---

① 参见张明楷:《刑法学(下)》,法律出版社,2016年版,第1203页。
② 参见周光权:《刑法总论》,中国人民大学出版社,2016年版,第476页。
③ 参见刘艳红主编:《刑法学(下)》,北京大学出版社,2016年版,第457页。
④ 参见赵煜:《惩治贪污贿赂犯罪实务指南》,法律出版社,2017年版,第240页。
⑤ 参见孙国祥:《受贿罪的保护法益及其实践意义》,载《法律科学》2018年第2期。
⑥ 参见黎宏:《受贿犯罪保护法益与刑法第三百八十八条的解释》,载《法学研究》2017年第1期。

未能在构成要件和法益关系的维度下正确展开定罪量刑。①

我们认为,贪污罪与受贿罪的罪质当然不完全相同,如本书第一章所述,贪污罪的主要法益是财产权,即国家工作人员利用职务上的便利对公共财产进行了侵犯,这是第一位的,这不同于受贿罪。但是,贪污罪也并非完全的"侵财"犯罪,其与受贿罪也有相同之处,因为国家工作人员利用职务便利的侵财行为不同于没有职务便利的一般主体的诈骗、盗窃、抢劫等犯罪行为,职务犯罪必然包含了对职务行为本身要求的背离,即对国家工作人员行为操守的违反,这是普通侵财犯罪所不具备的罪质要素,也正因如此,惩治贪污贿赂犯罪才成为国家廉政建设的重点,在这一点上,贪污罪与受贿罪是一致的。具体到受贿罪侵犯的法益或者国家立法设立受贿罪的目的究竟是为了保护什么,这其实并不是一种"概念游戏""文字游戏"。上述廉洁性说、职务行为公正性说、公务行为不可收买性说、信赖保护说等,其实都只是从不同角度对受贿罪法益的解读,而且其更多是一种文字表述问题,彼此之间并不是独立的、泾渭分明的,而是可以相互说明或者是包含关系。例如,如果追问何为职务行为廉洁性,那么职务行为的不可收买性就是廉洁性的内在要求,职务行为的公正性本身也并没有脱离出职务行为的廉洁性要求。如果认为"不可交易性"这种表述将使受贿罪的法益更加明确,那也只是说明支持者将"不可交易性"解释得更加彻底一些,仅此而已。"可以交易""不可以交易"中的"交易"就是一种"买卖",既然如此,受贿罪中必然也存在着"买"与"卖"(被买、被收买),二者根本没有本质区别。如果职务行为能够被收买或者公权力可以被交易,那么必然也会有对职务行为的公正性产生侵害的危险,②也会导致公众对国家工作人员职务行为公正性与廉洁性的信赖产生动摇,这些都是一体多面的。国家对公务人员的要求是不能与普通公民相比较的,如刑法处罚国家工作人员的巨额财产来源不明行为而不单独过问一般人的巨额财产来源情况,职务行为廉洁性、不可收买性、不可交易性本身就是一种行为规范,这种国家工作环境场域中的行为规范本身就已经升级为一种"法益",从而让职务犯罪中存在"规范"与"法益"的特殊同体性,受贿行为是对廉洁义务的违背,这种义务违反行为或者规范违反行为为公务行为公正性带来了危险即不公正行使职务的可能性,即便收受财物之后没有违背职务规则而正常行使了职务,也不能消除这种潜在的可能性。"权钱交易"只是一种相对十分通俗的表述,这并不意味着将受贿罪的罪质界定为"权钱交易"就只是承认收受金钱才构成受贿罪,"金钱"是贿赂的传统形式、主要形式,刑法典规定的"财物"当然还有其他体现方式,所以我们说"权钱交易"并不意味着我们只承认"权钱交易",这虽不是一种学术话语表达,却是呈现受贿罪的经典表达,禁止财物对职务行为的收买或者禁止财物与职务行为的交易,是受贿罪最真实的立法目的。

有批判观点认为,在斡旋受贿中,收受利益与职务行为之间并无对价关系,不可收买

---

① 参见马春晓:《廉洁性不是贪污贿赂犯罪的法益》,载《政治与法律》2018年第2期。
② 参见[日]山口厚:《刑法总论》,有斐阁2010年版,第612页。

性说只指出了处罚受贿犯罪的现象而没有指出其原因,①但"斡旋型"受贿本质上是利用职权影响力受贿,属于间接利用职务上的便利,在职务行为与收受利益之间仍具有对价关系,"处罚斡旋受贿的基本根据仍是职务行为的不可收买性受到了侵犯"②。刑法第三百八十八条规定"国家工作人员利用本人职权或者地位形成的便利条件,通过其他国家工作人员职务上的行为,为请托人谋取不正当利益,索取请托人财物或者收受请托人财物的,以受贿论处"。之所以如此规定,是因为这种斡旋受贿行为本身也是一种以财物收买职务的行为,这里虽然存在"通过其他国家工作人员职务上的行为,为请托人谋取不正当利益",但职务行为的出卖人是财物收受人,这里既出卖了其他公务人员的职务行为,也出卖了财物收受人本人的职务行为,斡旋受贿罪主要评价的还是后者,因而本条与第三百八十五条之间存在罪质的一致性。所以,本书将受贿罪的法益界定为职务行为的廉洁性,其中廉洁性的表现就是职务行为不可收买性或不可交易性,就此而言,受贿行为是对职务行为廉洁性的侵犯,也是对职务行为公正性造成危险的一种行为。

广播台长受贿案

【案例 3 - 2】 被告人袁远山曾担任梅州市广播电视台党委书记、台长,2010 年 3 月,梅州市广播电视台向广州荣泰影视技术有限公司(索尼公司代理商)采购一台高清转播车,广州荣泰影视技术有限公司林某彬为感谢时任梅州市广播电视台党委书记、台长的袁远山在高清转播车采购合同的履行过程中对该公司的支持和关照,并为方便设备余款的结算及后续采购业务的开展,于 2010 年 9 月的一天,在广东省梅州市梅江区好茶屋店门口送给袁远山 5 万元。2010 年 12 月,梅州市广播电视台与北京国丰源投资公司、南方报业集团、南方广播影视传媒集团合作成立了梅州客家文化产业发展有限公司,负责开发梅州客家文化产业基地项目。该公司由时任梅州市广播电视台党委书记、台长的袁远山担任董事长,北京国丰源投资公司李某元担任总经理。李某元为感谢袁远山在梅州客家文化产业发展有限公司相关项目的洽谈、推进等工作上的支持和帮助,于 2011 年至 2014 年间,先后五次送给袁远山 50 万元、港币 20 万元(折合 16.308 5 万元)及金块 2 块(合计价值 4.09 万元)。广州梅州市人民法院一审认定:袁远山身为国家工作人员,利用职务之便,为他人谋取利益,收受他人财物,数额巨大,其行为已构成受贿罪。袁远山提出上诉,广东省高级人民法院裁定驳回上诉、维持原判。③

关于受贿罪侵犯法益的争论在我国学界广受讨论,也是很多刑法专著、教科书讨论的重点内容之一,但在实务中的反应并没有如此强烈。通过判决书的内容可以看出,受贿罪认定仍然遵循的是"大前提—小前提—结论"的三段论逻辑,认为成立受贿罪的理由

---

① 参见黎宏:《受贿罪保护法益在于职务行为的公正性》,载《检察日报》2017 年 2 月 14 日,第 3 版。
② 张明楷:《法益初论》,中国政法大学出版社,2003 年版,第 621 - 625 页。
③ 参见《广东省高级人民法院刑事裁定书》,(2017)粤刑终字第 1731 号。

就是行为符合受贿罪的构成要件,例如案例3-2中,一二审法院的判决理由均是:袁远山身为国家工作人员,利用职务之便,为他人谋取利益,收受他人财物,数额巨大,其行为已构成受贿罪。也即,只要行为符合第三百八十五条受贿罪的构成要件,就可以认定成立受贿罪,受贿罪的不同法益对构成要件解释与适用的影响并没有如此之大。因此,对于受贿罪侵犯法益的讨论理论意义大于实践意义,学术概念意义大于司法审判意义。

三、受贿罪的构成

(一) 本罪的主体

虽然犯罪的成立应当遵循从客观到主观的逻辑,但犯罪的排除则不必遵循任何顺序,只要排除一个要件要素就可以排除犯罪的成立,尤其对于身份犯的认定,首先探究是否符合刑法规定的身份即主体要件,则更具有直接的意义。根据刑法第三百八十五条,受贿罪是国家工作人员利用职务上的便利,索取他人财物的,或者非法收受他人财物,为他人谋取利益的行为。本罪的主体是国家工作人员,此主体与前述贪污罪、挪用公款罪的主体一致。刑法第九十三条规定:"本法所称国家工作人员,是指在国家机关中从事公务的人员。国有公司、企业、事业单位、人民团体中从事公务的人员和国家机关、国有公司、企业、事业单位委派到非国有公司、企业、事业单位、社会团体从事公务的人员,以及其他依照法律从事公务的人员,以国家工作人员论。"根据该规定,国家工作人员包括四类人员:(1)在国家机关中从事公务的人员;(2)在国有公司等国有单位中从事公务的人员;(3)国家机关、国有公司等国有单位委派到非国有单位从事公务的人员;(4)其他依照法律从事公务的人员。毫无疑问,"从事公务"是国家工作人员的本质。关于何为"从事公务",2003年11月13日最高人民法院《全国法院审理经济犯罪案件工作座谈会纪要》指出,"从事公务,是指代表国家机关、国有公司、企业、事业单位、人民团体等履行组织、领导、监督、管理等职责。公务主要表现为与职权相联系的公共事务以及监督、管理国有财产的职务活动。如国家机关工作人员依法履行职责,国有公司的董事、经理、监事、会计、出纳人员等管理、监督国有财产等活动,属于从事公务。那些不具备职权内容的劳务活动、技术服务工作,如售货员、售票员等所从事的工作,一般不认为是公务"。

利用骗取的职务受贿案

【**案例3-3**】 秦某曾为国有企业职工,企业副总经理陈某系秦某远房亲戚,在一次职位晋升中秦某接受陈某的建议,在干部聘任表上填写虚假履历、制作虚假学历证书,并由陈某在职位审批表和证明文件上加盖了单位的公章,为秦某升职提供了各种便利,后秦某升任该企业会计科副科长。两年后,在陈某的帮助下,秦某又伪造了多种任职证明文件,后被顺利调往某高校基本建设处工程管理科担任副科长,负责组织工程竣工验收等工作。在担任工程管理科副科长期间,秦某多次收受乙方单位的好处费,为其在工程竣工验收工作中提供各种关系便利,经查实,秦某共收受五家单位78万元。2017年9月,秦某被检察机关以受贿罪提起公诉。

假冒国家工作人员名义"受贿"案

【案例3-4】 戴某系司法局法制科副科长胡某的小舅子,某日戴某与胡某约在某会所向胡某借钱,聊天中胡某被通知回局里处理急事,戴某一人在会所等候。在此期间,张某因事托人找到胡某,并和胡某也约在该会所,且在胡某回局里时也到达该会所。在等候期间,张某与戴某相识,戴某并未说明自己的身份,而是拿出自己随身携带的假警官证,谎称自己是胡某的表弟并谎称自己在公安局机要科工作。二人在熟络之后,张某道出自己想找胡某帮忙为张某妻子涉嫌故意伤害治安违法行为找关系,在得知戴某在公安局工作后,向戴某提出请求。戴某答应了张某的请求,并让张某不要对胡某提及自己提供帮助的事,张某答应,并当场给予戴某七万元现金。

案例3-3中的行为是利用骗取的职务,为请托人谋取利益,收受他人财物的行为。对此,曾经有观点认为,骗取职位是非法行为,其所从事的行为不是公务,因而不是受贿罪的主体;也有观点认为,骗取职位的行为人也是通过聘任程序进入一定岗位,其取得职务的行为涉嫌伪造国家机关公文印章罪,但其从事的行为是单位名义实施的,具有一定的权限内容,因而也是公务,可以成为受贿罪的适格主体。2004年3月30日,最高人民法院研究室《关于对行为人通过伪造国家机关公文、证件担任国家工作人员职务并利用职务上的便利侵占本单位财物、收受贿赂、挪用本单位资金等行为如何适用法律问题的答复》指出,行为人通过伪造国家机关公文、证件担任国家工作人员职务后,又利用职务上的便利实施侵占本单位财务、收受贿赂、挪用本单位资金等行为,构成犯罪的,应当分别以伪造国家机关公文、证件罪和相应的贪污罪、受贿罪、挪用公款罪等追究刑事责任,实行数罪并罚。这一答复意见是正确的,作为受贿罪主体的国家工作人员的本质是"从事公务",弄虚作假骗取到的职务也包含一定管理、监督职能的切实的公务行为,这一职务内容或者权能本身是真实的而非"伪造"的,因而仍然是"代表国家机关、国有公司、企业、事业单位、人民团体等履行组织、领导、监督、管理等职",对于行贿人或者其他人而言,在骗取职务行为被查处之前,该公务人员是国有单位的类似"表见代理人"。就此而言,秦某具有职务上的真实便利,能够影响甚至决定建设工程的竣工验收事项,其利用该项权限为他人谋取利益而收受他人财物的行为符合"国家工作人员"受贿罪的构成要件,在最终侵害性质上仍然对国家工作人员职务行为的廉洁性造成了损害。

案例3-4中的行为是冒用国家工作人员的名义收受他人财物,其本质是一种虚构事实、隐瞒真相的诈骗行为。本案中,戴某的身份是一般人,其对张某谎称自己是警察,而事实上其不具有任何权限。因此,戴某不是国家工作人员,不构成受贿罪,其对国家工作人员职务行为的廉洁性没有侵犯,而仅仅让张某误解为警察的职务行为已经被收买。刑法第二百七十九条,冒充国家机关工作人员招摇撞骗的,处三年以下有期徒刑、拘役、管制或者剥夺政治权利;情节严重的,处三年以上十年以下有期徒刑。冒充人民警察招摇撞骗的,依照前款的规定从重处罚。据此,戴某的行为构成招摇撞骗罪。同时,招摇撞骗罪与诈骗罪成立想象竞合关系,戴某成功骗取7万元,已经不单纯属于招摇撞骗,也构成诈骗罪既遂,应当以诈骗罪处罚。

村小组长涉嫌受贿案

【案例 3-5】 刘某系天宝村小组长,2011年在刘某担任小组长期间,该县某化肥厂意图租用该村公路旁的门面房,公司负责人廖某找到刘某帮忙。经与刘某商量,刘某答应与该公司签订租赁合同,刘某事先声明收取感谢费1万元。同年5月,刘某又收受了廖某感谢费5 000元;9月,刘某以其他理由向廖某索要好处费1万元。在此期间,刘某又与另一家公司签订租赁合同,将本村另一处门面房出租给一家实业公司,并索要了感谢费5 000元。2012年,刘某因装修房屋,再次向该实业公司负责人收取好处费1.2万元,并将一处仓库低价租给该公司。一审法院认为,被告人刘某身为村民组组长,利用职务之便,非法收受及索取他人财物,为他人谋取利益,其行为已构成受贿罪。一审宣判后,被告人上诉。二审法院认为,上诉人刘某为村民组组长,负责对村民组集体土地上的房屋出租的行为进行管理,属村民组的自治管理活动,不属协助人民政府从事其他行政管理工作,因而不是国家工作人员,不构成受贿罪,随之改判为非国家工作人员受贿罪。

2000年4月29日,全国人大常委会通过了《关于〈中华人民共和国刑法〉第九十三条第二款的解释》,规定村民委员会等村基层组织人员协助人民政府从事行政管理工作,属于"其他依照法律从事公务的人员"。该立法解释之所以将村基层组织人员在一定情形下视为国家工作人员,主要是考虑到此类人员虽不具有正式国家工作人员编制,但在基层管理中经常受政府委托依法协助政府从事特定管理工作,这种情形下实际上被赋予了相应的行政管理职权,符合国家工作人员的本质特征。本案中,村委会享有对土地的使用权,房屋本属集体所有,系村民组集体财产,不涉及政府行政管理活动,所得租金也不交予政府,而由村民组自行支配,故其行为不属协助人民政府从事行政管理工作。因此,正确认定村民委员会等村基层组织人员的行为性质的关键仍在于对"从事公务"的认定,对此应严格区分政府委托的行政管理权与村民自治权的界限。本案一审法院的判决没有认清是否协助政府从事公务,二审法院将刘某认定为非国家工作人员,改判为非国家工作人员受贿罪是妥当的。

(二) 本罪的对象

刑法第三百八十五条规定,国家工作人员利用职务上的便利,索取他人财物的,或者非法收受他人财物,为他人谋取利益的,是受贿罪。根据法条表述,受贿罪的对象是"财物"。关于财物的内涵与范围,立法本身并未明确,理论上主要有三种观点:一是"(有形)财物说",该说认为贿赂仅限于金钱和可以用于金钱计算的财物,不包括其他利益;二是"财产利益说",该说认为贿赂除了包括金钱及其他财物以外,还应当包括各种物质性利益,如提供住房使用权、免费旅游、免除债务等;三是"利益说"(需要说),该说认为凡是能够满足人的物质或精神需要的一切有形或无形、物质或非物资、财产或非财产性利益,都是贿赂。我国刑法理论的通说认为,受贿罪的对象"财物"应当是具有价值的有体物、无体物和财产性利益,非财产性利益不属于贿赂。①

从范围上看,"(有形)财物说"具有直接的法条文字上的依据,但这显然会导致受贿罪成立范围过于狭隘,忽视了现实中免除债务、免费旅行、免费提供住房使用权等贿赂形式对公务人员职务行为的收买。在当代社会,个人财富不仅仅是静态的或物理性的金钱、财物,还包括动态的、无形的股票、债权等资产,这些资产的经济价值甚至远远高于一般物品,在特定的时点,这些动态的资产可以用统一的货币尺度计价,也有一定的载体,其界定并不困难,因而财产性利益作为贿赂犯罪的对象,并不违背人们对社会财富的理解,也在一定程度上兼顾了"财物"一词语言学上的要求。② 早在1990年代,马克昌教授就已经提出"将来修改刑法时,可以将财产性利益规定为贿赂内容,使贿赂不致陷入过于狭窄的范围"③。从立法上扩充受贿罪的对象范围是一种较为保守的方式,也是最为稳妥的方式,通过扩张解释"财物"概念,使受贿罪涵盖实践中相当大一部分出卖职务行为、侵犯职务行为廉洁性的行为,也是一种较为理想的、务实的方式。《联合国反腐败公约》第3章第15条规定:"各缔约国均应当采取必要的立法措施和其他措施,将下列故意实施的行为规定为犯罪:(1) 直接或间接向公职人员许诺给予、提议给予或者实际给予该公职人员本人或者其他人员或实体不正当好处,以使该公职人员在执行公务时作为或者不作为;(2) 公职人员为其本人或者其他人员或实体直接或间接索取或者收受不正当好处,以作为其在执行公务时作为或者不作为的条件。"根据该规定,贿赂犯罪的对象为"不正当好处",涵盖范围十分之广。日本刑法典第197条也规定,公务员就其职务,收受、要求或期约贿赂者,处五年以下惩役;有前述行为并接受请托者,处七年以下惩役。这里受贿罪的对象是"贿赂",可谓没有特别限定。但这种泛化的"需要说"或"利益说"虽然涵盖范围最为广泛,但将"非财产性利益"纳入"财物"概念面临着非财产性利益的价值难以评估的问题,司法操作也存在很大难度。

雷政富受贿案

【案例3-6】 2007年3月至2012年11月,被告人雷政富先后担任重庆市北碚区

---

① 高铭暄、马克昌主编:《刑法学》,北京大学出版社,2016年版,第629页。
② 参见孙国祥:《贿赂犯罪的学说与案解》,法律出版社,2012年版,第142页。
③ 马克昌:《刑法理论探索》,法律出版社,1995年版,第265页。

区长、区委书记。2008年1月,华伦达公司法定代表人肖烨(另案处理)等人为谋取非法利益,安排赵某(另案处理)偷拍赵某与雷政富的性爱视频。同年2月14日,雷政富与赵某在金源大饭店再次开房时被肖烨安排的人当场"捉奸",假扮赵某男友的张进、扮私家侦探的严鹏(另案处理)对雷政富播放了雷与赵某的性爱视频,双方为此发生纠纷。肖烨接赵某的电话通知来到饭店后假意协调解决,让雷政富离开。2008年2月16日,肖烨以张进要闹事为由,以借为名向雷政富提出"借款"300万元,雷担心不雅视频曝光,在明知其被肖烨设局敲诈的情况下,要求勇智公司法定代表人明勇智"借款"300万元给肖烨的公司。同年2月18日,肖烨向勇智公司出具借条;次日,勇智公司向华伦达公司转账300万元;8月18日,该"借款"期满后,肖烨个人及其永煌公司的账上均有足额资金,但未归还。雷政富得知肖烨未归还后向明勇智表示由其本人归还,明勇智提出不用雷归还,要求雷政富支持其公司发展,雷政富表示同意。重庆市第一中级人民法院经审理认为,雷政富身为国家工作人员,利用职务之便,为他人谋取利益,非法收受他人给予的财物共计316万余元,数额巨大,影响恶劣,其行为已构成受贿罪,依法应予惩处。重庆第一中级人民法院于2013年6月28日作出(2013)渝一中法刑初字第85号刑事判决,以被告人雷政富犯受贿罪,判处有期徒刑13年,并处没收个人财产30万元,对雷政富受贿赃款316.5053万元予以追缴。该犯不服提起上诉,2013年9月17日,重庆市高级人民法院以(2013)渝高法刑终字第00192号刑事裁定:驳回上诉,维持原判。刑期从2013年2月1日至2026年1月31日止,判决发生法律效力后交付执行。①

"雷政富受贿案"在当时可谓被媒体炒得沸沸扬扬,其中各种敏感信息刷爆了网络和电视新闻,受到社会的很大关注。本案的一个争议焦点在于:国家工作人员利用职务便利授意他人以自己名义向第三人出借借款,而后最终同意他人免除债务,这种行为是否属于受贿?即,免除债务300万是否属于受贿款?有观点主张,行为人并没有直接收到请托人的300万元,请托人免除的并非是行为人的债务,因而不构成贿赂。2016年4月18日施行的最高人民法院、最高人民检察院《关于办理贪污贿赂刑事案件适用法律若干问题的解释》第12条规定:"贿赂犯罪中的'财物',包括货币、物品和财产性利益。财产性利益包括可以折算为货币的物质利益如房屋装修、债务免除等,以及需要支付货币的其他利益如会员服务、旅游等。后者的犯罪数额,以实际支付或者应当支付的数额计算。"2003年11月13日,最高人民法院的《全国法院审理经济犯罪案件工作座谈会纪要》关于"以借款为名索取或者非法收受财物行为的认定"问题指出:国家工作人员利用职务上的便利,以借为名向他人索取财物,或者非法收受财物为他人谋取利益的,应当认定为受贿。具体认定时,不能仅仅看是否有书面借款手续,应当根据以下因素综合判定:(1)有无正当、合理的借款事由;(2)款项的去向;(3)双方平时关系如何、有无经济往

---

① 参见《雷政富一审被判13年》,http://news.163.com/13/0628/17/92FL7ADU00014AED.html.

来;(4)出借方是否要求国家工作人员利用职务上的便利为其谋取利益;(5)借款后是否有归还的意思表示及行为;(6)是否有归还的能力;(7)未归还的原因;等等。案例3-6中,请托人免除雷政富债务是基于雷政富的职务影响,即请托人期望在工程事项上得到其帮助,债务免除来自于行为人的职权,权钱之间的对价关系明显。雷政富在遭受敲诈勒索后,具有接受明某为其支付敲诈勒索款300万元的主观故意和客观行为,要求勇智公司法定代表人明勇智"借款"300万元给肖烨的公司,这种代为出借借款的行为客观上在雷政富与明智勇之间形成债权债务关系。在雷政富提出由其本人归还时,明某表示不让雷政富归还,要求雷政富支持其公司发展,雷政富表示认可,明某和雷政富双方行贿、受贿的意图可以得到确认。根据上述司法解释,债务免除这一财产性利益可以成为贿赂的内容,雷政富构成受贿罪。

收受借条是否成立受贿罪

【案例3-7】 李宗是某市人民政府副市长,张林为该市恒远投资有限公司唯一股东、董事长。2010年3月至2011年2月,李宗接受张林请托,利用职务上的便利为恒远投资有限公司购买该市两块土地使用权提供了帮助。2011年4月9日,张林给李宗打电话说:"李市长,您帮我这么多忙,我得好好感谢您,我让公司财务上准备了100万现金,你看明天你什么时候有空,我给您送去。"李宗说:"你可别害我,我今年已经59岁了,你还是让我平稳着陆吧,钱我不能要,都是朋友,帮忙应该的。"张林说:"那要不这100万先放我这儿,就当是你借给我用了,一年后你退休了再取走它。利息嘛,就按咱市里民间借贷的利率,年息20%,一年后还你120万。您看这样行吗?"李宗说:"小张你太客气了,回头见面再说吧,电话里说不清楚。"张林说:"那我明天到您办公室见面说吧。"张林第二天一早来到李宗的办公室,又把昨天的事说了一遍,并且要给李宗出具一个借条。李宗说:"写个借条也不好,以我的工资哪有100万借给你呀。"张林说:"你弟弟李伟也是生意人,借条写成他的;名字就行。"李宗说:"没那个必要吧。"张林坚持要写,并从李宗办公桌上取了纸笔写了一张内容为"今借到李伟人民币100万元,借期一年,年息20%。借款人:张林。2011年4月10日"的借条,李宗收下后放进办公室保险柜里。一个月后,李宗因儿子装修房子需要钱,给张林打电话说:"家里装修需要用钱,你看能不能借20万给我?"张林说:"那我先把那100万的利息给你。"李宗说:"你先把20万送我家再说。"当晚,张林到李宗家里将20万现金交给李宗,李宗也没说什么,该款项全部用于装修。事后,李宗主动向张林打款10万,并承诺余款两年内还清。七个月后,李宗因戴名表被告发,检察机关从其办公室搜出借条,李宗对上述事实辩称:"我不想收那100万,但张林非要打一个借条给我,我要是不收那个借条就显得太生疏了。至于20万的问题,是借款。"[①]

---

① 本案例为"第二届全国检察机关优秀公诉人电视论辩大赛辩题"。

对于本案，控方观点认为李宗构成受贿罪，受贿金额 120 万元；辩方则认为，李宗不构成犯罪。如果本案的案情是张林给李市长直接送 100 万现金，则李宗构成受贿罪没有疑问，本案之所以存在争议，全在于本案贿赂的内容仅仅是一张载有借款本金、利率、借款期限的"白纸黑字"的借条，债权人是李宗的弟弟李伟，债务人是张林。本案案发时，李宗实际拿到的钱款只有 20 万即名义上装修借款。其实，法律并不禁止公务人员与其他人发生债权债务关系，也并非国家工作人员从其他人处借入的借款或者取得的债权都一律视为"贿赂"，问题的关键在于这种权利的取得是否构成权力的对价。受贿罪是国家工作人员利用职务便利，为他人谋取利益，索取或者收受他人财物的行为。本案中，张林对李市长称："您帮我这么多忙，我得好好感谢您，我让公司财务上准备了 100 万现金，你看明天你什么时候有空，我给您送去。"对此，李市长虽然没有收取现金，却以其弟弟的名义与张林之间建立了实质上的债权债务关系，当然也可以视为特定关系人替李市长收受了债权利益，这里明显存在着基于职务上的帮助与影响而产生的债权利益，符合受贿罪的行为模式。如前所述，根据 2016 年 4 月 18 日施行的最高人民法院、最高人民检察院《关于办理贪污贿赂刑事案件适用法律若干问题的解释》，贿赂犯罪中的"财物"包括货币、物品和财产性利益，财产性利益包括可以折算为货币的物质利益如房屋装修、债务免除等，以及需要支付货币的其他利益如会员服务、旅游等。借条是债权债务关系的凭证，本案借条所记载的借款情况实际上是将来兑现的一笔贿赂款，只是等到李市长一年后退休后再取走这笔贿赂款，这是一种财产性利益，可以成为受贿罪的对象。根据上述司法解释，财产性利益的犯罪数额，以实际支付或者应当支付的数额计算，那么本案实际上并未最终兑现这笔贿赂款，即借条上的财产性利益并没有实际支付，且案发后这笔"借款"也注定无法最终"收回"，所以李宗最终没有获得受贿款，其行为属于受贿罪的犯罪未遂。至于 20 万装修借款是否属于李宗的索贿所得，并不能过于草率的决定。如前所述，2003 年 11 月 13 日最高人民法院的《全国法院审理经济犯罪案件工作座谈会纪要》指出：国家工作人员利用职务上的便利，以借为名向他人索取财物，或者非法收受财物为他人谋取利益的，应当认定为受贿，但在具体认定时不能仅仅看是否有书面借款手续，应当根据以下因素综合判定：(1) 有无正当、合理的借款事由；(2) 款项的去向；(3) 双方平时关系如何、有无经济往来；(4) 出借方是否要求国家工作人员利用职务上的便利为其谋取利益；(5) 借款后是否有归还的意思表示及行为；(6) 是否有归还的能力；(7) 未归还的原因；等等。在生活中，因装修买房等大宗购物支付向亲朋好友借钱的事常有发生，法律也不禁止国家工作人员在遇到资金问题时向他人借款，本案中李宗因儿子装修需要向张林借款，这也属于正常借款事由，并且李宗在借款之后也将款项用于装修，案发前也主动归还了钱款 10 万元，这说明该笔钱款属于国家工作人员与他人的正常借款，不应作为贿赂的对象。总之，我们认为，李宗的行为构成受贿罪未遂，应当在"三年以下有期徒刑或者拘役，并处罚金"这一档法定刑幅度基础上，根据第二十三条犯罪未遂的规定从轻或者减轻处罚。

潘玉梅、陈宁受贿案

【案例 3-8】 2003 年 8、9 月间,被告人潘玉梅、陈宁分别利用担任江苏省南京市栖霞区迈皋桥街道工委书记、迈皋桥办事处主任的职务便利,为南京某房地产开发有限公司总经理陈某在迈皋桥创业园区低价获取 100 亩土地等提供帮助,并于 9 月 3 日分别以其亲属名义与陈某共同注册成立南京多贺工贸有限责任公司(简称多贺公司),以"开发"上述土地。潘玉梅、陈宁既未实际出资,也未参与该公司经营管理。2004 年 6 月,陈某以多贺公司的名义将该公司及其土地转让给南京某体育用品有限公司,潘玉梅、陈宁以参与利润分配名义,分别收受陈某给予的 480 万元。2007 年 3 月,陈宁因潘玉梅被调查,在美国出差期间安排其驾驶员退给陈某 80 万元。案发后,潘玉梅、陈宁所得赃款及赃款收益均被依法追缴。2004 年 2 月至 10 月,被告人潘玉梅、陈宁分别利用担任迈皋桥街道工委书记、迈皋桥办事处主任的职务之便,为南京某置业发展有限公司在迈皋桥创业园购买土地提供帮助,并先后 4 次各收受该公司总经理吴某某给予的 50 万元。2004 年上半年,被告人潘玉梅利用担任迈皋桥街道工委书记的职务便利,为南京某发展有限公司受让金桥大厦项目减免 100 万元费用提供帮助,并在购买对方开发的一处房产时接受该公司总经理许某某为其支付的房屋差价款和相关税费 61 万余元(房价含税费 121.0817 万元,潘支付 60 万元)。2006 年 4 月,潘玉梅因检察机关从许某某的公司账上已掌握其购房仅支付部分款项的情况而补还给许某某 55 万元。此外,2000 年春节前至 2006 年 12 月,被告人潘玉梅利用职务便利,先后收受迈皋桥办事处一党支部书记兼南京某商贸有限责任公司总经理高某某人民币 201 万元和美元 49 万元、浙江某房地产集团南京置业有限公司范某某美元 1 万元。2002 年至 2005 年间,被告人陈宁利用职务便利,先后收受迈皋桥办事处一党支部书记高某某 21 万元、迈皋桥办事处副主任刘某 8 万元。综上,被告人潘玉梅收受贿赂人民币 792 万余元、美元 50 万元(折合人民币 398.1234 万元),共计收受贿赂 1 190.2 万余元;被告人陈宁收受贿赂 559 万元。江苏省南京市中级人民法院于 2009 年 2 月 25 日以(2008)宁刑初字第 49 号刑事判决,认定被告人潘玉梅犯受贿罪,判处死刑,缓期二年执行,剥夺政治权利终身,并处没收个人全部财产;被告人陈宁犯受贿罪,判处无期徒刑,剥夺政治权利终身,并处没收个人全部财产。宣判后,潘玉梅、陈宁提出上诉,江苏省高级人民法院裁定驳回上诉、维持原判。

本案是 2011 年 12 月最高人民法院发布的指导案例第 3 号,本案的主要争议焦点在于贿赂的形式问题。也即,与请托人以合办公司的名义获取利润,却没有实际出资和参与管理的行为,是否属于收受贿赂?以及以明显低于市场价格的货款向请托人购买房产等物品的,是否属于收受他人财物?最高人民法院指出的裁判要点是:(1)国家工作人员利用职务上的便利为请托人谋取利益,并与请托人以"合办"公司的名义获取"利润",没有实际出资和参与经营管理的,以受贿论处。(2)国家工作人员明知他人有请托事项而收受其财物,视为承诺"为他人谋取利益",是否已实际为他人谋取利益或谋取到利益,不影响受贿的认定。(3)国家工作人员利用职务上的便利为请托人谋取利益,以明显低于市场的价格向请托人购买房屋等物品的,以受贿论处,受贿数额按照交易时当地市场价格与实际支付价格的差额计算。(4)国家工作人员收受财物后,因与其受贿有关联的人、事被查处,为掩饰犯罪而退还的,不影响认定受贿罪。

其实,2007年7月8日最高人民法院、最高人民检察院《关于办理受贿刑事案件适用法律若干问题的意见》就已经明确了:(1)国家工作人员利用职务上的便利为请托人谋取利益,以明显低于市场的价格向请托人购买房屋、汽车等物品以受贿论处;(2)国家工作人员利用职务上的便利为请托人谋取利益,收受请托人提供的干股的,以受贿论处;(3)国家工作人员利用职务上的便利为请托人谋取利益,以合作开办公司或者其他合作投资的名义获取"利润",没有实际出资和参与管理、经营的,以受贿论处;(4)国家工作人员利用职务上的便利为请托人谋取利益,以委托请托人投资证券、期货或者其他委托理财的名义,未实际出资而获取"收益",或者虽然实际出资,但获取"收益"明显高于出资应得收益的,以受贿论处;(5)国家工作人员利用职务上的便利为请托人谋取利益,通过赌博方式收受请托人财物的,构成受贿;(6)国家工作人员利用职务上的便利为请托人谋取利益,要求或者接受请托人以给特定关系人安排工作为名,使特定关系人不实际工作却获取所谓薪酬的,以受贿论处;等等。本案中,潘玉梅时任迈皋桥街道工委书记,陈宁时任迈皋桥街道办事处主任,对迈皋桥创业园区的招商工作、土地转让负有领导或协调职责,二人分别利用各自职务便利,为陈某低价取得创业园区的土地等提供了帮助,属于利用职务上的便利为他人谋取利益;在此期间,潘玉梅、陈宁与陈某商议合作成立多贺公司用于开发上述土地,公司注册资金全部来源于陈某,潘玉梅、陈宁既未实际出资,也未参与公司的经营管理。因此,按照上述司法解释,潘玉梅、陈宁的行为体现了受贿罪权钱交易的本质,属于以合办公司为名的变相受贿。换言之,2007年司法解释就已经对潘玉梅、陈宁的行为如何定性进行了规定,指导案例在此只是重复宣示了以往司法解释的规定。就此而言,本指导案例的指导性并不具有新意,并未传达新的解释规则或者适用规则,"最高人民法院挑选这些案件更多是起到了一种宣传作用"①。即便没有该指导案例,本案以及类似案件的处理也已经有司法规则可循。这种指导案例的呈现方法并没有摆脱之前公报案例大量复述法律规定和司法解释、简单注释案例的弊病。

(三)本罪的行为

刑法第三百八十五条规定,国家工作人员利用职务上的便利,索取他人财物的,或者非法收受他人财物,为他人谋取利益的,是受贿罪。国家工作人员在经济往来中,违反国家规定,收受各种名义的回扣、手续费,归个人所有的,以受贿论处。受贿罪行为的认定

---

① 林维:《刑事案例指导制度:价值、困境与完善》,载《中外法学》2013年第3期。

主要有以下方面:
1. 利用职务上的便利

胡长清受贿案

【案例 3-9】 胡长清系原江西省副省长,江西省南昌市中级人民法院认定被告人胡长清于 1994 年上半年至 1999 年 8 月间,利用职务便利,先后 87 次收受、索取他人财物折合人民币共计 544.25 万元,其中 1 次索取他人人民币 2 万元,并先后 38 次为他人谋取利益,其行为已构成受贿罪,数额特别巨大,并造成国家财产的重大损失,情节特别严重。一审法院判决胡长清犯受贿罪,判处死刑,剥夺政治权利终身。胡长清不服,提出上诉。上诉提出,原判认定的部分事实适用法律不当,且对其减轻处罚的法定情节未予考虑,请求二审法院查明事实后,在量刑时充分考虑其减轻情节,予以减轻处罚,给其一个重新做人的机会。胡长清提出辩解意见:原判认定他受贿 544.25 万元中,有人民币 78.5 万元、港币 67 万元、美元 1.5 万元以及价值人民币 24.847 万元的物品,不应认定受贿。理由是他收受上述财物并替他人谋利,未利用其职务所分管工作的便利,故对上述收受行为应适用刑法第三百八十八条来定性,而为他人所谋之利均为正当利益。具体事实是,为奥特停车场和营运线路 2 件事而收受周雪华的人民币 53 万元、港币 67 万元、美元 1.5 万元及价值人民币 20.407 万元的物品;为金阳光集团登记注册及其与南昌铁路局合作开发房地产 2 件事收受李卫东的人民币 1 万元及价值人民币 1 万元的物品;为周华新、熊海根销售上海第二毛纺厂衣服面料、"宝马"车档案以及海威实业公司承制江西省建设银行营业部服装共 3 件事,收受周华新、熊海根人民币 17.5 万元和价值人民币 3.44 万元的物品;为欧阳军毕业分配工作一事收受晏广保人民币 5 万元;收受刘雪英人民币 2 万元,只是朋友间的馈赠往来。①

胡长清是新中国成立后被判决死刑立即执行的又一位"大老虎",在 21 世纪初引起了广泛影响。胡长清否认构成受贿罪的一个重要理由就是其没有直接利用职务上的便利,不属于第三百八十五条的受贿行为,而是属于斡旋行为,但由于其谋取的都是正当利益,第三百八十八条斡旋受贿罪要求谋取不正当利益,因而其辩称不构成受贿罪。二审法院认为,上诉人胡长清在担任江西省人民政府副省长职务期间,对全省各级政府的工作具有法定的领导职权,这种职权是统一而不可分割的。换言之,胡长清在其担任副省长职务期间,虽不直接分管交通、毕业生分配等工作,但他对这些本属于政府职能内的事项仍具有领导职权,在这些范围内为他人谋利,应属于利用了职务上的便利。事实上,胡长清在其不分管的部门为他人谋利时,均批示或要求部门或下级政府办理,而并非斡旋他们办理。胡就此收受他人财物的行为,应适用第三百八十五条的规定定性;至于所谋

---

① 参见《江西省高级人民法院刑事裁定书》,(2000)赣刑二终字第 02 号。

之利是否正当,则不影响本罪的构成。① 本书认为,二审法院的这一认定是正确。1999年8月6日,最高人民检察院《关于人民检察院直接受理立案侦查案件立案标准的规定》指出,"利用职务上的便利"是指利用本人职务范围内的权力,即自己职务上主管、负责或者承办某项公共事务的职权及其所形成的便利条件。这一规定的外延其实是很广的,"职务上的便利"是本人职务范围内的权力,这里的"本人职务范围内的权力"包括一切"主管、负责或者承办某项公共事务的职权及其所形成的便利条件",上述职权及其形成的便利条件包括因此而形成的对下级或其他人员的约束便利、请求便利。换言之,这是实际职权的便利,包括直接制约和间接制约。为了使得刑法第三百八十五条中的"职务上的便利"更加明确,2003年11月13日,最高人民法院《全国法院审理经济犯罪案件工作座谈会纪要》指出,"利用职务上的便利"既包括利用本人职务上主管、负责、承办某项公共事务的职权,也包括利用职务上有隶属、制约关系的其他国家工作人员的职权;担任单位领导职务的国家工作人员通过不属自己主管的下级部门的国家工作人员的职务为他人谋取利益的,应当认定为"利用职务上的便利"为他人谋取利益。其实,在我国官场,上级领导干部对于下级国家工作人员具有普遍意义上的领导权和行政命令权,官员"分管"工作只是具有相对意义,"分工不分家"的集体领导制度一直被视为民主集中制原则的具体体现,作为上级领导的国家工作人员,无论是否"分管",对于下级而言,其要求都是无法拒绝的"重要指示",仍然表现为直接的制约。② 因此,可以被认定为是利用职务上的便利。

2. 为他人谋取利益

"为他人谋取利益"是第三百八十五条受贿罪的构成要件要素,对于这一要素的理解,历来存在很大的争论。有观点认为"为他人谋取利益"是客观要素,只有既收受他人财物,又"为他人谋取利益",才能构成受贿罪;③ 有观点认为,"为他人谋取利益"的最低要求是许诺为他人谋取利益,不要求有谋取利益的实际行为与结果;④ 有观点认为,"为他人谋取利益"只是行贿人与受贿人之间货币与权力互相交换达成的一种默契,即受贿人的一种心理状态,属于主观要件的范畴,并不要求受贿人实施具体行为,只需明知职务行为与贿赂之间形成对价关系;⑤ 也有观点认为,不应该再纠结于"为他人谋利益"到底是客观要件还是主观要件这样"二者择一"的形式化提问方式本身,而应该采取"混合的要素说":在默契受贿和一部分收受礼金的场合,"为他人谋取利益"表现为默示的具体或者概括性承诺,属于主观违法要素;在事后受贿的场合,"为他人谋取利益"则是纯粹

---

① 参见《江西省高级人民法院刑事裁定书》,(2000)赣刑二终字第02号。
② 参见孙国祥:《贿赂犯罪的学说与案解》,法律出版社,2012年版,第343页。
③ 参见祝铭山主编:《中国刑法教程》,中国政法大学出版社,1998年版,第711页。
④ 参见高铭暄、马克昌主编:《刑法学》,北京大学出版社,2016年版,第630页。
⑤ 参见陈兴良、周光权:《刑法学的现代展开》,中国人民大学出版社,2006年版,第686页。

的客观违法要素。①

2003年11月13日,最高人民法院《全国法院审理经济犯罪案件工作座谈会纪要》指出,为他人谋取利益包括承诺、实施和实现三个阶段的行为。只要具有其中一个阶段的行为,如国家工作人员收受他人财物时,根据他人提出的具体请托事项,承诺为他人谋取利益的,就具备了为他人谋取利益的要件。明知他人有具体请托事项而收受其财物的,视为承诺为他人谋取利益。换言之,为他人谋取利益的最低限度是允诺。允诺究竟是一种客观行为还是主观上的默契?这确实具有可解释的空间,但无论如何,按照上述司法解释,"为他人谋取利益"这一要素被"软化"。也正因如此,"为他人谋取利益"要件与当前从严惩治腐败的刑事政策相左,严重阻碍了司法机关对于受贿犯罪的打击,致使"感情投资"型受贿犯罪等隐性受贿日渐盛行,这显然已经成为完善反腐败立法进程中不可容忍和亟待解决的问题。② 废除这一要素,将受贿后为他人谋取利益作为一种加重处罚情节,成为不少学者的看法。③ 我们认为,"为他人谋取利益"是一种主观违法要素,是一种特殊的目的犯,其最低限度要求"许诺为他人谋取利益",这种允诺是需要客观事实来证明的。2016年4月18日,两高颁布的《关于办理贪污贿赂刑事案件适用法律若干问题的解释》第13条规定,具有下列情形之一的,应当认定为"为他人谋取利益":(1)实际或者承诺为他人谋取利益的;(2)明知他人有具体请托事项的;(3)履职时未被请托,但事后基于该履职事由收受他人财物的。国家工作人员索取、收受具有上下级关系的下属或者具有行政管理关系的被管理人员的财物价值三万元以上,可能影响职权行使的,视为承诺为他人谋取利益。

3. 斡旋受贿行为

刑法第三百八十八条规定,国家工作人员利用本人职权或者地位形成的便利条件,通过其他国家工作人员职务上的行为,为请托人谋取不正当利益,索取请托人财物或者收受请托人财物的,以受贿论处。本条是关于斡旋受贿行为的规定,是受贿罪的另一种类型。

环保局队长受贿案

【案例3-10】 汪潮于2005年11月至2009年7月1日任宣城市环保局监察支队支队长,2009年7月7日至2013年2月任宣城市环保局系统工会副主席。2006年至2008年,汪潮利用职务上的便利,为泾县榕航公司环境监管方面予以照顾,在中秋、春节期间,六次收受该公司总经理池某某给予的现金共计45 000元(每年春节10 000元、中秋节5 000元);2009年至2010年期间,该公司为感谢汪潮在任期间的照顾,该公司安排

---

① 参见付立庆:《受贿罪中"为他人谋取利益"的体系地位:混合违法要素说的提倡》,载《法学家》2017年第3期。
② 参见李琳:《论"感情投资型"受贿罪的司法认定》,载《法学论坛》2015年第5期。
③ 参见陈洪兵:《贪污贿赂渎职犯罪解释论与判例研究》,中国政法大学出版社,2015年版,第83页。

吴某某于中秋、春节期间继续给予现金四次合计 20 000 元（每年春节、中秋节各 5 000 元），汪潮予以收受。2012 年，被告人汪潮在任宣城市环保局工会副主席期间，为使宣城三友材料表面处理有限责任公司（以下简称"三友公司"）的环评能通过市环保局验收，利用其职权和地位形成的便利条件，与市环保局的相关工作人员予以接触，并以其女儿汪某某薪酬的名义收受三友公司股东曹某给付的现金 10 万元。2013 年，汪潮在宣城市环保局工作期间，为使三友公司的环评项目获得市环保局的通过验收，汪潮与市环保局工作人员联系三友公司的试生产，并安排市环保局的相关领导与曹某、颜某某一起吃饭。汪潮在未实际出资的情况下，收受三友公司股东颜某某提供的该公司 10% 的股份，价值 180 万元，并于 2013 年 11 月 19 日将股权转让登记为其妻李某某所有。汪潮通过上述行为，多次收受他人财物，共收受贿赂 196.5 万元。一审法院认定，被告人汪潮犯受贿罪，判处有期徒刑十二年，并处没收财产 20 万元；被告人提出上诉，二审法院裁定驳回上诉、维持原判。①

　　2003 年 11 月 13 日最高人民法院《全国法院审理经济犯罪案件工作座谈会纪要》指出，刑法第三百八十八条规定的"利用本人职权或者地位形成的便利条件"，是指行为人与被其利用的国家工作人员之间在职务上虽然没有隶属、制约关系，但是行为人利用了本人职权或者地位产生的影响和一定的工作联系，如单位内不同部门的国家工作人员之间、上下级单位没有职务上隶属、制约关系的国家工作人员之间、有工作联系的不同单位的国家工作人员之间等。第三百八十五条受贿罪与第三百八十八条受贿罪的最大区别在于，斡旋受贿人与其他国家工作人员之间没有职务上的制约、所属关系，否则就可以直接以第三百八十五条为依据认定成立受贿罪，斡旋受贿人与其他国家工作人员之间存在的是一种影响关系或者协助关系，斡旋的本义就是居中调节，是在请托人与请托事项的直接权力人之间进行游走、游说、找关系、打招呼。换言之，斡旋受贿人利用了自己职权或地位形成的便利条件对其他国家工作人员加以影响，最终顺利实现请托事项的方式是通过其他特定国家工作人员的职权，而非本人的职权，本人对请托事项并无横向或者纵向上的制约、决定权。案例 3-10 中，汪潮在担任宣城市环保局系统工会副主席期间，为了三友公司的环评项目能够通过验收，安排局领导与三友公司负责人一起吃饭，与同事联系沟通三友公司的试生产事宜，进行斡旋，且之后参与一起吃饭的相关局领导亦过问了该公司的情况，这就是一种斡旋行为，其收受他人财物即构成斡旋受贿罪。

---

① 参见《安徽省宣城市中级人民法院刑事裁定书》，(2015) 宣中刑终字第 00135 号。

四、受贿犯罪追诉的证据规则[1]

受贿罪的取证具有明显不同于其他职务犯罪的特点和困难,犯罪的隐蔽性强、犯罪主体社会关系复杂、反调查反侦查经验丰富、犯罪证据形式比较单一、无犯罪现场、实物证据匮乏、证据容易销毁湮灭等现象更为明显。尤其,受贿人与行贿人之间的攻守同盟,使得受贿罪控诉在依赖口供的同时,却难以获得口供,这对证据的收集造成更大难度。因此,为取得受贿罪犯罪证据可能会使用各种手段、对已经获得的各种有罪证据视为至宝,因而对证据规则的适用提出了相当高的要求。2017年6月27日,最高人民法院、最高人民检察院、公安部、国家安全部、司法部等五部门联合发布了新的《关于办理刑事案件严格排除非法证据若干问题的规定》(以下称"新非法证据排除规则"),"非法证据排除"再次刷爆舆论热点。那么,该规定对于受贿罪的追诉有何影响?

郑祖文受贿案

【案例3-11】 1998年8月,被告人郑祖文(时任汕头海关副关长兼调查局局长)接到李某辉(时任汕头海关调查局综合处处长)的报告称,汕头海关在处理"青油8"走私棕榈油、大豆油一案过程中,发现涉案油料被盗;郑祖文指示李某辉调查后发现涉案走私油系被原货主汕头保税区伟建贸易公司(以下简称伟建公司)的法定代表人李建平盗走,郑祖文随即指示李某辉安排李建平参加原定涉案走私油的公开拍卖以及确保他竞投成功后缴款,并指使汕头经济特区拍卖行总经理翁德川配合空拍,企图以此掩盖其海关相关人员监管涉案走私油失职等。1998年9月5日,拍卖行对涉案走私油依原定程序公开拍卖,李建平以汕头经济特区鸿成发展公司的名义竞投成功,成交价为每吨人民币(以下币种同)8 060元,总价24 106 557.28元。1998年9月5日拍卖成交当晚,李建平约郑祖文在汕头市衡山路旁的绿化带见面,向其赠送40万元,对郑祖文在处理该批食用油过程中提供的帮助表示感谢,并请求降低拍卖成交价。郑祖文收受该款后,用于个人支配使用。广州市中级人民法院认为,公诉机关指控郑祖文犯受贿罪的证据不足,故有关郑

---

[1] 2018年3月20日,第十三届全国人民代表大会第一次会议通过《中华人民共和国监察法》,第11条明确规定,监察委员会对涉嫌贪污贿赂、滥用职权、玩忽职守、权力寻租、利益输送、徇私舞弊以及浪费国家资财等职务违法和职务犯罪进行调查,这就以基本法律的形式确立了监察委员会对职务犯罪的调查权,人民检察院对此类犯罪的侦查权被移除。第33条规定:监察机关依照本法规定收集的物证、书证、证人证言、被调查人供述和辩解、视听资料、电子数据等证据材料,在刑事诉讼中可以作为证据使用。监察机关在收集、固定、审查、运用证据时,应当与刑事审判关于证据的要求和标准相一致。这一规定为监察委员会调查贿赂犯罪如何适用非法证据排除规则提供了法律依据,即刑事诉讼法中的非法证据排除规则及其标准也适用于监察委员会的职务犯罪证据调查活动,因为监察委员会的证据要求"应当与刑事审判关于证据的要求和标准相一致"。2018年10月26日修订之后的《刑事诉讼法》第170条提出"人民检察院对于监察机关移送起诉的案件,依照本法和监察法的有关规定进行审查"。因此,以往的职务犯罪非法证据排除案例对于当今的职务犯罪调查、起诉、审判仍然具有指导、参考意义,这也是"以审判为中心"而非"以调查为中心"的一个要求或表现。参见刘艳红:《职务犯罪案件非法证据的审查与排除》,《法学评论》2019年第1期。

祖文犯受贿罪的指控不能成立。一审宣判后,广州市人民检察院提出抗诉,广东省人民检察院支持抗诉,认为本案在侦查过程中虽然存在侦查机关威胁被告人郑祖文要抓捕其女儿、女婿和以取保候审相诱等情形,但这种情况是否属于刑事诉讼法规定的威胁、欺骗情形,目前尚无明确的认定标准。侦查机关没有严重侵犯郑祖文的基本权利,郑祖文仍有选择余地,不能因为侦查部门的审讯策略而排除其认罪供述。郑祖文在侦查阶段对收受贿款的认罪供述和行贿人李建平的指认吻合一致,郑祖文受贿40万元的事实清楚,证据确实、充分,应予认定(其他抗诉内容略)。广东省高级人民法院经审理认为,检察机关的相关抗诉意见不能成立,依法裁定驳回抗诉,维持原判。①

我国刑事诉讼法第52条规定"严禁刑讯逼供和以威胁、引诱、欺骗以及其他非法方法收集证据,不得强迫任何人证实自己有罪",证据之所以被视为非法,是因为收集方法的非法,以刑讯逼供、威胁、引诱、欺骗以及其他非法方法收集的证据即为非法证据。第56条规定,"采用刑讯逼供等非法方法收集的犯罪嫌疑人、被告人供述和采用暴力、威胁等非法方法收集的证人证言、被害人陈述,应当予以排除。收集物证、书证不符合法定程序,可能严重影响司法公正的,应当予以补正或者作出合理解释;不能补正或者作出合理解释的,对该证据应当予以排除。在侦查、审查起诉、审判时发现有应当排除的证据的,应当依法予以排除,不得作为起诉意见、起诉决定和判决的依据"。可见,刑事诉讼法并非规定一切非法证据均应排除,而是对非法证据排除规则进行了类型化:(1)采用刑讯逼供等非法方法收集的口供;(2)采用暴力、威胁等非法方法收集的证人证言、被害人陈述;(3)违反法定程序收集的物证书证视情况而定。从解释学上看,这里最重要的是作为兜底性规定的"刑讯逼供等非法方法""暴力、威胁等非法方法"究竟还包括哪些方法。2017年新非法证据排除规则对非法证据的范围进行了明确,具体范围较以往的规则有所扩充。

就口供中的"刑讯逼供等非法方法"而言,2013年1月1日起施行的《最高人民法院关于适用〈中华人民共和国刑事诉讼法〉的解释》第95条规定,使用肉刑或者变相肉刑,或者采用其他使被告人在肉体上或者精神上遭受剧烈疼痛或者痛苦的方法,迫使被告人违背意愿供述的,应当认定为刑事诉讼法第54条(现为第56条)规定的"刑讯逼供等非法方法",这些非法取得的口供应当排除。2017年6月27日"新非法证据排除规则"对"刑讯逼供等非法方法"再次进行了补充解释,应当排除的非法口供包括:(1)采取殴打、违法使用戒具等暴力方法或者变相肉刑的恶劣手段,使犯罪嫌疑人、被告人遭受难以忍受的痛苦而违背意愿作出的供述;(2)采用以暴力或者严重损害本人及其近亲属合法权益等进行威胁的方法,使犯罪嫌疑人、被告人遭受难以忍受的痛苦而违背意愿作出的供述;(3)采用非法拘禁等非法限制人身自由的方法收集的犯罪嫌疑人、被告人供述。其

---

① 参见《广东省广州市中级人民法院刑事判决书》,(2012)穗中法刑二初字第146号。

次,就证人证言、被害人陈述而言,应当排除的非法证据是:采用暴力、威胁以及非法限制人身自由等非法方法收集的证人证言、被害人陈述。

根据刑事诉讼法以及相关司法解释的规定,非法口供的收集方法是肉刑、变相肉刑等其他使肉体或精神上遭受剧烈痛苦的方法,以及严重威胁方法、非法拘禁方法。有学者认为,根据2017年"新非法证据排除规则",对于使用威胁手段收集口供的,威胁程度必须要达到"使犯罪嫌疑人、被告人遭受难以忍受的痛苦而违背意愿"的程度,而非法拘禁方法则不需要。① 其实,"使犯罪嫌疑人、被告人遭受难以忍受的痛苦而违背意愿"是对第54条中"刑讯逼供等非法方法"的实质解释,强调的是手段本身与"刑讯逼供"即肉刑、变相肉刑的相当性,它并非威胁手段的额外附件条件,正如肉刑、变相肉刑手段本身就能够导致"犯罪嫌疑人、被告人遭受难以忍受的痛苦而违背意愿作出供述",2017年"新非法证据排除规则"中的"以暴力或者严重损害本人及其近亲属合法权益等进行威胁"本身就能够导致"犯罪嫌疑人、被告人遭受难以忍受的痛苦而违背意愿作出供述",因而这个"遭受难以忍受的痛苦而违背意愿"只是对前述手段本身内含的可能结果的一种强调,而不是威胁手段之后的一个再次需要独立判断的要素。换言之,是否"遭受难以忍受的痛苦而违背意愿"不是非法口供的构成要素,只要调查机关使用了肉刑、变相肉刑或者其他肉体、精神上的痛苦方法以及以暴力、严重侵害本人或近亲属利益的手段相威胁,就构成非法方法,犯罪嫌疑人、被告人在这种手段下违背意志作出的供述就是应当排除的非法证据。

职务犯罪的认定对口供、证人证言等言词证据的依赖程度较其他犯罪更大,"由供到证"的模式依然盛行,取证人员在掌握一定的犯罪线索后,对犯罪嫌疑人获取口供,然后再以犯罪嫌疑人的口供为线索收集其他证据,由供到证的模式能够使侦查工作更有针对性,也正是基于这种定罪便利性的考量,侦查人员具有使用多种手段谋取口供的冲动。尤其检察院自侦案件,权力的制约缺乏、程序控制不足,部分办案人员盲目追求办案数量、破案心切,非法取证难以得到有效遏制。由于大力整顿,职务犯罪案件中肉刑虽有所抑制,但采取变相肉刑的恶劣手段、以暴力或者严重损害本人及其近亲属合法权益等进行威胁、非法拘禁等非法限制人身自由的方法收集口供的问题还十分突出。在案例3-11中,法院审理查明,郑祖文辩称侦查人员威胁他不承认受贿就查处其女婿的公司,抓捕其女儿、女婿,威胁内容、时间、地点和实施人员均具体、明确,并得到相关书证、证人证言的证实,具体体现在:郑祖文的女儿郑某某、女婿陈某某于2011年8月19日下午3时被传唤到侦办机关并被留置至8月20日晚上7时;郑祖文首次承认受贿的讯问笔录没有记载讯问的起止时间,看守所的记录反映当天的讯问持续达8个多小时,但讯问录音录像却只有半小时的认罪供述。因此,郑祖文的辩解具有合理性。本案被告人郑祖文被讯问时已年近70岁,因个人的原因导致女儿、女婿(公职人员)被检察机关采取人身措

---

① 参见陈瑞华:《新非法证据排除规则的八大亮点》,《人民法院报》2017年6月29日,第2版。

施,这对其心理必然起到强烈的胁迫作用,迫使他为保住一家老小的平安,选择做出牺牲,违背意愿作出有罪供述。这种以针对被告人本人及其亲属的重大不利相威胁,产生的精神强制效力达到了严重程度,极大可能导致被告人精神痛苦并违背意志进行供述。而且,侦查人员还对其进行了引诱,即承诺其供认受贿的事实后即对其取保候审。这种威胁引诱的取证方法强化了对郑祖文意志的强迫,二审法院对此证据进行排除,完全符合非法证据排除规则的要求与精神。

本案例被收入《刑事审判参考》第1140号,这值得引起受贿罪调查、公诉、审判人员的高度重视,尤其新非法证据排除规则为证据的获取和使用提供了更明确的指导,为受贿犯罪证据认定尤其主观性证据提出了更高的要求。我们初步提出以下思考:第一,转变受贿罪"由供到证"的侦查模式,合理抑制"口供中心主义"。虽然"由供到证"和"由证到供"都不是一个单一、单向的过程,而是存在着循环交叉,但问题的关键在于在立案之后,侦查人员选择何者为起点和突破口,这就是这两种不同进路区别意义之所在。职务犯罪的口供往往与案件事实直接相关,所蕴含的信息最为丰富,对案件事实具有重要的证明价值,但正是对口供即"由供到证"的无比依赖才助长了非法逼取口供,各种形式的非法取证成为"高认罪率"的保证。新非法证据排除规则对口供的排除范围进行了扩展,以往在非法证据认定及其排除上存在疑问的口供将面临排除的命运,因此职务犯罪侦查必须降低对口供的依赖,应当在立案之前的线索获取、情报收集、初查等阶段最大限度地固定客观性证据,以减少对立案之后前期侦查阶段对犯罪嫌疑人口供的依赖度。第二,强化对受贿犯罪主观性证据的客观验证和审查。提倡"由供到证"的侦查模式转变并不意味着走极端,因为受贿犯罪的侦查特点决定了客观上离不开口供、证人证言等主观性证据,因而在承认这种局限性的同时应当强化对这些主观性证据的客观化审查。例如,对行贿嫌疑人的举报、证言,有必要审核行贿人行贿金额、现金来源、账目明细,防止人为制造财务账目;对于受贿嫌疑人的口供,应当核实嫌疑人的财产状况、贿赂来源、去向等。再如,受贿犯罪构成要件要求主体身份、非法占有目的、利用职务上的便利或为他人谋取利益等要素,此类要素对证据的客观化要求更为严格,对于受贿罪与感情投资收受礼金行为等都应对主观性证据从客观方面进行检验。第三,合法使用指定居所监视居住等限制人身自由的刑事强制措施。2015年8月4日最高人民检察院曾发布《职务犯罪侦查工作八项禁令》,指出"严禁擅自处置案件线索、随意初查和在初查中对被调查对象采取限制人身、财产权利的强制性措施","严禁违法使用指定居所监视居住措施"等。2017年新非法证据排除规则明确"采用非法拘禁等非法限制人身自由的方法收集的犯罪嫌疑人、被告人供述"应当排除,因此对于犯罪嫌疑人、被告人构成非法拘禁如非法扩大指定居所监视居住适用范围、在不符合规定的场所等故意规避法律使用指定居所监视居住措施、超期羁押等措施,从而获取口供的侦查行为应当加大监督力度。第四,依法保障律师的会见权、阅卷权、调取特殊证据的权利等各种合法辩护权利。2017年新非法证据排除规则第19条规定"法律援助值班律师可以为犯罪嫌疑人、被告人提供法律帮助,对刑讯逼供、非法取证情形代理申诉、控告",法律援助律师制度的适用范围得到扩大。第21、22条还规定辩护律师自审查起诉之日起可以查阅、摘抄、复制讯问笔录、提讯登记、采取强制措施或侦查行为的法律文书等证据材料,以及可以向法院申请调取侦查机关收集但未提交的讯问录音录像、体检记录等证据材料。

五、受贿罪的处罚

安徽省原副省长王怀忠受贿案

【案例3-12】 王怀忠系安徽省原副省长,自1994年9月至2001年3月期间,利用担任安徽省阜阳地委副书记、阜阳地区行政公署专员、阜阳地委书记、阜阳市委书记、安徽省副省长等职务上的便利,为有关单位、个人谋取利益,非法收受、索取他人财物,共计折合人民币517.1万元。例如,1994年9月26日,阜阳飞龙皮革有限公司副董事长杨晓明因涉嫌偷税犯罪被阜阳市人民检察院立案侦查,被告人王怀忠应杨晓明妻子蔡勤的请托,从中协调,为杨晓明办理了取保候审手续。1994年12月,王怀忠在海南省兴隆温泉度假村,收受杨晓明人民币6万元。1997年至1999年间,被告人王怀忠通过签批文件、召开协调会等方式,帮助安徽省阜阳汇鑫发展有限公司解决在房地产开发用地、拆迁安置等方面的困难,先后四次收受安徽省阜阳汇鑫发展有限公司负责人姜旭、余永强、王忠所送的人民币共40万元。2001年2月,被告人王怀忠为疏通关系,阻止有关部门对其问题的查处,利用担任安徽省副省长的职务便利,以急需用钱为由,先后两次向邓双梅、于旦生夫妇索要人民币50万元。2003年12月29日,济南市中级人民法院以受贿罪判处王怀忠死刑,剥夺政治权利终身,并处没收个人全部财产。宣判后,王怀忠不服,提出上诉。山东省高级人民法院于2004年1月15日以(2004)鲁刑二终字第6号刑事裁定,驳回上诉,维持原判。2004年2月11日,最高人民法院作出裁定,核准山东省高级人民法院维持一审对被告人王怀忠以受贿罪判处死刑,剥夺政治权利终身,并处没收个人全部财产。2004年2月12日,王怀忠被执行死刑,终年59岁。①

刑法第三百八十六条规定:"对犯受贿罪的,根据受贿所得数额以及情节,按照本法第三百八十三条的规定处罚。索贿的从重处罚。"具体量刑的一般标准是:

1. 个人受贿数额较大或者有其他较重情节的,处三年以下有期徒刑或拘役,并处罚金。根据2016年"两高"解释第1条,"数额较大"是指受贿数额在3万元以上不满20万元;受贿数额在1万元以上不满3万元,具有下列情形之一,即因贪污、受贿、挪用公款受过党纪、行政处分的;曾因故意犯罪受过刑事追究的;赃款赃物用于非法活动的;拒不交

---

① 参见《最高人民法院刑事裁定书》,(2004)刑复字第15号。

待赃款赃物去向或者拒不配合追缴工作,致使无法追缴的;造成恶劣影响或者其他严重后果的;多次索贿的;为他人谋取不正当利益,致使公共财产、国家和人民利益遭受损失的;为他人谋取职务提拔、调整的。

2. 个人受贿数额巨大或者有其他严重情节的,处三年以上十年以下有期徒刑,并处罚金或者没收财产。根据2016年"两高"解释第2条,所谓"数额较大"是受贿数额在20万元以上不满300万元的;受贿数额在10万元以上不满20万元,具有多次索贿、为他人谋取不正当利益致使公共财产、国家和人民利益遭受损失的、为他人谋取职务提拔、调整等情形之一的,应当认定为"其他严重情节"。

3. 个人受贿数额特别巨大或者有其他特别严重情节的,处十年以上有期徒刑或者无期徒刑,并处罚金或者没收财产;数额特别巨大,并使国家和人民利益遭受特别重大损失的,处无期徒刑或死刑,并处没收财产。根据2016"两高"解释第3条,"数额特别巨大"是指受贿数额在300万以上;受贿数额在150万元以上不满300万元,具有多次索贿、为他人谋取不正当利益致使公共财产、国家和人民利益遭受损失的、为他人谋取职务提拔、调整等情形之一的,应当认定为"其他特别严重情节"。多次受贿未经处理的,按照累计受贿数额处罚。

山西省吕梁市原副市长张中生受贿案

【案例3-13】 1997年至2013年,被告人张中生利用担任山西省中阳县县长、中共中阳县委书记、山西省吕梁地区行署副专员、中共吕梁市委常委、副市长等职务便利,为他人在煤炭资源整合、项目审批等事项上提供帮助,索取、非法收受他人财物,折合人民币共计10.4亿余元。张中生家庭财产、支出明显超过合法收入,其对折合人民币共计1.3亿余元的财产不能说明来源。临汾市中级人民法院认为,被告人张中生的行为构成受贿罪、巨额财产来源不明罪。张中生受贿犯罪数额特别巨大,在18起受贿犯罪事实中,有两起受贿犯罪数额均在人民币2亿元以上,还主动向他人索取贿赂人民币8868万余元。张中生利用领导干部职权为他人谋取不当利益,严重影响了当地经济健康发展,且案发后尚有赃款人民币3亿余元未退缴,犯罪情节特别严重。张中生目无法纪,极其贪婪,在党的十八大后仍不收敛、不收手,给国家和人民利益造成特别重大损失,罪行极其严重,应予依法严惩。2018年3月28日,临汾市中级人民法院依法对张中生受贿、巨额财产来源不明案一审公开宣判:对被告人张中生以受贿罪判处死刑,剥夺政治权利终身,并处没收个人全部财产;以巨额财产来源不明罪,判处有期徒刑八年;决定执行死刑,剥夺政治权利终身,并处没收个人全部财产。①

我国刑法第四十八条规定,"死刑只适用于罪行极其严重的犯罪分子",2015年11

---

① 参见《张中生受贿、巨额财产来源不明案一审宣判》,载《人民日报》2018年3月29日,第11版。

月 1 日《刑法修正案（九）》将受贿罪死刑适用条件从原立法规定的"数额 10 万元以上"以及"情节特别严重"修正为"数额特别巨大"（300 万以上）并"使国家和人民利益遭受特别重大损失"。2016 年"两高"解释第 4 条进一步明确，"贪污、受贿数额特别巨大，犯罪情节特别严重、社会影响特别恶劣、给国家和人民利益造成特别重大损失的，可以判处死刑"。这限缩了死刑适用范围，贯彻了严格控制死刑适用的政策精神。

在当前中国，司法机关对贪污受贿罪的死刑控制十分严格，大多数犯罪数额特别巨大、犯罪情节特别严重的腐败分子都没有判处死刑立即执行，而至多判处了死刑缓期两年执行。自从国家食品药品监督管理局原局长郑筱萸因受贿于 2007 年被判处死刑立即执行以来的 8 年时间，我国对省部级高官的受贿犯罪再未判处过死刑立即执行。案例 3-13 是《刑法修正案（九）》调整受贿罪死刑数额后，一审被判死刑的第一个案件，这引起了学界、实务界以及社会舆论的关注。刑法学泰斗高铭暄教授在接受《法制日报》采访时认为，一审法院之所以对该案被告人判处死刑立即执行，既不是只考虑了受贿数额，也不是只考虑了其对国家和人民利益造成的损失，而是综合考虑了受贿数额、犯罪情节、社会影响以及给国家和人民利益造成的损失。具体而言，这包括四个方面：一是受贿数额特别巨大，达到了前所未有的 10 亿余元，且单起数额在亿元以上的有两起，数额千万元以上的有八起，数额百万元以上的有七起，其中最为严重的一起数额高达人民币 4.6 亿余元；二是犯罪情节特别恶劣，主动向他人索贿的数额即高达 8 868 万余元，其中仅向一人索贿的数额即高达 6 085 万余元；三是社会影响特别恶劣，被告人长期疯狂索取、收受贿赂，在党的十八大以后高压反腐的形势下仍不收敛、不收手，其受贿行为不仅严重侵害了国家工作人员职务行为的廉洁性，也严重败坏了国家工作人员的声誉，在山西乃至全国造成了特别恶劣的社会影响；四是给国家和人民利益造成了特别重大的损失，被告人长期插手煤炭资源整合、煤矿收购兼并、煤矿复产验收、工程承揽等经济领域，严重影响了当地经济健康发展。① 近年来，因腐败犯罪被判处死刑立即执行的人呈现减少趋势，这并不意味着腐败行为在收敛、严重案件在减少，而是定罪量刑标准在不断提高，死刑标准被置于一个难以想象的高度标准。这是十分耐人寻味的一个现象：一方面，当前国家反腐战略十分明确，那就是"老虎苍蝇一起打"，并且对腐败"零容忍"，但另一方面刑法对定罪量刑标准不断提高，意味着对以往入罪标准的降低。不断降低贪污受贿罪入罪要求传递的信号是"小数额贪污受贿不是犯罪"或者"同样的贪污受贿数额，在以前是犯罪，现在不是犯罪""以前受贿几百万就可以被判处死刑，现在受贿罪数额十几亿才被判处死刑"（"张中生案"在本书截稿时仍在二审中）。

受贿罪死刑的减少还在于终审监禁刑的增加，这缓解了无期徒刑执行不足的问题，成为加大处罚但又可以限制死刑适用的一个渠道。《刑法修正案（九）》之所以设立终身

---

① 参见《张中生一审被判死刑，受贿超十亿不是唯一原因》，http://www.thepaper.cn/newsDetail_forward_2047306。

监禁,是基于完善腐败治理机制的现实考量。终身监禁产生于中国社会转型深化时期,全面从严治党和反腐斗争的深入与死刑立法改革的不断推进,是创设终身监禁制度的时代背景,也是准确定位其反腐功能的客观基础。一方面,全面治理与深化治理,是党的十八大以来我国惩治腐败的鲜明特色,强化与优化腐败治理机制,对完善重大腐败犯罪的刑事治理机制提出了新的更高的要求。贪污受贿犯罪作为腐败犯罪最极端的表现形式,是腐败治理之首重,也是治理机制创新的重中之重。另一方面,作为21世纪以来中国刑罚改革的重点,死刑改革正在全面深化与推进中,缩小死刑法网、保留死刑并严格控制死刑的政策,大幅压缩了死刑适用的空间,贪污受贿犯罪在立法上是否应当继续保留死刑面临越来越多的考问。在当前无论是基于民意,还是基于国家腐败治理的需要,死刑尚难以在立法上直接废除的情况下,终身监禁作为对特别重大贪污受贿犯罪的专门处遇措施,既能发挥死刑对腐败从严治理的宣示与惩治功能,又能进一步推进现阶段我国保留死刑并严格控制死刑适用的政策在司法层面得到贯彻实施。

终身监禁并非我国刑罚体系中的独立刑种,它具体是指因贪污受贿犯罪被判处死刑缓期执行,人民法院根据犯罪情节等情况同时决定其死刑缓期执行二年期满依法减为无期徒刑后,终身监禁,不得减刑、假释。因此,终身监禁是依赖于死刑缓期执行制度、无期徒刑执行制度而存在的特殊刑罚执行措施,其实际执行过程通常需要经历两个阶段,即死刑缓期执行阶段和无期徒刑执行阶段,无期徒刑执行阶段即终身监禁阶段。终身监禁应当坚持规范化适用,尽量消除其在犯罪人刑罚执行中所可能存在的负面影响,更好地发挥刑法特殊预防与一般预防的功能,真正提升其在严重腐败犯罪治理中的积极作用。切不可因为在执行过程中对被告人不能减刑、假释而忽视对其思想教育和人权保障。同时,"死罪可免活罪难逃"的终身监禁,其所倡导的限制死刑与加重打击巨贪巨腐的双重理念,也必须在司法实践中把握好适用尺度,杜绝将本应判决死刑的贪贿犯罪分子判处适用终身监禁,杜绝该种刑罚成为高官巨贪的"免死金牌"。

是否应当废除贪污受贿罪的死刑,一直是学界和立法界长期讨论的问题。确实,死刑是以剥夺犯罪人生命为内容的最严厉的刑罚,应该只适用于侵害的法益价值和生命价值相对应的犯罪,从而表现出罪刑价值的对等性,也即立法上的罪刑均衡。与暴力犯罪不同的是,贪污受贿犯罪属于非暴力犯罪,它们不直接危害个人的生命法益,除了侵犯国家公务人员职务廉洁性之外,仍然属于经济性犯罪、财产性犯罪,根本区别于严重暴力犯罪如故意杀人罪、抢劫罪等。因此,从报应主义的层面看,为贪污受贿罪设置死刑这一生命型,与贪污受贿罪本身的法益侵害性和社会危害性不相适应。也正是基于这样的原因,我国《刑法修正案(八)》废除了盗窃罪、信用证诈骗罪、票据诈骗罪、走私文物罪等13个罪名的死刑配置。接着,《刑法修正案(九)》废除了走私假币罪、伪造货币罪、集资诈骗罪、组织卖淫罪等犯罪的死刑设置,使得我国的死刑制度改革向前迈进了重要一步。如今,我国刑法典中还剩余46个罪名的死刑,非暴力犯罪仍有24个,占全部死刑罪名的52%上。在这24个非暴力犯罪中,贪污受贿罪的法益侵害性并非最严重,其与生产销售假药罪等相比,可以说还要稍轻,废除死刑应当大致遵从由轻罪名到重罪名的顺序,因而废除贪污受贿罪的死刑将是废除非暴力犯罪死刑的关键一环。

从最长远的角度看,废除贪污受贿罪的死刑,是实现《公民权利与政治权利国际公约》等国际公约目标的重要努力。自1998年10月中国正式签署联合国1966年12月通过的《公民权利与政治权利国际公约》以来,如何进一步改善人权状况一直是我国政府和全社会关注的焦点。权利公约确认生命权是公民基本人权,对于死刑这种剥夺公民生命的刑罚方法作出专条规定。权利公约第6条集中规定了有关死刑的国际准则,共有6款,纵观其内容,虽然并未明文要求所有缔约国现阶段须一律废除死刑,但其中每一款规定都蕴涵了废除死刑的目标要求。其中,第2款规定"在未废除死刑的国家,判处死刑只能是作为对最严重的罪行的惩罚"。按照这种标准,包括贪污受贿罪在内的前述非暴力犯罪的死刑废除是当然之理。当然,废除贪污受贿罪之死刑还任重道远,对于何时废除它们的死刑,如本书第一章所述,这取决于反腐败的局势以及社会公众对待贪污受贿犯罪的情感和死刑观念。废除贪污受贿罪的死刑不是立即废除,而必须在完成腐败犯罪"强治本"阶段之后,也唯有在此时,腐败犯罪机制得到完善、腐败犯罪治理取得成效之后,才不会引发民意反弹,而将废除死刑的人权"善意"发挥到最大。

第四章 利用影响力受贿罪

【《中华人民共和国刑法》(最新版)相关法条】

第三百八十八条之一 国家工作人员的近亲属或者其他与该国家工作人员关系密切的人,通过该国家工作人员职务上的行为,或者利用该国家工作人员职权或者地位形成的便利条件,通过其他国家工作人员职务上的行为,为请托人谋取不正当利益,索取请托人财物或者收受请托人财物,数额较大或者有其他较重情节的,处三年以下有期徒刑或者拘役,并处罚金;数额巨大或者有其他严重情节的,处三年以上七年以下有期徒刑,并处罚金;数额特别巨大或者有其他特别严重情节的,处七年以上有期徒刑,并处罚金或者没收财产。

离职的国家工作人员或者其近亲属以及其他与其关系密切的人,利用该离职的国家工作人员原职权或者地位形成的便利条件实施前款行为的,依照前款的规定定罪处罚。①

【司法解释】

■ 2016年4月18日,最高人民法院、最高人民检察院《关于办理贪污贿赂刑事案件适用法律若干问题的解释》

第一条 贪污或者受贿数额在三万元以上不满二十万元的,应当认定为刑法第三百八十三条第一款规定的"数额较大",依法判处三年以下有期徒刑或者拘役,并处罚金。

贪污数额在一万元以上不满三万元,具有下列情形之一的,应当认定为刑法第三百八十三条第一款规定的"其他较重情节",依法判处三年以下有期徒刑或者拘役,并处罚金:

(一)贪污救灾、抢险、防汛、优抚、扶贫、移民、救济、防疫、社会捐助等特定款物的;

(二)曾因贪污、受贿、挪用公款受过党纪、行政处分的;

(三)曾因故意犯罪受过刑事追究的;

(四)赃款赃物用于非法活动的;

(五)拒不交待赃款赃物去向或者拒不配合追缴工作,致使无法追缴的;

(六)造成恶劣影响或者其他严重后果的。

受贿数额在一万元以上不满三万元,具有前款第二项至第六项规定的情形之一,或者具有下列情形之一的,应当认定为刑法第三百八十三条第一款规定的"其他较重情

---

① 2009年2月28日第十一届全国人民代表大会常务委员会第七次会议通过的《刑法修正案(七)》增加了本条规定。

节",依法判处三年以下有期徒刑或者拘役,并处罚金:

(一) 多次索贿的;

(二) 为他人谋取不正当利益,致使公共财产、国家和人民利益遭受损失的;

(三) 为他人谋取职务提拔、调整的。

第二条 贪污或者受贿数额在二十万元以上不满三百万元的,应当认定为刑法第三百八十三条第一款规定的"数额巨大",依法判处三年以上十年以下有期徒刑,并处罚金或者没收财产。

贪污数额在十万元以上不满二十万元,具有本解释第一条第二款规定的情形之一的,应当认定为刑法第三百八十三条第一款规定的"其他严重情节",依法判处三年以上十年以下有期徒刑,并处罚金或者没收财产。

受贿数额在十万元以上不满二十万元,具有本解释第一条第三款规定的情形之一的,应当认定为刑法第三百八十三条第一款规定的"其他严重情节",依法判处三年以上十年以下有期徒刑,并处罚金或者没收财产。

第三条 贪污或者受贿数额在三百万元以上的,应当认定为刑法第三百八十三条第一款规定的"数额特别巨大",依法判处十年以上有期徒刑、无期徒刑或者死刑,并处罚金或者没收财产。

贪污数额在一百五十万元以上不满三百万元,具有本解释第一条第二款规定的情形之一的,应当认定为刑法第三百八十三条第一款规定的"其他特别严重情节",依法判处十年以上有期徒刑、无期徒刑或者死刑,并处罚金或者没收财产。

受贿数额在一百五十万元以上不满三百万元,具有本解释第一条第三款规定的情形之一的,应当认定为刑法第三百八十三条第一款规定的"其他特别严重情节",依法判处十年以上有期徒刑、无期徒刑或者死刑,并处罚金或者没收财产。

第四条 贪污、受贿数额特别巨大,犯罪情节特别严重、社会影响特别恶劣、给国家和人民利益造成特别重大损失的,可以判处死刑。

符合前款规定的情形,但具有自首、立功,如实供述自己罪行、真诚悔罪、积极退赃,或者避免、减少损害结果的发生等情节,不是必须立即执行的,可以判处死刑缓期二年执行。

符合第一款规定情形的,根据犯罪情节等情况可以判处死刑缓期二年执行,同时裁判决定在其死刑缓期执行二年期满依法减为无期徒刑后,终身监禁,不得减刑、假释。

第十条 刑法第三百八十八条之一规定的利用影响力受贿罪的定罪量刑适用标准,参照本解释关于受贿罪的规定执行。

■ 2003年11月13日,最高人民法院《关于印发〈全国法院审理经济犯罪案件工作座谈会纪要〉的通知》

三、关于受贿罪

(一)关于"利用职务上的便利"的认定

刑法第三百八十五条第一款规定的"利用职务上的便利",既包括利用本人职务上主管、负责、承办某项公共事务的职权,也包括利用职务上有隶属、制约关系的其他国家工作人员的职权。担任单位领导职务的国家工作人员通过不属自己主管的下级部门的国家工作人员的职务为他人谋取利益的,应当认定为"利用职务上的便利"为他人谋取利益。

(二)"为他人谋取利益"的认定

为他人谋取利益包括承诺、实施和实现三个阶段的行为。只要具有其中一个阶段的行为,如国家工作人员收受他人财物时,根据他人提出的具体请托事项,承诺为他人谋取利益的,就具备了为他人谋取利益的要件。明知他人有具体请托事项而收受其财物的,视为承诺为他人谋取利益。

(三)"利用职权或地位形成的便利条件"的认定

刑法第三百八十八条规定的"利用本人职权或者地位形成的便利条件",是指行为人与被其利用的国家工作人员之间在职务上虽然没有隶属、制约关系,但是行为人利用了本人职权或者地位产生的影响和一定的工作联系,如单位内不同部门的国家工作人员之间,上下级单位没有职务上隶属、制约关系的国家工作人员之间,有工作联系的不同单位的国家工作人员之间等。

(四)离职国家工作人员收受财物行为的处理

参照《最高人民法院关于国家工作人员利用职务上的便利为他人谋取利益离退休后收受财物行为如何处理问题的批复》规定的精神,国家工作人员利用职务上的便利为请托人谋取利益,并与请托人事先约定,在其离职后收受请托人财物,构成犯罪的,以受贿罪定罪处罚。

一、利用影响力受贿罪的沿革

本罪为2009年2月28日全国人大常委会通过的《刑法修正案(七)》新增设的犯罪,根据立法草案说明,"有些全国人大代表和有关部门提出,有些国家工作人员的配偶、子女等近亲属,以及其他与该国家工作人员关系密切的人,通过该国家工作人员职务上的行为,或者利用该国家工作人员职权或者地位形成的便利条件,通过其他国家工作人员职务上的行为,为请托人谋取不正当利益,自己从中索取或者收受财物。同时,一些已离职的国家工作人员,虽已不具有国家工作人员身份,但利用其在职时形成的影响力,通过其他国家工作人员的职务行为为请托人谋取不正当利益,自己从中索取或者收受财物。这类行为败坏党风、政风和社会风气,对情节较重的,也应作为犯罪追究刑事责任。经同中央纪委、最高人民法院、最高人民检察院等部门研究,建议在刑法第三百八十八条中增加两款,对上述应作为犯罪的行为及刑事责任作出规定"。① 根据 2009 年 10 月 14 日《最高人民法院、最高人民检察院关于执行〈中华人民共和国刑法〉确定罪名的补充规定(四)》,第三百八十八条之一被规定为"利用影响力受贿罪"。

江苏省利用影响力受贿罪第一案

【案例 4-1】 2011 年 5 月,浦口区检察院接到举报,称江苏一家能源技术发展有限公司总经理张星,利用其是南京一所高校工学院副院长张某女婿的便利,帮助请托人中标张某分管的一个工程项目,收取请托人好处费。浦口区检察院接到举报后,立即展开调查。经查证,举报基本属实。2008 年年底,张某所在大学工学院准备修建科技综合楼,由身为工学院副院长的张某具体分管。张某回家后,向张星了解有关设计单位的情况。张星感觉这是一个发财的机会,当即表示可以代为联系设计人员。张星主动联系他所认识的设计师刘其(化名),建议刘其以挂靠方式参加投标。刘其遂联系了南京市一家设计研究院的徐某,双方谈好按照 15% 的比例支付费用后,刘其以这家设计研究院的名义到张某所在大学工学院投标。张星带着刘其,分别宴请了评标人刘某、李某,请求在项目评标上给予刘其帮助,刘某、李某都答应了。之后,张星又分别送给二人 5 000 元,但李某没有收。刘某事后表示,之所以答应张星,是因为张星是自己领导张某的女婿,不答应张星,可能会得罪张某。后来,刘其的设计方案果然中标,设计费为 89.7 万元。最终,张星被南京市浦口区人民法院以利用影响力受贿罪一审判处有期徒刑二年,缓刑二年,并处罚金 1 万元,没收全部违法所得。②

利用影响力受贿罪属于受贿犯罪类型之一,本罪在第三百八十八条斡旋型受贿罪之后作为第三百八十八条之一,也说明了其与受贿罪属于同一罪类。那么,本罪的犯罪客体即侵犯的法益与受贿罪具有关联性,按照理论上的观点,有职务行为的廉洁性说、职务行为的不可收买性说、公众对职务公正的信赖说等。但是,与受贿罪不同的是,本罪的行为模式毕竟不是国家工作人员直接进行权钱交易,根据刑法规定,本罪的行为类型可以划分为:(1) 国家工作人员的近亲属或者其他与该国家工作人员关系密切的人,a. 通过该国家工作人员职务上的行为,为请托人谋取不正当利益,索取请托人财物或者收受请托人财物,b. 利用国家工作人员职权或者地位形成的便利条件,通过其他国家工作人员职务上的行为,为请托人谋取不正当利益,索取请托人财物或者收受请托人财物;(2) 离职的国家工作人员或者其近亲属以及其他与其关系密切的人,利用该离职的国家工作人员原职权或者地位形成的便利条件,通过其他国家工作人员职务上的行为,为请托人谋

---

① 《刑法修正案(七)草案全文及说明》,http://www.npc.gov.cn/huiyi/lfzt/xfq/2008-08/29/content_1447399.htm.
② 《江苏首例利用职务影响力受贿案一审宣判》,http://www.spp.gov.cn/ftwhl/201202/t20120202_34344.shtml.

取不正当利益,索取请托人财物或者收受请托人财物。因此,在本罪的范围中,利用者即本罪的犯罪主体既可以是国家工作人员,也可以是非国家工作人员,被利用的国家工作人员可以是不当行使职务者,也可以是正当行使职务者,因而本罪侵犯的就可能不是国家工作人员的职务廉洁性、职务行为的公正性或者不可收买性,毕竟这些从属于国家工作人员本身的法益在利用影响力受贿罪中可能并没有被侵犯。本书认为,本罪的犯罪客体应当是公众对职务廉洁性的信赖。

众所周知,传统贿赂犯罪代表着职务行为与受贿行为之间的对价关系,利用影响力受贿者在收受或者索取他人财物时,谋取利益的行为并未与本人的什么职权进行任何交易,也未与其他国家工作人员的职权进行交易,因此这里的权与钱的直接交易并非总是存在的。根据《刑法修正案(七)》的立法草案说明,第三百八十八条之一利用影响力受贿罪的增设针对的是此类行为"败坏党风、政风和社会风气",因而它更关乎的是行为人对党风、政风和社会风气的破坏,利用影响力受贿者对外产生了一种国家工作人员关系密切人或者离职国家工作人员仍然可以通过对国家工作人员的影响谋取私人利益,即国家工作人员能够成为他人谋取利益的工具,这在社会大众眼中造成了一种对国家职权可被利用的印象,即便国家工作人员没有直接收受贿赂,仍然有损了国家机关的威信。

二、利用影响力受贿罪的构成

(一) 本罪的主体

不同于传统受贿罪,利用影响力受贿罪最值得关注的就是本罪的犯罪主体。根据刑法第三百八十八条之一,利用影响力受贿罪的犯罪主体主要包括三大类:(1)国家工作人员的近亲属,与国家工作人员关系密切的人;(2)离职的国家工作人员;(3)离职的国家工作人员近亲属,与离职的国家工作人员关系密切的人。

1. 国家工作人员的"近亲属"

对于近亲属的范围,向来存在争议。我国不同法律对"近亲属"具有不同的划定,2018年10月25日修订通过的《中华人民共和国刑事诉讼法》第108条规定:"近亲属"是指夫、妻、父、母、子、女、同胞兄弟姊妹。2014年11月1日修订通过的《中华人民共和国行政诉讼法》在第四章"诉讼参加人"中也规定了"近亲属",按照2000年3月10日施行的最高人民法院《关于执行〈中华人民共和国行政诉讼法〉若干问题的解释》,"近亲属"包括配偶、父母、子女、兄弟姐妹、祖父母、外祖父母、孙子女、外孙子女和其他具有扶养、赡养关系的亲属。2017年3月15日审议通过的《中华人民共和国民法总则》在第二章的"监护"一节中也规定了"近亲属",按照以往《中华人民共和国民法通则》以及最高人民法院《关于贯彻执行〈中华人民共和国民法通则〉若干问题的意见(试行)》第12条规定,民法通则中规定的近亲属包括配偶、父母、子女、兄弟姐妹、祖父母、外祖父母、孙子女、外孙子女。

第一种观点认为,应当按照民事法律的规定确定近亲属的范围。有学者指出,"《中华人民共和国刑事诉讼法》将祖父母、外祖父母、孙子女、外孙子女以及同父异母或者同母异父的兄弟姐妹、养兄弟姐妹、继兄弟姐妹等非同胞兄弟姐妹等亲属排除出近亲属之列,不仅与我国民事、行政方面的法律规定及司法解释相矛盾,与我国的传统的亲属观念不相符合,也缺乏现实合理性。因此,考虑到传统的亲属伦理观念、现实合理性以及利用影响力受贿罪的立法目的在于惩治特定人员利用影响力受贿的行为等因素,对于利用影响力受贿罪中的'近亲属'而言,《中华人民共和国刑事诉讼法》规定的'近亲属'的范围明显过窄,应予适当扩大,目前应以最高人民法院《关于执行〈中华人民共和国民法通则〉若干问题的意见(试行)》所确定的近亲属的范围为宜"①。

第二种观点认为,应当按照《中华人民共和国行政诉讼法》的规定确定近亲属的范围。行政诉讼法中的近亲属是上述三个法律中范围最广的,除了能够明确确定的配偶、父母、子女、兄弟姐妹、祖父母、外祖父母、孙子女、外孙子女之外,还包括具有扶养、赡养关系的亲属。近亲属范围的扩大,意味着利用影响力受贿罪中"国家工作人员的近亲属"这一犯罪主体范围的扩大,这更有便于直接降低利用影响力受贿罪的入罪门槛,加大反腐力度。有学者就此认为,"体会立法旨意,利用影响力受贿罪惩处的是与国家工作人员或者离职的国家工作人员亲情关系较近并可借助其影响力实施犯罪的近亲属,那么,除'夫、妻、父、母、子女、兄弟姐妹'之外,其他亲属如祖父母、外祖父母、孙子女、外孙子女等也具有同样的特征,对此亦应认定为近亲属。另外,那些虽亲属关系较远,但是具有抚养、赡养关系的亲属也存在紧密之亲情,应当作为近亲属对待。因此,在没有新的司法解释出台之前,行政诉讼法中关于近亲属范围的规定既符合扩大受贿罪范围的立法本意,又对近亲属的范围有一定的限制"②。

第三种观点认为,应当按照《中华人民共和国刑事诉讼法》的规定确定近亲属的范围。有学者主张,"在刑事法律已经有明确规定的情况下,刑法解释应保持其逻辑上的一致性,因此,刑法中的'近亲属'宜与刑事诉讼法规定的范围一致"③。

第四种观点认为,应当按照有关公务员执业规范的法律法规文件确定近亲属的范围。2010年3月9日中共中央组织部印发的《党政领导干部选拔任用工作有关事项报告办法(试行)》第4条则对"近亲属"作了较广义的规定:"领导干部的近亲属是指与领导干部有夫妻关系、直系血亲关系、三代以内旁系血亲关系以及近姻亲关系的人员。"2006年1月1日施行的《中华人民共和国公务员法》第68条规定,公务员之间有夫妻关系、直系血亲关系、三代以内旁系血亲关系以及近姻亲关系的,不得在同一机关担任双方直接隶属于同一领导人员的职务或者有直接上下级领导关系的职务,也不得在其中一方担任领导职务的机关从事组织、人事、纪检、监察、审计和财务工作。2011年12月12日中组

---

① 参见《反腐新罪名不会成为贪官的"免罪符"》,载《法制日报》2009年4月7日。
② 参见王玉杰:《利用影响力受贿罪若干问题探究》,载《河南财经政法大学学报》2010年第1期。
③ 参见孙国祥:《贿赂犯罪的学说与案解》,法律出版社,2012年版,第609页。

部、人力资源和社会保障部发布的《公务员回避规定（试行）》第 5 条规定，公务员凡有下列亲属关系的，不得在同一机关担任双方直接隶属于同一领导人员的职务或者有直接上下级领导关系的职务，也不得在其中一方担任领导职务的机关从事组织、人事、纪检、监察、审计和财务工作：(1) 夫妻关系；(2) 直系血亲关系，包括祖父母、外祖父母、父母、子女、孙子女、外孙子女；(3) 三代以内旁系血亲关系，包括伯叔姑舅姨、兄弟姐妹、堂兄弟姐妹、表兄弟姐妹、侄子女、甥子女；(4) 近姻亲关系，包括配偶的父母、配偶的兄弟姐妹及其配偶、子女的配偶及子女配偶的父母、三代以内旁系血亲的配偶。① 有学者认为，"《中华人民共和国刑事诉讼法》是全国人大通过的法律，在上述规范性文件中法律位阶最高，人民法院似乎应该引用《中华人民共和国刑事诉讼法》的规定。但《中华人民共和国刑事诉讼法》只是程序法，对涉及刑事实体问题的规定，人民法院是否应当参照执行，有待探讨。……中共中央组织部印发的《党政领导干部选拔任用工作有关事项报告办法（试行）》中关于'领导干部近亲属'的规定，与'国家工作人员近亲属'概念的关联度最高，按'特别法优于一般法'的适法原则，人民法院应该引用此文件的规定来界定'国家工作人员近亲属'的范围"②。

本书认为，对于如何确定利用受贿罪中的"近亲属"的范围，对于本罪的适用或者犯罪圈的大小影响不大。在民法、行政诉讼法、刑事诉讼法中，"近亲属"的可能直接决定监护人资格、行政诉讼主体资格、诉讼代理人资格等，因而准确划定近亲属的范围在法律上具有具体的意义。但是，根据刑法第三百八十八条之一，利用影响力受贿罪的犯罪主体除了（离职）国家工作人员的近亲属之外，还有"密切关系人"。对于利用影响力受贿罪中的"国家工作人员的近亲属或者其他与该国家工作人员关系密切的人""离职的国家工作人员或者其近亲属以及其他与其关系密切的人"来说，"其他与该国家工作人员关系密切的人"实际上成为一个兜底的犯罪主体，即便按照刑事诉讼法规定的近亲属即"夫、妻、父、母、子、女、同胞兄弟姊妹"划定的最小范围，将上述人员之外的人员认定为"其他与该国家工作人员关系密切的人"，仍然不会影响利用影响力受贿罪成立的范围，不会放纵犯罪，也不会产生违背反腐败立法目的之情况。

2. "关系密切的人"的范围

5 种"关系密切人"受贿案

【案例 4－2】 杨常明于 2009 年 8 月至 2012 年 8 月间，作为北京市公安局公安交通管理局（以下简称北京市交管局）局长宋×1 的司机，利用宋×1 职权或者地位形成的便利条件，通过宋×1 或者北京市交管局其他主管领导职务上的行为，分别为张×1、李×1、李×2 办理"京 A"机动车号牌提供帮助，收受上述人员给予的款项共计人民币 43.8

---

① 可见，从公务员执业规范的角度看，近亲属的范围十分广泛，即便在一些规范性文件中不直接定义"近亲属"，其所明确的一些关系范围也与《党政领导干部选拔任用工作有关事项报告办法（试行）》对近亲属的确定范围相一致。

② 参见徐松林：《"利用影响力受贿罪"适法中的六个难题》，载《贵州社会科学》2014 年第 11 期。

万元。具体事实如下：(1) 杨常明于 2009 年 8 月至 2012 年 8 月，作为北京市交管局局长宋×1 的司机，接受张×1 的请托，通过宋×1 审批，或者利用宋×1 职权或者地位形成的便利条件，通过北京市交管局其他主管领导审批，为张×1 及其亲友办理十余副"京A"机动车号牌提供帮助。为此，杨常明先后多次收受张×1 给予的款项共计 38 万元。(1) 杨常明于 2010 年 3 月至 2011 年 11 月，作为北京市交管局局长宋×1 的司机，接受李×1 的请托，利用宋×1 职权或者地位形成的便利条件，通过北京市交管局其他主管领导审批，为李×1 亲属办理 3 副"京A"机动车号牌提供帮助。为此，杨常明收受李×1 给予的款项 0.8 万元。(3) 杨常明于 2011 年 5 月至 2012 年 5 月，作为北京市交管局局长宋×1 的司机，接受北京高超汽车销售有限公司法定代表人李×2 的请托，利用宋×1 职权或者地位形成的便利条件，通过北京市交管局其他主管领导审批，为北京高超汽车销售有限公司等单位和个人办理 5 副"京A"机动车号牌及 1 副"京C"机动车号牌提供帮助。为此，杨常明先后多次收受李×2 给予的款项共计 5 万元。①

【案例 4-3】 被告人王群力与龚某因业务往来而相互认识，后因王群力的儿媳黎某经担任钦州市农村饮水工程项目的业主代表及评标评委之一，龚某为了其参加投标的公司能中标，分别于 2010 年五六月某日、2011 年下半年某日、2012 年下半年某日、2013 年下半年某日，分别到王群力家中将参加招投标公司名称的字条交给王群力，并分别送给王群力 5 万元、5 万元、10 万元、10 万元。2013 年 8 月份某日，龚某在南宁市城市花园楼下，让王群力向黎某经转达帮忙的请求，送给王群力 10 万元。龚某的所属公司均得以顺利中标。②

【案例 4-4】 2012 年 6 月，姚×的女儿姚×× 和杜×× 的儿子杜某× 参加 2012 年普通高等学校招生全国统一考试，成绩均未达到东北石油大学划定的理工类二表 B 类最低录取分数线。同年 7 月，为了能让姚××、杜某× 被东北石油大学录取，姚×、杜×× 均找到被告人韩××，请其帮忙将姚××、杜某× 录入到东北石油大学。韩×× 找到其大学同学，时任东北石油大学党委书记的杨××，以补录的方式将姚××、杜某× 录取到东北石油大学自动化专业。姚××、杜某× 被录取后，姚×、杜×× 分别在韩×× 的办公室将人民币 100 000 元送给韩××，韩×× 将钱款收下据为己有。案发后，赃款被扣押。2015 年 4 月 13 日，被告人韩×× 到大庆市萨尔图区人民检察院投案。③

【案例 4-5】 2010 年至 2013 年，汉寿县太丰村、中洲村、两护村、东乡湖村、苏家口村、碧联村、汉霖公司、个体承包人王某志及鼎城区桥头居委会先后请托被告人詹道义争取项目资金。被告人范建华以帮战友、朋友及家乡等争取项目资金为由，征得其任湖南省发改委湘西办综合处处长的姐夫同意后，将詹道义递交的以乡镇名义申报"以工代赈"项目资金的报告交给其姐夫，为请托人争取洞庭湖区排涝设施建设"以工代赈"资金共计

---

① 参见《北京市高级人民法院刑事判决书》，(2015)高刑终字第 332 号。
② 参见《广西壮族自治区高级人民法院刑事裁定书》，(2016)桂刑终字第 271 号。
③ 参见《黑龙江省大庆市中级人民法院刑事判决书》，(2015)庆刑二终字第 138 号。

人民币 95 万元。后詹道义、范建华按事前与请托人的约定收受人民币 43 万元,范建华分得 36.5 万元,詹道义分得人民币 6.5 万元。所拨付的大部分资金未用于项目建设。①

【案例 4-6】 被告人张某某自 2003 年在秦州区东团庄开办私人诊所时与秦州区教育局局长罗永安相识,至 2009 年其在秦州区石马坪街道办事处盛世桃园社区卫生服务站坐诊期间,二人长期保持医患关系。2009 年 4 月某日,罗永安来张某某处就诊时,张某某给罗讲其有一亲戚想承建齐寿乡中心小学教学楼工程,请求罗帮忙,罗口头答应并告知张某某让其亲戚樊润玉去秦州区教育局报名参加招标。后张某某将现金 25 万元装入纸袋内送到罗永安家交给罗妻郗惠君。罗回家后于次日晨让郗惠君将钱退还张某某,张某某即将该款存放家中。后罗永安向秦州区教育局项目办主任桑东升介绍了樊润玉,并安排桑对樊干过的工程质量进行考察,桑东升认为樊润玉是局长罗永安在该工程中唯一推荐的施工单位,对其资质和施工质量仅做了初步了解就使樊润玉通过了招标资格审查并使其顺利中标。得知樊润玉已中标后,张某某将存放家中的 25 万元中 22 万存入女儿张慧娴银行卡内,其余 3 万元留作家用。②

刑法第三百八十八条之一中的"与该国家工作人员关系密切的人"或者"其他与其(离职的国家工作人员)关系密切的人"是一个十分模糊的表述,什么是"关系密切"并没有一个边界,它首先是且最终也是一个生活经验的俗语表达。在利用影响力受贿罪的罪状表述中,"关系密切人"实际上成了对犯罪主体的兜底,因为毫无疑问,作为近亲属的配偶、子女、父母或者同胞兄弟姐妹甚至祖父母、外祖父母也都是"关系密切的人",第三百八十八条之一中的"关系密切的人"是上述近亲属之外的其他关系密切的人。对于这种兜底性的"开放性"范围的认定,向来是刑法解释中的难点,但对于关系是否密切的认定,由于其过于社会化、生活化,因而在经验上进行认定并不存在难度,其本身就不是局限在法学判断的范畴。在社会生活中,两个人之间是否存在"关系",这是一个伪问题,姑且不论哲学上所言的事物之间存在着普遍联系,任何两个人之间都是可以进行勾连的,即便两个陌生人之间也存在着关系,更何况在中国这个社会向来不排斥交朋友,"朋友遍天下"这并不是什么奇怪的事,反而这就是我们的"传统文化"。例如,张三的同学的同学、李四的同学的阿姨的邻居、王五的妈妈的同事的朋友、马六的老板的老婆的闺蜜的舅舅,等等。即便在"关系"前面加"密切"作为定语,对"关系是否密切"的判断也没有障碍,案例 4-2 中北京市公安局交通管理局局长的司机、案例 4-3 中钦州市农村饮水工程项目的业主评标评委的公爹、案例 4-4 中东北石油大学党委书记的杨××的大学同学、案例 4-5 中湖南省发改委湘西办综合处处长的妹夫、案例 4-6 中为秦州区教育局局长看病的医生等,只要有过交往的都可以被认定为关系密切,因为案例中的国家工作人员都存

---

① 参见《湖南省常德市中级人民法院刑事判决书》,(2016)湘 07 刑终字第 168 号。
② 参见《甘肃省天水市秦州区人民法院刑事判决书》,(2012)天秦刑初字第 119 号。

在被利用的可能,事实上被告人也已经通过该国家工作人员职务上的行为为当事人谋取了利益。

有学者质疑,在司法实践中"关系密切的人"几乎等同于与相关国家工作人员或离职的国家工作人员认识的人,而彼此之间是不是"关系密切",最终取决于法院怎么认定,而法院认定的标准是什么,也许它自己都说不清楚,这样司法的恣意又何以可能避免?① 我们认为,上述学者多虑了。如前所述,一个模糊性的概念确实存在司法恣意的可能性,更何况是一个对密切关系人进行兜底的规定,但正如刑法中的"人""他人"确实是难以进行定义的概念,但由于"人"在日常生活经验中并不存在认知困难。对于"密切"的把握,完全可以集合具体的环境和条件进行判断:第一,根据当事人的身份进行推定。为了方便司法实践的操作,除了立法中明确的"近亲属"关系,对于"情人关系"、共同经济利益关系,也可以推定为具有密切关系;第二,从当事人与国家工作人员交往的具体表现来看,包括相互联系的情况、信任程度、利益关联等等,以此来把握双方亲疏程度;第三,从是否为请托人谋取不正当利益来判断,影响力是客观上的能力,所以如果国家工作人员事实上实施了为请托人谋取不正当利益的行为,无论是否达到目的,都可以表明具有密切关系。② 第三点尤其重要,"密切关系"的证明本来就是依靠事实进行推定,即便甲与某国家工作人员认识不久甚至素未谋面,但最终他成功通过该国家工作人员的行为为请托人谋取了利益,也难言甲与该国家工作人员之间的关系不密切,因而通过某种具体标准对"密切关系人"进行事先明确限定并不现实,根据利用影响力的情况进行事后的判断是稳妥的,也是一种客观标准。

根据本罪的立法本意,利用影响力受贿罪的犯罪主体也没有进行特别限制的必要。根据时任全国人大法工委刑法室副主任黄太云的介绍,在刑法修正草案讨论过程中,有的部门建议将条文中国家工作人员(以及离职的国家工作人员)的"近亲属"及"其他与其关系密切的人"改为"特定关系人"。理由是,2007 年 7 月 8 日最高人民法院、最高人民检察院在联合出台的《关于办理受贿刑事案件适用法律若干问题的意见》中已经使用了"特定关系人"一词,③该词已经获得了习惯性认知。法律委员会经研究认为,之所以将国家工作人员(以及离职的国家工作人员)的"近亲属"及"其他与其关系密切的人"这两种人利用影响力交易行为规定为犯罪,主要是考虑到他们与国家工作人员或有血缘、亲属关系或虽不存在亲属关系,但属情夫、情妇或者彼此是同学、战友、老部下、老上级或者老朋友,交往甚密,有些关系甚至密切到可相互称兄道弟,这些人对国家工作人员(以及离职的国家工作人员)的影响力自然也非同一般。以此影响力去为请托人办事,自己收受财物的案件屡见不鲜。如果将影响力交易犯罪主体仅限于"特定关系人"的范围,内涵

---

① 参见张心向:《刑法中"关系密切的人"之实证考察与再审视》,载《法治研究》2015 年第 6 期。
② 参见高铭暄、陈冉:《论利用影响力受贿罪司法认定中的几个问题》,载《法学杂志》2012 年第 3 期。
③ 第 11 条规定:本意见所称"特定关系人",是指与国家工作人员有近亲属、情妇(夫)以及其他共同利益关系的人。

及外延显然窄了,不利于惩治人民群众深恶痛绝的腐败犯罪,因此,这个意见没被采纳。① 由此而言,哪些人与国家工作人员(离职的国家工作人员)存在密切的关系,不需要司法机关进行特别界定,客观上能够通过国家工作人员职务上的行为,或者国家工作人员职权或地位形成的便利条件通过其他国家工作人员职务上的行为,为请托人谋取不正当利益的人,基本上都是与国家工作人员有密切关系的人。② 所以,"关系密切"不会成为司法实践中的难点,也不会由此引发司法恣意。

3. 离职的国家工作人员

关于离职的国家工作人员的范围,也存在不同观点:第一种观点认为,只要不再从事原来公务,就属于离职的国家工作人员("脱离公务论");③第二种观点认为,离职的国家工作人员是指不再具有国家工作人员身份的人,具体包括退休、离休的国家工作人员,辞职或被辞退的国家工作人员,被开除的国家工作人员等("脱离身份论")。我们认为,第一种观点导致利用影响力受贿罪的犯罪主体过于扩大,违背"离职"的文字含义,背离罪刑法定原则,不值得赞同。"离职的国家工作人员"并非"国家工作人员"的反面,所谓"离职"必须对应着"入职"。刑法第九十三条从正面定义了何为我国的国家工作人员,可是"离职的国家工作人员"并非第九十三条中曾经"从事公务"、后来不再从事公务的人员。对于"国家机关中从事公务的人员""国有公司、企业、事业单位、人民团体中从事公务的人员""国家机关、国有公司、企业、事业单位委派到非国有公司、企业、事业单位、社会团体从事公务的人员"而言,他们的离职不仅是实质方面上不再从事公务,而且必须有"离职"这一形式要求,正如当初这两类人员成为国家工作人员必须具有形式与实质两个要求一样:进入国有单位(国家机关中,国有公司、企业、事业单位、人民团体中)+从事公务。因此,并非不再从事某项公务就是"离职",虽然不再从事公务但仍然在国家机关、国有公司企业事业单位或人民团体中从事其他职务,则就不是"离职的国家工作人员"。至于刑法第九十三条第四类"其他从事公务的人员",则更不能根据是否不再从事公务的标准判断其是否离职。例如,村民委员会等村基层组织人员协助人民政府从事某些行政管理工作时,根据立法解释,他们属于"其他从事公务的人员,以国家工作人员论",即他们的身份属于一种法律拟制,是对国家工作人员的有条件肯定。对于此类"其他从事公务的人员"来说,他们根本就没有所谓的"入职",他们是临时受托协助政府从事一些行政管理工作,因而也就从来不存在"离职",村基层组织人员等平时不在国有单位中,这些自治组织中的人员实际上就是平头百姓并无职可离,一切"公务"对他们来说都是临时的,这些人员或者其近亲属以及其他与其关系密切的人,根本无法利用该离职的国家工作人员原职权或者地位形成的便利条件。

实践中存在很大疑问的是,对于那些被调离原有岗位、不再从事原有职务而保有国

---

① 参见黄太云:《〈刑法修正案(七)〉解读》,载《人民检察》2009年第6期。
② 参见张明楷:《刑法学(下)》,法律出版社,2016年版,第1127-1128页。
③ 王玉杰:《利用影响力受贿罪若干问题探究》,载《河南财经政法大学学报》2010年第1期。

家工作人员"身份"的人。其中又可以分为两类：其一如某教育局局长 A 被调离原单位而被任命为司法局局长，此类人员应当仍然属国家工作人员的范围。如果 A 利用原来教育局的权力资源关系通过教育局其他工作人员的职权为他人子女谋取升学的不正当利益，则属于刑法第三百八十八条斡旋受贿型受贿罪，即"国家工作人员利用本人地位形成的便利条件，通过其他国家工作人员职务上的行为，为请托人谋取不正当利益，索取请托人财物或者收受请托人财物"。其二如某派出所副所长 B 已到退休年龄，由于福利待遇等种种原因而没有办理退休手续，但实际上已经完成工作移交、不再从事任何公务，此类人员不属于第九十三条"从事公务"的国家机关工作人员，即不是国家工作人员，因而可以确定为"离职"。换言之，在此种情况下，对于离退休阶段的人员是否属于国家工作人员，应从实际出发，从单纯以身份来确定主体性质的标准转变为以职权职责为主、兼顾身份，强调职权职责对于主体性质的关键性，具体而言，应以实际交接工作时间为准，认定其是否具有国家工作人员相应的职权和应履行相应职责，确定行为是否属于"从事公务"。① 如果 B 通过其他国家工作人员的职务为他人谋取不正当利益，则属于利用影响力受贿罪，而非斡旋受贿罪。

4. 现任国家工作人员是否可以成为本罪主体？

现任国家工作人员利用影响力受贿案

【案例 4-7】 程某然与王某旭是战友、感情较深。二人转业后，程某然在 A 市工商局任科长、王某旭在 B 县公安局任副局长。商人廖某因涉嫌诈骗被 B 县公安局抓获。廖某的家人找到程某然送上 30 万元现金，希望程某然找王某旭说情。程某然找到王某旭，谎称商人廖某是自己的亲戚希望能从轻发落。在王某旭的干预下，案件未移送起诉。现有证据表明，程某然并未将收钱的事告知王某旭，王某旭也未收到过程某然的钱物。

有学者认为，如果严格按法条规定，案例中的程某然不构成受贿罪。因为按刑法第三百八十五条及第三百八十八条的规定，受贿罪只包括两种情形：国家工作人员利用职务上的便利索取或非法收受他人财物，为他人谋取利益的（受贿）；或者国家工作人员利用本人职权或地位形成的便利条件，通过其他国家工作人员职务上的行为，为请托人谋取不正当利益，索取或收受请托人财物的（斡旋受贿）。也就是说，"利用职务上的便利"或"利用本人职权或地位形成的便利条件"是成立受贿罪的必要条件。案例 4-7 中的程某然既没有利用职务上的便利，也没有利用本人职权或地位形成的便利条件。他之所以能让身为公安局副局长的王某旭为请托人办事，完全是基于多年的战友情面。因此，当现职国家工作人员单纯利用影响力受贿时，如何定罪便陷入两难境地：定受贿罪，

---

① 参见陈兴良、张军、胡云腾主编：《人民法院刑事指导案例裁判要旨通纂（下卷）》，北京大学出版社，2013 年版，第 1110 页。

有违罪刑法定原则;定利用影响力受贿罪,则会造成贿赂犯罪体系与逻辑上的混乱。①详言之,"首先,按我国刑法受贿犯罪的立法思路,国家工作人员受贿构成受贿罪,非国家工作人员受贿要么构成非国家工作人员受贿罪(刑法第一百六十三条),要么构成利用影响力受贿罪(刑法第三百八十八条之一)。如果国家工作人员受贿也构成利用影响力受贿罪,则会造成体系上的混乱。其次,从利用影响力受贿罪的条文规定看,该罪的主体也不应包括现职国家工作人员。因为该罪的立法目的是为了规制与国家工作人员关系密切、能够对国家工作人员形成实质影响但又不具有国家工作人员身份的人受贿犯罪问题,而且条文中将'离职的国家工作人员'单列为一类主体与其他四类主体并列,从逻辑上看,其他四类主体也应该和'离职的国家工作人员'一样不具有现职国家工作人员身份。再次,利用影响力受贿罪的法定刑比受贿罪的法定刑要轻得多。如果国家工作人员收受贿赂、为请托人谋取利益可以按法定刑较轻的利用影响力受贿罪定罪处罚,则有罪刑失衡、罚不当罪之虞。最后,如果现职国家工作人员受贿也可以构成利用影响力受贿罪,则对其实施贿赂的行贿人将无法定罪打击。因为我国刑法并未将与利用影响力受贿罪对应的行贿行为规定为犯罪。这将出现一种尴尬局面:国家工作人员明明接受了贿赂,但却不构成受贿罪;行贿人明明向国家工作人员行贿了,却不构成任何犯罪"②。

对此,本书认为上述看法值得商榷。首先,对某一主体是否能够成为某个犯罪的犯罪主体只能从该犯罪的条文中去寻找,例如故意杀人罪的刑法规定就不排斥任何犯罪主体(自杀不构成故意杀人罪)。根据刑法第三百八十八条之一第一款,利用影响力受贿罪的犯罪主体是"国家工作人员的近亲属或者其他与该国家工作人员关系密切的人",这里只是规定被利用者是"国家工作人员甲",对于利用者来说,刑法并未规定其必须是非国家工作人员,国家工作人员甲的近亲属或者其关系密切的人完全可以是"国家工作人员乙"。换言之,若国家工作人员乙确实没有"利用职务便利,索取他人财物的,或者非法收受他人财物,为他人谋取利益",也确实不存在"利用本人职权或者地位形成的便利条件,通过其他国家工作人员职务上的行为,为请托人谋取不正当利益,索取请托人财物或者收受请托人财物",那么国家工作人员乙就不构成受贿罪,上例中程某然利用的是自己与王某旭的战友关系,那么当然属于利用影响力受贿罪,何以说这种认定违背了贿赂犯罪的体系?其次,第三百八十八条之一第二款规定了"离职的国家工作人员"这一主体,但这并不意味着排除了现任的国家工作人员构成利用影响力受贿罪。正如第三百八十五条规定"国家工作人员利用职务上的便利,索取他人财物的,或者非法收受他人财物,为他人谋取利益的,是受贿罪",但并不意味着离职的国家工作人员就绝对不能构成受贿罪,因为按照2007年7月8日最高人民法院、最高人民检察院《关于办理受贿刑事案件适用法律若干问题的意见》第10条规定,"国家工作人员利用职务上的便利为请托人谋

---

① 参见徐松林:《"利用影响力受贿罪"适法中的六个难题》,载《贵州社会科学》2014年第11期。
② 参见徐松林:《"利用影响力受贿罪"适法中的六个难题》,载《贵州社会科学》2014年第11期。

取利益之前或者之后,约定在其离职后收受请托人财物,并在离职后收受的,以受贿论处"。所以,问题的关键在于犯罪构成行为本身。刑法第三百八十八条之一第二款与第一款所规定的利用影响力的行为本身就存在重大差异,离职的国家工作人员只存在"原有的职权或地位形成的便利条件",因而能够成为利用影响力受贿罪的主体,第二款绝对不是第一款的反面,二者根本不是什么互斥关系。

第三,不存在罪刑不均衡的问题。正如下文犯罪客观方面部分阐述的,利用影响力受贿罪的法定刑之所以比受贿罪轻,是因为利用影响力受贿罪的犯罪主体所利用的是对某国家工作人员的影响力以及某国家工作人员对其他国家工作人员的影响力,这里存在交易的不是请托人与行使职权的国家工作人员,而是请托人与该国家工作人员的密切关系人,因而这种利用影响力受贿罪的本质不是"权钱交易"本身,而是社会公众对职务公正性本身的信赖的侵害,因而法定刑不同于受贿罪这种直接的权钱交易犯罪。如果国家工作人员没有"利用本人职权或者地位形成的便利条件",而只是单纯利用亲友关系或者一般人际关系,为请托人谋取不正当利益,因其行为与职务无关即不是出卖自己的职务行为,而是出卖自己对其他国家工作人员基于非基于职务的密切关系而具有的影响力,那么就不是权钱交易的斡旋型受贿罪。对程某然认定利用影响力受贿罪是完全符合罪刑法定要求的,既然他的行为毫无疑问地区别于第三百八十八条受贿行为,那么其侵犯的法益就不完全一致,社会危害性上存在重大差别,量刑的不一致也完全合理,不违背罪刑均衡。总之,国家工作人员完全可成为利用影响力受贿罪的犯罪主体,这里不存在处罚真空。

(二) 本罪的行为

1. 第一类行为方式:国家工作人员的近亲属或者其他与该国家工作人员关系密切的人,通过该国家工作人员职务上的行为,为请托人谋取不正当利益,索取请托人财物或者收受请托人财物。

案例4-2中,北京市公安局公安交通管理局局长宋某的司机杨常明于2009年8月至2012年8月间,利用宋某职权或者地位形成的便利条件,通过宋某职务上的行为,为他人办理"京A"机动车号牌提供帮助,收受他人财物,此行为方式即为"与国家工作人员关系密切的人,通过该国家工作人员职务上的行为,为请托人谋取不正当利益,收受请托人财物";案例4-3中,王群力利用儿媳黎某职务上的行为,为龚某投标事项谋取不正当利益,收受龚某财物,也属于利用对国家工作人员直接的影响力。由于在此种受贿行为中,请托事项的完成直接依赖于某国家工作人员,即国家工作人员的近亲属或者其他与国家工作人员关系密切的人所利用的仅仅是该国家工作人员一方,因此这里的影响力就不是"国家工作人员"的影响力,而是自己对国家工作人员的影响力,这种影响力来源于近亲属关系或者其他密切关系如司机、同学、情侣等,即犯罪行为人对他所利用的对象具有一定的影响性,通过二者之间的亲密关系,该国家工作人员可以被说服、被影响、被他人利用,当然这里权钱交易的双方仍然是"国家工作人员的近亲属或者其他与该国家工作人员关系密切的人"与请托人。对此一行为方式的理解,须要注意以下问题:

(1) 密切关系人与国家工作人员共同受贿犯罪的认定

四种情形的密切关系人受贿案

【案例4-8】 钱某是某市税务局副局长,其妻子赵某的同事珠宝商李某因税收偷税以及退税问题找赵某帮忙,赵某收受李某人民币10万元以及金项链、玉坠、玉镯等财物,折合人民25万元,赵某找到丈夫钱某,钱某在明知妻子收受他人财物的情况下,为赵某找关系伪造了部分证明,事后查明,赵某收受的财物并未给予钱某,也未用于家庭支出,而是全部用于个人赌博。

【案例4-9】 钱某是某市税务局副局长,其妻子赵某的同事珠宝商李某因税收偷税以及退税问题找赵某帮忙,赵某找到丈夫钱某商量如何解决,钱某了解情况后建议妻子收取至少25万元作为回报,钱某为赵某找关系伪造了部分证明,李某分多次送给赵某人民币10万元以及金项链、玉坠、玉镯等财物,折合人民30万元,事后查明,赵某收受的财物并未给予钱某,也未用于家庭支出,而是全部用于个人赌博。

【案例4-10】 钱某是某市税务局副局长,其妻子赵某的同事珠宝商李某因税收偷税以及退税问题找赵某帮忙,妻子答应这一请求,并收取了李某人民币10万元以及金项链、玉坠、玉镯等财物,折合人民25万元,之后赵某找到丈夫钱某,怎料赵某的要求被丈夫钱某断然拒绝,并询问是否收取了对方财物,妻子谎称只是询问一下并未收取任何财物,钱某也未继续过问。事后查明,赵某收受的财物并未给予钱某,也未用于家庭支出,而是全部用于个人赌博、购买股票,由于事情并无办成,赵某在三个月后向李某归还了人民币25万元。

【案例4-11】 钱某是某市税务局副局长,其妻子赵某的同事珠宝商李某因税收退税问题找赵某帮忙,赵某收受李某人民币10万元以及金项链、玉坠、玉镯等财物,折合人民25万元,赵某找到丈夫钱某,钱某问妻子是否收受他人财物,妻子谎称只是基于闺蜜关系让丈夫帮忙,并未收受任何财物,钱某在家中也未见妻子带回任何财物。钱某在妻子"软磨硬泡"之下,利用职务为赵某办理了优先审批手续。事后查明,赵某收受的财物也未用于家庭支出,而是全部用于个人娱乐以及为某男"网红主播"发红包。

根据我国刑法第二十五条,共同犯罪是指二人以上共同故意犯罪,因而构成共同犯罪必须要求共同的犯罪行为和共同的犯罪故意。其中,共同犯罪故意是指"二人以上在对于共同犯罪行为具有同一认识的基础上,对其所会造成的危害社会的结果的希望或者放任的心理状态,共同犯罪故意是共同犯罪构成的主观要件,是共同犯罪人承担责任的主观基础"。① 那么，根据刑法共同犯罪的这一基本原理，密切关系人与国家工作人员事先存在共谋，则可以构成共同犯罪。问题的关键在于二者应当构成第三百八十八条之一利用影响力受贿罪的共同犯罪还是第三百八十五条受贿罪的共同犯罪。2007年7月8日最高人民法院、最高人民检察院《关于办理受贿刑事案件适用法律若干问题的意见》第7条规定："国家工作人员利用职务上的便利为请托人谋取利益，授意请托人以本意见所列形式，将有关财物给予特定关系人的，以受贿论处。特定关系人与国家工作人员通谋，共同实施前款行为的，对特定关系人以受贿罪的共犯论处。特定关系人以外的其他人与国家工作人员通谋，由国家工作人员利用职务上的便利为请托人谋取利益，收受请托人财物后双方共同占有的，以受贿罪的共犯论处。"

在案例4-9中，李某向赵某寻求帮助，请求赵某说服其丈夫钱某为自己退税的事项谋取不正当利益，当赵某与钱某商议时，国家工作人员钱某对请托事项进行了明码标价，也即钱某具有利用职务便利为他人谋取利益并索取他人财物的故意和行为，因而本例中国家工作人员钱某的行为是第三百八十五条受贿罪的正犯行为，与此同时，钱某妻子赵某虽然是贿赂的介绍人，但这里李某利用的不是赵某对国家工作人员的影响力，而直接是钱某的职权，也即在收取财物的过程中，国家工作人员钱某直接进行了权钱交易。根据上述"两高"《关于办理受贿刑事案件适用法律若干问题的意见》第7条之规定，特定关系人（密切关系人）赵某与其丈夫国家工作人员钱某是事前通谋共同实施受贿行为，二者构成受贿罪共同犯罪，对钱某和赵某均应当以受贿罪论处，不具有国家工作人员身份的赵某是钱某受贿罪的帮助犯，钱某夫妇共同受贿犯罪的故意是明显的。

在案例4-8中，国家工作人员钱某明知妻子赵某为李某谋取不正当利益并收受李某财物，而仍然利用职务之便为李某实际谋取了利益，有学者对此类情况认为，"关系人实际上是在影响力受贿故意的支配下，收受了请托人财物，事中形成合意，然后通过国家工作人员的职务为请托人谋取不正当利益。国家工作人员在对此明知的情况下，产生共同受贿的故意，并且配合关系人而实施了职务行为。因此，关系人的利用影响力受贿行为是核心角色，应以利用影响力受贿罪来确定共同犯罪的性质。对关系人以利用影响力受贿罪论处。国家工作人员由于同时符合处罚更重的受贿罪，为实现罪刑均衡，应以受贿罪论处。在该情形中，由于关系人是近亲属，近亲属是具有共同财产、继承或紧密利益关系的人，某种程度上国家工作人员事实上也享有了贿赂财物。即使关系人不是近亲属，只要双方存在共同利益，在事实或法律上也应该评价为国家工作人员从中获益，即实现了以权谋私的犯罪目的"。② 对此，我们认为上述看法是错误的。其一，虽然钱某事先没有像案例4-9那样事先与妻子存在通谋即对自己的职务行为进行明码标机，但案例4-8中国家工作人员钱某对妻子利用自己的职务行为为李某谋取不正当利益、收受他人

---

① 陈兴良主编：《刑法学》，复旦大学出版社，2016年版，第135页。
② 张开骏：《利用影响力受贿罪与受贿罪的共犯问题研究》，载《政治与法律》2010年第9期。

财物的情况是明知的,也即明知自己行使职务的行为是一种权钱交易而仍然主动利用职务之便完成这种交易,这直接表明国家工作人员钱某具有出卖职务行为的故意也即具有利用职务便利为他人谋取不正当利益并收受他人财物的受贿故意。其二,贪污受贿犯罪作为一种特殊的财产犯罪,行为人在收受他人财物时具有非法占有财物的目的,但这种收受、占有并非必须是为自己占有,钱某在明知妻子收受他人财物的情况下,仍然行使职务之便为李某谋取不正当利益,这里钱某已经具备了收受财物的目的和实际收受财物的行为,钱某与妻子之间存在着积极性的事中意思联络(事中共谋)。正如孙国祥教授所言,"如果双方通谋,交易的对象不是'影响力',而是国家工作人员的职权,应当以受贿罪定罪"①。因此,案例4-8中钱某的行为与案例4-9中的行为在最终认定结论上不存在区别,两个案例中的国家工作人员均应认定为受贿罪,其妻子是受贿罪的帮助犯,而不应认定为利用影响力受贿罪,这也意味着即便《刑法修正案(七)》没有增设利用影响力受贿罪,案例4-8中钱某妻子的行为也是能够被定罪处罚的而非法无明文规定不为罪。

在案例4-10中,国家工作人员钱某的妻子试图利用她对丈夫的配偶关系这一影响力,让钱某利用职务之便为李某谋取利益,钱某明确拒绝妻子的请求,这说明国家工作人员钱某没有出卖自己职权的故意,并且对利用职务之便为他人谋取利益持反对态度,因而此处国家工作人员不构成犯罪,不存在共同犯罪,钱某的妻子赵某收受了他人财物,按照刑法第三百八十八条之一"国家工作人员的近亲属通过该国家工作人员职务上的行为,为请托人谋取不正当利益,收受请托人财物",构成利用影响力受贿罪。在案例4-11的情形中,国家工作人员钱某询问了其妻子是否收取他人财物,妻子赵某欺骗了钱某,因而钱某在不知情的情况下最终利用了自己的职务之便为李某谋取了不正当利益。对于钱某来说,其以为只是出于朋友关系而谋取利益,并没有收受或索取他人财物,即虽然存在职务的不正当行使(如滥用职权等),但这里不存在受贿犯罪所要求的权钱交易,因而国家工作人员钱某不构成受贿罪,这里不存在共同受贿。对于赵某来说,她作为国家工作人员钱某的妻子成功利用了对丈夫"软磨硬泡"的影响力,实现了通过丈夫的职权为他人谋取利益的目的,构成利用影响力受贿罪。国家工作人员钱某明知妻子妄图利用自己的职权为他人谋取利益,但对妻子是否收受财物不具有"明知",即便其明知自己被妻子利用,也不构成利用影响力受贿罪的共同犯罪。②

(2) 利用影响力受贿罪与斡旋型受贿罪的区分

刑法第三百八十八条规定,国家工作人员利用本人职权或者地位形成的便利条件,通过其他国家工作人员职务上的行为,为请托人谋取不正当利益,索取请托人财物或者

---

① 参见孙国祥:《贿赂犯罪的学说与案解》,法律出版社,2012年版,第627页。
② 如前所述,有人讨论"国家工作人员是否可以成为利用影响力受贿罪的犯罪主体",我们认为,利用影响力受贿罪不排斥国家工作人员这一主体,利用国家工作人员甲的国家工作人员乙可以成为利用影响力受贿罪的犯罪主体,只不过作为被利用者的国家工作人员甲不可能成为自己被利用的这次利用影响力受贿罪的共同犯罪主体,当甲处于乙的境况并利用甲对其他国家工作人员的朋友、亲戚、战友等关系时,则可能成为另一起利用影响力受贿罪的主体。

收受请托人财物的,以受贿论处。可见,斡旋型受贿罪也是一种利用影响力类型的受贿行为,犯罪主体所利用的影响力是他本人职权或地位形成的对其他国家工作人员的影响力,它的行为方式是:"(斡旋)受贿罪(利用直接单一影响力)＝国家工作人员A利用自己对国家工作人员B的职务或地位影响力,通过B为他人谋取不正当利益,索取或收受贿赂"。

两种不同的涉影响力受贿案

【案例4-12】 孙某系山东省滨州市某县教育局副局长,张某系江苏省南京市公安局车管所工作人员,二人系大学同学关系,孙某的一个在南京生活的远房亲戚白某请求孙某帮忙为其违规办理车辆年审以逃避处罚,孙某为此收取了白某"活动资金"8万元,孙某找到大学同学张某,请张某为白某帮忙处理,张某答应这一请求并为白某违规办理了相关手续,并未收取任何财物。

【案例4-13】 莫某从2007年1月至2008年8月,任广东省A市市委常委和市委书记,2008年9月起任广东省B市市委常委和市纪委书记。2008年11月,A市某采石场因非法制造爆炸物被A市公安局立案侦查,采石场经营者黄某被依法逮捕。2008年12月,采石场合伙人陈某经人介绍找到莫某的司机江某。在司机江某的介绍下,陈某于2008年12月找到莫某并送给他人民币20万元,请求莫某帮忙为黄某变更强制措施、将人"放出来"。莫某遂找到A市公安局副局长彭某,要求彭某为黄某办理取保候审,彭某接到请求后遂找到下属为黄某办理了相关手续,2009年1月,黄某被变更为取保候审。事后,黄某与陈某一起再次送给莫某人民币20万元。2013年3月15日,广东省珠海市人民检察院以受贿罪对莫某提起公诉,珠海市中级人民法院判决莫某犯受贿罪,判处有期徒刑十年。

在案例4-12中,孙某作为国家工作人员,他请求远在南京的车管所工作人员张某为白某谋取不正当利益,那么这里孙某的行为应当符合"国家工作人员A,利用本人职权或者地位形成的便利条件,通过国家工作人员B职务上的行为,为请托人谋取不正当利益,收受请托人财物",抑或符合"国家工作人员B的密切关系人——国家工作人员A,利用他对B的其他影响力(大学同学),通过国家工作人员B职务上的行为为请托人谋求不正当利益,收受他人财物"？如果是前者,孙某则构成第三百八十八条斡旋型受贿罪,如果是后者,孙某则构成第三百八十八条之一利用影响力受贿罪。从两罪的行为方式上看,如果行为人是国家工作人员的话,斡旋型受贿罪与利用影响力受贿罪在构成要件上的区分是,前者利用的是"本人职权或者地位形成的便利条件",后者则并不利用这一便利条件而是利用了这一便利条件之外的对其他国家工作人员的其他"非职权或地位影响力"。因此,这里问题的焦点仍然在于准确理解刑法第三百八十八条中的"利用本人职权或者地位形成的便利条件"这一构成要件要素,对此主要有几种不同意见:

第一种意见认为,"职权或者地位形成的便利条件"应当是一种职务上的制约关系。例如,有学者主张是否成立斡旋受贿关键是查明行为人的职权与被利用的国家工作人员有无职务上的制约关系,包括纵向的制约关系——上级国家工作人员的职务对归属其领导的下级国家工作人员的制约关系,以及横向制约关系——不具有领导关系的各单位之间,一方工作人员对另一方工作人员在职务上的制约关系。① 还有学者指出,"利用本人职权或者地位形成的便利条件"一般都表现为"行为人凭借其本人在职务上对下属单位和人员的领导、监督、管理的地位,利用下属单位及人员的职务上的行为,为请托人谋取利益,而本人从中向请托人索取或者收受贿赂。例如,某县教育局局长,受他人之托为请托人的子女安排进某一重点中学学习,该学生并不符合转学条件,行为人却凭借其局长的地位,写条子给中学校长,事成后行为人向请托人索取了贿赂,即属于间接受贿行为。因为局长并不具体管理有关转学事务,所利用的是中学校长的职权"②。也有学者只承认横向制约关系,"如果国家工作人员只是利用亲友、同事等一般的关系,而非通过职务上有制约关系的便利条件,并不能构成间接受贿罪"。例如,某法院刑事审判庭的庭长应民事诉讼当事人的请托,通过民事审判庭庭长的职务行为为请托人谋取利益,民事审判庭庭长在民事案件中故意枉法裁判为该请托人谋利,而该刑事审判庭庭长从中收取好处费的,"对该刑事审判庭庭长不宜以受贿罪定罪处罚。因为刑事审判庭庭长对民事审判庭庭长并无职务上的制约作用。关键问题是,间接受贿中国家工作人员职务之间的制约关系,只能是横向的制约关系,而不可能是纵向的制约关系"③。

第二种意见认为,"利用本人职权或者地位形成的便利条件"与"利用职务便利"的区别在于前者的行为人与被利用的国家工作人员之间不存在职务上的制约关系。"行为人要求在职务上有制约关系的其他国家工作人员为请托人谋取利益,是刑法第三百八十五条所规定的直接受贿中'利用职务上的便利'的一种表现形式,不包含在第三百八十八条斡旋受贿的'利用本人职权或者地位形成的便利条件'之内。"④

第三种意见认为,认为行为人与被其利用的国家工作人员之间存在着一种特殊关系,具体表现为三种情况:(1)职务上的制约关系,包括纵向和横向制约关系;(2)影响关系,主要是下级对上级、低职对高职的关系,如首长的秘书对首长的影响;(3)协作关系,存在于职务活动中无利害冲突或者还有互惠互助关系的国家机关单位之间。⑤ 有学者认为,"司法实践基本上是按照'特殊关系论'认定'利用本人职权或者地位形成的便利条件'的"⑥。

---

① 参见邹志宏:《斡旋受贿罪研究》,载于志刚主编:《刑法问题与争鸣》,中国方正出版社,2003年版,第104-105页。
② 参见肖中华:《论受贿罪适用中的几个问题》,载《法学评论》2003年第1期。
③ 参见赵秉志、肖中华:《间接受贿之认定》,载《检察日报》2002年7月30日。
④ 陈国庆主编:《新型受贿犯罪的认定与处罚》,法律出版社,2007年版,第144页。
⑤ 参见马克昌:《论斡旋受贿犯罪》,载《浙江社会科学》2006年第3期。
⑥ 刘宪权、谢杰:《贿赂犯罪刑法理论与实务》,上海人民出版社,2012年版,第52页。

我们认为,"利用本人职权或者地位形成的便利条件"确实应当区别于"利用职务上的便利",因为第三百八十五条普通受贿罪与第三百八十八条斡旋型受贿罪的入罪标准是不一样的,"利用本人职权或者地位形成的便利条件"对应的是"为他人谋取不正当利益",而"利用职务上的便利"对应的是"为他人谋取利益",两种行为在为他人谋取利益的要求上是不同的,既然又须要按照同一个受贿罪对二者同等定罪量刑即二者的法益侵害性或社会危害性应当是一样的,那么"利用本人职权或者地位形成的便利条件"与"利用职务上的便利"必然也是不同的。如果采用职务制约说,即国家工作人员在职务上对其他国家工作人员形成直接之制约关系如上下级关系,那么这种职务制约实际上仍旧属于"利用自己职务上的便利"而非一种"斡旋性质"的行为,所以"利用本人职权或者地位形成的便利条件"并不要求职务上的制约,第三百八十八条与第三百八十五条在构成要件上应当属于互斥关系,即受贿罪包含了两个不同类型的行为。2003年11月13日最高人民法院《全国法院审理经济犯罪案件工作座谈会纪要》规定,刑法第三百八十八条规定的"利用本人职权或者地位形成的便利条件",是指行为人与被其利用的国家工作人员之间在职务上虽然没有隶属、制约关系,但是行为人利用了本人职权或者地位产生的影响和一定的工作联系,如单位内不同部门的国家工作人员之间,上下级单位没有职务上隶属、制约关系的国家工作人员之间,有工作联系的不同单位的国家工作人员之间等。这一理解是正确的,"利用本人职权或者地位形成的便利条件"必须是利用了国家工作人员职权上的便利条件或者地位上的便利条件,这些便利条件与职权相关但非职权本身。换言之,作为一种国家工作人员利用影响力的斡旋受贿行为,这里国家工作人员利用的是来自于工作关系上的影响力:(1)这种影响力必须与职务有关,如果仅仅是利用工作上没有交叉、毫无瓜葛的关系,如朋友、同学、亲戚等个人关系上的影响力,则不是斡旋受贿而是利用影响力受贿;(2)斡旋受贿中的影响力是对其他国家工作人员间接发挥作用的,斡旋受贿者所请托人的事项是属于其他国家工作人员职务范围,其本身无权强迫其他国家工作人员,其自己也并没有谋取利益的权限,否则就不需要斡旋他人行使职权。所以,我们认为,对"利用本人职权或者地位形成的便利条件"的理解应当遵循摒除制约关系的"特殊关系说"即"基于职务的非制约关系说"更为妥当。

案例 4-12 中,孙某与张某分别属于不同省份、不同部门的国家工作人员,孙某请求张某帮忙的事项属于孙某的职责范围之外,其对张某没有制约关系,二人的业务分别属于教育局和公安局,孙某对张某的影响力不是基于主管教育工作上的职权形成的便利条件,也非基于教育局副局长的便利条件,孙某之所以能够说动张某为亲戚谋取不正当利益,完全是基于二者是多年的大学同学关系这一私人关系。因此,孙某不构成第三百八十八条斡旋受贿罪,而应当属于第三百八十八条之一利用影响力受贿罪。对于案例 4-13,彭新林教授认为珠海市中级人民法院适用法律错误,被告人莫某不构成第三百八十八条斡旋型受贿罪,莫某不是因为一定的工作联系而找到彭某,更不是因为其时任 B 市市委常委、纪委书记的职权和地位对彭某产生影响而找彭某,而是因曾在 A 市工作时认识彭某,基于以前工作上认识的熟人关系而找的彭某,不属于行为人利用了本人职权或者地位形成的便利条件和一定的工作联系的情形,不符合"利用本人职权或者地位形成的便利条件"的认定标准。① 对此,我们认为上述分析是错误的,珠海市中级人民法院对莫某的认定是准确的。案例4-13不同于案例4-12,在本案中,莫某在2008年8月以前曾经担任A市的市委常委、市委书记,彼时处于A市执政党重要位置的莫某与A市公安局副局长彭某绝非普通工作关系,而是上下级关系,如果2008年8月之前,莫某利用这种地位上的便利条件通过彭某为他人谋取不正当利益并收受他人财物的话,其自然构成第三百八十八条斡旋型受贿罪。在2008年8月之后,莫某被平行调动至广东省B市做市委常委、市纪委书记,此时莫某虽然不再在A市任职,但并非退休或离职,莫某被调往B市,但他作为A市曾经的高级领导、B市的现任高级领导,他仍然会对A市的国家工作人员产生影响力,这种影响力不是基于私人关系的影响力,而是基于本人市委常委、市委书记这一领导地位的影响力,这与案例4-12中山东省某教育局副局长对南京市车管所某工作人员的影响力完全不同,莫某对彭某的影响力仍然与自己现任B市市委常委、市纪委书记的身份、职权直接相关。因此,莫某仍然属于"利用本人职权或者地位形成的便利条件",构成第三百八十八条斡旋受贿罪。如果按照彭新林教授的看法,莫某的行为发生在《刑法修正案(七)》生效之前,不构成受贿罪,那么也不构成利用影响力受贿罪(重法不溯及既往),这有放纵犯罪之嫌,也会使得斡旋受贿罪的惩治与预防腐败犯罪的效果大打折扣,将莫某认定为斡旋型受贿罪完全符合罪刑法定原则的要求,适用法律正确。

2. 第二类行为方式:国家工作人员的近亲属或者其他与该国家工作人员关系密切的人,利用该国家工作人员职权或者地位形成的便利条件,通过其他国家工作人员职务上的行为,为请托人谋取不正当利益,索取或者收受请托人财物。

与刑法第三百八十八条斡旋受贿罪相比较,本类行为方式与之都具有利用国家工作人员"职权或者地位形成的便利条件"这一文字形式上的公约数,明显不同的是斡旋受贿行为中是国家工作人员A利用本人职权或者地位形成的便利条件,通过其他国家工作人员职务上的行为为请托人谋取不正当利益并收受或者索取财物,而利用影响力受贿罪的行为是国家工作人员A的近亲属或者关系密切的人利用国家工作人员A的职权或者地位形成的便利条件,通过其他国家工作人员职务上的行为为请托人谋取不正当利益并收受或者索取财物。可见,首先这里就有利用人即犯罪主体的不同,前者是国家工作人员的自我利用,后者是国家工作人员被利用,那么作为字面上公约数的"职权或者地位形成的便利条件"是否在两个法条中具有同样的内涵呢?第一种看法认为,利用影响力受贿罪中的"国家工作人员职权或者地位形成的便利条件"与斡旋受贿罪中的"本人职权或者便利形成的便利条件"内容相同,二者均不包括隶属、制约关系,而只包括影响、协作关

---

① 参见彭新林:《贪污贿赂的罪与罚》,北京大学出版社,2015年版,第179页。

系等工作关系。① 第二种看法认为,利用影响力受贿罪中的"国家工作人员职权或者地位形成的便利条件"与斡旋受贿罪中的"本人职权或者便利形成的便利条件"内容并不完全相同,利用影响力受贿罪中的规定包括隶属、制约关系。例如,市长夫人甲利用自己的特殊身份,找建设局局长为他人违规承揽工程,接受请托人财物,甲利用市长"职权或地位形成的便利条件"应当包括市长对建设局局长的隶属、制约关系,市长夫人构成利用影响力受贿罪。②

我们认为,第二种看法是合理的。国家工作人员"职权或地位形成的便利条件"本来就是一个含义较广的词汇,市长对建设局局长、教育局局长等下属人员的制约、领导关系本来就是市长职权或地位的应有内容,上级对下级的隶属、制约属于职权或地位形成的便利条件,所以第三百八十五条受贿罪中"利用职务上的便利"其实在"职权或地位形成的便利条件"的文字含义中。根据2003年11月13日《全国法院审理经济犯罪案件工作座谈会纪要》规定:刑法第三百八十五条第一款规定的"利用职务上的便利",既包括利用本人职务上主管、负责、承办某项公共事务的职权,也包括利用职务上有隶属、制约关系的其他国家工作人员的职权;担任单位领导职务的国家工作人员通过不属自己主管的下级部门的国家工作人员的职务为他人谋取利益的,应当认定为"利用职务上的便利"为他人谋取利益。因此,从文字上分析,"利用职权或地位形成的便利条件"包括"利用职务上的便利"即包括职务上具有隶属、制约关系的情形。但是,我国刑法第三百八十八条规定了斡旋受贿罪与第三百八十五条普通受贿罪,抛开法条的体系不谈,"利用职权或地位形成的便利条件"的范围确实更广,只不过我国刑法将受贿罪分成了普通受贿罪与斡旋受贿罪,"利用职权或地位形成的便利条件"被刑法进行了分割。其中,具有职权上隶属、制约关系的便利,直接等于第三百八十五条普通受贿罪中的职务上的便利,直接以普通受贿罪论处,第三百八十八条斡旋受贿罪中的"利用职权或地位形成的便利条件"不再包括职权上具有隶属、制约关系的便利。因此,对于刑法第三百八十八条之一利用影响力受贿罪而言,基于犯罪主体的不同,"利用该国家工作人员职权或者地位形成的便利条件"并不需要进行分类,这里的便利条件不是狭义的便利条件,而是通常意义上职权或地位形成的一切便利条件,职权上具有隶属、制约关系的便利当然涵盖其中,否则上述市长妻子利用市长对其下属的制约关系为他人谋取不正当利益、收受他人财物的,反而不构成利用影响力受贿罪,但市长妻子的行为却是利用影响力受贿罪所惩治和预防的典型行为。

3. 第三类行为方式:离职的国家工作人员利用本人原职权或者地位形成的便利条件,通过其他国家机关工作人员职务上的行为,为请托人谋取不正当利益,索取或者收受请托人财物。

---

① 参见王作富主编:《刑法分则实务研究(下)》,中国方正出版社,2010年版,第1809页。
② 参见赵煜:《惩治贪污贿赂犯罪实务指南》,法律出版社,2017年版,第563页。

对于离职的国家工作人员而言,其虽然离开了国家工作人员岗位即辞职、退休甚至被"双规"等,他仍然保持着与其他国家工作人员的某种特殊关系,尤其对于那些年龄届满正常退休或者将他人、下属提携至领导位置的离职前领导,仍然对其他国家工作人员甚至国家机关的某些事务具有很大的影响力和发言权。如前所述,我国司法机关对离职的国家工作人员也并非不能以职务犯罪进行处罚,2007年7月8日最高人民法院、最高人民检察院《关于办理受贿刑事案件适用法律若干问题的意见》第10条规定,"国家工作人员利用职务上的便利为请托人谋取利益之前或者之后,约定在其离职后收受请托人财物,并在离职后收受的,以受贿论处"。但是,如果离职之前没有约定离职之后收受贿赂的,对离职国家工作人员难以认定为贿赂犯罪。1989年11月6日,最高人民法院 最高人民检察院《关于执行〈关于惩治贪污罪贿赂罪的补充规定〉若干问题的解答》规定,"已离、退休的国家工作人员,利用本人原有职权或地位形成的便利条件,通过在职的国家工作人员职务上的行为,为请托人谋取利益,而本人从中向请托人索取或者非法收受财物的,以受贿论处"。显然,上述规定对应的正是利用影响力受贿罪的第三种行为方式,如今本行为是以利用影响力受贿罪论处的,1997年刑法并未将上述行为规定为犯罪。为了保护公众对国家工作人员职务廉洁性的信赖,惩治和预防离职的国家工作人员利用自己的影响力影响其他国家工作人员的正常职务,通过各种途径利用国家公权力牟利,《刑法修正案(七)》将上述1989年司法解释规定为了受贿罪的行为,正式确立了与受贿罪相关联的利用影响力受贿罪,这在保持了受贿罪是国家工作人员权钱交易行为这一基本行为模式的同时,将刑法腐败犯罪的打击面正式扩大至离职的国家工作人员利用影响力受贿。

纪检组长利用影响力受贿案

【**案例4-14**】 刘某甲,原临沂市兰山区某局纪检组长。2012年6月,庞景卫因涉嫌生产假药罪被临沂市公安局兰山分局刑事拘留,庞景卫的亲属张某找到被告人刘某甲,让其帮忙将庞景卫释放出来。刘某甲以帮忙为由,向张某索要现金10万元,将其中的5万元非法占有。该案起诉到临沂市兰山区人民法院后,被告人刘某甲利用原担任临沂市兰山区某局纪检组长所形成的便利条件,多次找临沂市兰山区人民法院的工作人员为庞景卫讲情,意图通过法院工作人员的便利,为庞景卫减轻罪责。临沂市兰山区人民法院认为,被告人刘某甲离职后,利用原职权形成的便利条件,通过其他国家工作人员的职务便利,为请托人谋取不正当利益,收受请托人财物,其行为已构成利用影响力受贿罪。一审宣判后,刘某以"10万元我都没占有,有2万请客了,3万送礼了,5万丢了,我不构成犯罪"为由提出上诉,其辩护人提出"刘某甲主观上没有非法占有,没有利用影响力的行为,也没有为请托人谋取到不正当利益"的辩护意见,山东省临沂市中级人民法院最终裁定驳回上诉、维持原判。①

本案中,刘某甲作为离职的临沂市兰山区某局纪检组长,利用原有职权和地位形成的便利条件,多次找到临沂市兰山区人民法院的工作人员,为请托人谋取法院判决上的不正当利益,索取他人财物,其行为符合利用影响力受贿罪的第三种行为方式,一审、二审法院的定性准确。

4. 第四类行为方式:与离职的国家工作人员关系密切的人,利用该离职的国家工作人员原职权或者地位形成的便利条件,通过其他国家机关工作人员职务上的行为,为请托人谋取不正当利益,索取或者收受请托人财物。利用影响力受贿罪的本类行为方式与第三类是相同的,所不同的只是行为主体及其利用的对象不同:第三类行为方式是离职的国家工作人员的自我利用,其影响力来源自自己的原有职权或地位;第四类行为方式是离职的国家工作人员的密切关系人对该离职人员的利用。

三、利用影响力受贿罪的共犯

检察长大舅哥利用影响力受贿案

【案例 4-15】 某县交通局局长出现空缺,该局副局长甲某很想升任该职位,他得知邻居乙(男)(个体户)的妹夫丙是市检察院检察长并与县委书记丁某关系密切,便托乙请丙向县委书记丁某推荐甲升任交通局局长职位,并送给乙现金20万元作为酬谢,乙对甲答复说愿意试试看。作为大舅哥的乙向其妹夫丙说明了甲某想要升任交通局局长的意图以及向乙某送礼20万元之事。随后丙某向县委书记丁某推荐了甲某。不久,甲顺利升任交通局局长职位。

案例4-15中,乙是国家工作人员市检察院检察长的大舅哥,是国家工作人员的密切关系人,乙利用检察长丙的地位形成的便利条件,向县委书记推荐甲出任交通局局长,即通过县委书记职务上的行为为请托人甲谋取任职上的不正当利益,这属于刑法第三百八十八条之一利用影响力受贿罪的第二种行为类型。但是,丙某不构成利用影响力受贿罪的共犯,因为乙某利用了丙某对县委书记的影响力,丙某是被利用者,共同犯罪的违法性是连带的,丙某虽然明知乙某收受他人财物的事实,但作为国家工作人员的丙对于自己对县委书记的影响力的利用,不具有利用影响力受贿罪的违法性,丙某作为被利用者,不是乙某的帮助犯。根据刑法第三百八十八条,"国家工作人员利用本人职权或者地位形成的便利条件,通过其他国家机关工作人员职务上的行为,为请托人谋取不正当利益,索取

---

① 参见《山东省临沂市中级人民法院刑事裁定书》,(2014)临刑二终字第80号。

请托人财物或者收受请托人财物的,以受贿论处"。本案中,丙明知大舅哥收受他人财物,仍然进行帮助,虽然没有直接收受财物,但属于为第三人非法收受财物,丙某作为国家工作人员利用本人地位形成的便利条件,通过其他国家工作人员职务上的行为,为甲某谋取职务晋升的不正当利益,明知大舅哥收受他人财物的情况下,仍然实际为甲谋取了不正当利益,这属于斡旋受贿,收受财物人是国家工作人员的密切关系人,属于权钱交易的完成。因此,丙某构成的是斡旋型受贿罪,乙某构成的是利用影响力受贿罪。

四、利用影响力受贿罪的处罚

根据刑法第三百八十八条之一以及2016年4月18日"两高"《关于办理贪污贿赂刑事案件适用法律若干问题的解释》第1、2、3、4、10条之规定,利用影响力受贿数额在3万元以上不满20万元的,或者有其他较重情节的(具有特定情形的,受贿数额在1万元以上不满3万元),处三年以下有期徒刑或者拘役,并处罚金;数额巨大(20万元以上不满300万元)或者有其他严重情节的(具有特定情形的,数额在10万元以上不满20万元),处三年以上七年以下有期徒刑,并处罚金;数额特别巨大(300万元以上)或者有其他特别严重情节的(具体特定情形的,数额在150万元以上不满300万元),处七年以上有期徒刑,并处罚金或者没收财产。

第五章 行 贿 罪

【《中华人民共和国刑法》(最新版)相关法条】

第三百八十九条 为谋取不正当利益,给予国家工作人员以财物的,是行贿罪。

在经济往来中,违反国家规定,给予国家工作人员以财物,数额较大的,或者违反国家规定,给予国家工作人员以各种名义的回扣、手续费的,以行贿论处。

因被勒索给予国家工作人员以财物,没有获得不正当利益的,不是行贿。

第三百九十条 对犯行贿罪的,处五年以下有期徒刑或者拘役,并处罚金;因行贿谋取不正当利益,情节严重的,或者使国家利益遭受重大损失的,处五年以上十年以下有期徒刑,并处罚金;情节特别严重的,或者使国家利益遭受特别重大损失的,处十年以上有期徒刑或者无期徒刑,并处罚金或者没收财产。

行贿人在被追诉前主动交待行贿行为的,可以从轻或者减轻处罚。其中,犯罪较轻的,对侦破重大案件起关键作用的,或者有重大立功表现的,可以减轻或者免除处罚。①

【司法解释】

■ 1999年3月4日,最高人民法院、最高人民检察院《关于在办理受贿犯罪大要案的同时要严肃查处严重行贿犯罪分子的通知》

二、对于为谋取不正当利益而行贿,构成行贿罪、向单位行贿罪、单位行贿罪的,必须依法追究刑事责任。"谋取不正当利益"是指谋取违反法律、法规、国家政策和国务院各部门规章规定的利益,以及要求国家工作人员或者有关单位提供违反法律、法规、国家政策和国务院各部门规章规定的帮助或者方便条件。

对于向国家工作人员介绍贿赂,构成犯罪的案件,也要依法查处。

三、当前要特别注意依法严肃惩处下列严重行贿犯罪行为:

1. 行贿数额巨大、多次行贿或者向多人行贿的;
2. 向党政干部和司法工作人员行贿的;
3. 为进行走私、偷税、骗税、骗汇、逃汇、非法买卖外汇等违法犯罪活动,向海关、工商、税务、外汇管理等行政执法机关工作人员行贿的;
4. 为非法办理金融、证券业务,向银行等金融机构、证券管理机构工作人员行贿,致使国家利益遭受重大损失的;

---

① 2015年8月29日第十二届全国人民代表大会常务委员会第十六次会议通过《刑法修正案九》对第三百九十条进行了修正,原刑法条文为:对犯行贿罪的,处五年以下有期徒刑或者拘役;因行贿谋取不正当利益,情节严重的,或者使国家利益遭受重大损失的,处五年以上十年以下有期徒刑;情节特别严重的,处十年以上有期徒刑或者无期徒刑,可以并处没收财产。行贿人在被追诉前主动交待行贿行为的,可以减轻处罚或者免除处罚。

5. 为非法获取工程、项目的开发、承包、经营权,向有关主管部门及其主管领导行贿,致使公共财产、国家和人民利益遭受重大损失的;

6. 为制售假冒伪劣产品,向有关国家机关、国有单位及国家工作人员行贿,造成严重后果的;

7. 其他情节严重的行贿犯罪行为。

四、在查处严重行贿、介绍贿赂犯罪案件中,既要坚持从严惩处的方针,又要注意体现政策。行贿人、介绍贿赂人具有刑法第三百九十条第二款、第三百九十二条第二款规定的在被追诉前主动交代行贿、介绍贿赂犯罪情节的,依法分别可以减轻或者免除处罚;行贿人、介绍贿赂人在被追诉后如实交待行贿、介绍贿赂行为的,也可以酌情从轻处罚。

五、在依法严肃查处严重行贿、介绍贿赂犯罪案件中,要讲究斗争策略,注意工作方法。要把查处受贿犯罪大案要案同查处严重行贿、介绍贿赂犯罪案件有机地结合起来,通过打击行贿、介绍贿赂犯罪,促进受贿犯罪大案要案的查处工作,推动查办贪污贿赂案件工作的全面、深入开展。

■ 2013年1月1日,最高人民法院、最高人民检察院《关于办理行贿刑事案件具体应用法律若干问题的解释》

第五条 多次行贿未经处理的,按照累计行贿数额处罚。

第六条 行贿人谋取不正当利益的行为构成犯罪的,应当与行贿犯罪实行数罪并罚。

第八条 行贿人被追诉后如实供述自己罪行的,依照刑法第六十七条第三款的规定,可以从轻处罚;因其如实供述自己罪行,避免特别严重后果发生的,可以减轻处罚。

第九条 行贿人揭发受贿人与其行贿无关的其他犯罪行为,查证属实的,依照刑法第六十八条关于立功的规定,可以从轻、减轻或者免除处罚。

第十条 实施行贿犯罪,具有下列情形之一的,一般不适用缓刑和免予刑事处罚:

(一)向三人以上行贿的;

(二)因行贿受过行政处罚或者刑事处罚的;

(三)为实施违法犯罪活动而行贿的;

(四)造成严重危害后果的;

(五)其他不适用缓刑和免予刑事处罚的情形。

具有刑法第三百九十条第二款规定的情形的,不受前款规定的限制。

第十一条 行贿犯罪取得的不正当财产性利益应当依照刑法第六十四条的规定予以追缴、责令退赔或者返还被害人。

因行贿犯罪取得财产性利益以外的经营资格、资质或者职务晋升等其他不正当利益,建议有关部门依照相关规定予以处理。

第十二条 行贿犯罪中的"谋取不正当利益",是指行贿人谋取的利益违反法律、法规、规章、政策规定,或者要求国家工作人员违反法律、法规、规章、政策、行业规范的规定,为自己提供帮助或者方便条件。

违背公平、公正原则,在经济、组织人事管理等活动中,谋取竞争优势的,应当认定为"谋取不正当利益"。

第十三条　刑法第三百九十条第二款规定的"被追诉前",是指检察机关对行贿人的行贿行为刑事立案前。

■ 2016年4月18日,最高人民法院、最高人民检察院《关于办理贪污贿赂刑事案件适用法律若干问题的解释》

第七条　为谋取不正当利益,向国家工作人员行贿,数额在三万元以上的,应当依照刑法第三百九十条的规定以行贿罪追究刑事责任。

行贿数额在一万元以上不满三万元,具有下列情形之一的,应当依照刑法第三百九十条的规定以行贿罪追究刑事责任:

(一)向三人以上行贿的;

(二)将违法所得用于行贿的;

(三)通过行贿谋取职务提拔、调整的;

(四)向负有食品、药品、安全生产、环境保护等监督管理职责的国家工作人员行贿,实施非法活动的;

(五)向司法工作人员行贿,影响司法公正的;

(六)造成经济损失数额在五十万元以上不满一百万元的。

第八条　犯行贿罪,具有下列情形之一的,应当认定为刑法第三百九十条第一款规定的"情节严重":

(一)行贿数额在一百万元以上不满五百万元的;

(二)行贿数额在五十万元以上不满一百万元,并具有本解释第七条第二款第一项至第五项规定的情形之一的;

(三)其他严重的情节。

为谋取不正当利益,向国家工作人员行贿,造成经济损失数额在一百万元以上不满五百万元的,应当认定为刑法第三百九十条第一款规定的"使国家利益遭受重大损失"。

第九条　犯行贿罪,具有下列情形之一的,应当认定为刑法第三百九十条第一款规定的"情节特别严重":

(一)行贿数额在五百万元以上的;

(二)行贿数额在二百五十万元以上不满五百万元,并具有本解释第七条第二款第一项至第五项规定的情形之一的;

(三)其他特别严重的情节。

为谋取不正当利益,向国家工作人员行贿,造成经济损失数额在五百万元以上的,应当认定为刑法第三百九十条第一款规定的"使国家利益遭受特别重大损失"。

第十四条　根据行贿犯罪的事实、情节,可能被判处三年有期徒刑以下刑罚的,可以认定为刑法第三百九十条第二款规定的"犯罪较轻"。

根据犯罪的事实、情节,已经或者可能被判处十年有期徒刑以上刑罚的,或者案件在本省、自治区、直辖市或者全国范围内有较大影响的,可以认定为刑法第三百九十条第二款规定的"重大案件"。

具有下列情形之一的,可以认定为刑法第三百九十条第二款规定的"对侦破重大案件起关键作用":

(一)主动交待办案机关未掌握的重大案件线索的;

(二)主动交待的犯罪线索不属于重大案件的线索,但该线索对于重大案件侦破有重要作用的;

(三)主动交待行贿事实,对于重大案件的证据收集有重要作用的;

(四)主动交待行贿事实,对于重大案件的追逃、追赃有重要作用的。

一、行贿罪的沿革

律师事务所主任行贿案

【案例 5-1】 宋小林系原安徽高速律师事务所主任,2005 年至 2010 年间,宋小林通过时任安徽高速总公司财务处处长的李洁之帮忙向相关单位和诉讼当事人推荐、介绍、承接业务、受让幸运物流公司股权等,先后多次向李洁之送出 130 万元大额现金予以感谢;为感谢时任安徽高速总公司财务人员的索某某向相关单位推荐诉讼代理业务和方便资金结算以及谋求业务上的关照,宋小林先后送给索某某 2 万元现金和价值 7 000 元购物卡。宋小林共计向李洁之、索某某二人行贿六次,行贿金额合计 1 327 000 元。2013 年 12 月 10 日,宋小林因涉嫌犯行贿罪被怀远县人民检察院采取强制措施,后宋小林因涉嫌犯行贿罪被起诉。2015 年 6 月 19 日,怀远县人民法院以宋小林犯行贿罪,判处有期徒刑十年三个月,剥夺政治权利二年。宣判后,怀远县人民检察院提出抗诉,原审被告人宋小林以原判认定事实有误为由提出上诉。2015 年 11 月 21 日,蚌埠市中级人民法院经审理认为原判部分事实不清,裁定撤销原判决,发回重审。怀远县人民法院依法另行组成合议庭进行审理,于 2016 年 8 月 22 日作出判决,以被告人宋小林犯行贿罪,判处有期徒刑五年六个月。重审判决后,宋小林不服判决,提出上诉。2017 年 6 月 7 日,蚌埠市中级人民法院依法组成合议庭公开开庭进行审理,认为上诉人宋小林为谋取不正当利益,多次给予国家工作人员以财物,情节严重,其行为已构成行贿罪,最终裁定驳回上诉,维持原判。①

---

① 参见《安徽省蚌埠市中级人民法院刑事裁定书》,(2016)皖 03 刑终字第 343 号。

行贿罪是指为谋取不正当利益,给予国家工作人员以财物,或者在经济往来中违反有关规定,给予国家工作人员以财物或各种回扣、手续费的行为。行贿罪是受贿罪的对向犯罪,没有行贿人自然没有受贿人,因而行贿罪被认为是受贿犯罪产生的重要根源。1952年4月21日施行的《中华人民共和国惩治贪污条例》第6条就规定:以行贿行为按情节轻重参酌贪污罪的规定处刑;其情节特别严重者,并得没收其财产之一部或全部;其彻底坦白并对受贿人实行检举者,得判处罚金,免予其他刑事处分。凡为偷税而行贿者,除依法补税、罚款外,其行贿罪,依本条例的规定予以惩治。凡胁迫或诱惑他人收受贿赂者,应从重或加重处刑。凡因被勒索而给予国家工作人员以财物并无违法所得者,不以行贿论;其被勒索的财物,应追还原主。1979年刑法典第一百八十五条第三款也对行贿罪作出了规定:向国家工作人员行贿或者介绍贿赂的,处三年以下有期徒刑或者拘役。1988年1月21日全国人大常委会通过的《关于惩治贪污罪贿赂罪的补充规定》,对行贿罪进行了修改补充。该补充规定第7条规定:为谋取不正当利益,给予国家工作人员、集体经济组织工作人员或者其他从事公务的人员以财物的,是行贿罪。在经济往来中,违反国家规定,给予国家工作人员、集体经济组织工作人员或者其他从事公务的人员以财物,数额较大的,或者违反国家规定,给予国家工作人员、集体经济组织工作人员或者其他从事公务的人员以回扣、手续费的,以行贿论处。因被勒索给予国家工作人员、集体经济组织工作人员或者其他从事公务的人员以财物,没有获得不正当利益的,不是行贿。第8条规定,对犯行贿罪的,处五年以下有期徒刑或者拘役;因行贿谋取不正当利益,情节严重的,或者使国家利益、集体利益遭受重大损失的,处五年以上有期徒刑;情节特别严重的,处无期徒刑,并处没收财产。行贿人在被追诉前,主动交代行贿行为的,可以减轻处罚,或者免予刑事处罚。因行贿而进行违法活动构成其他罪的,依照数罪并罚的规定处罚。第9条规定,企业事业单位、机关、团体为谋取不正当利益而行贿,或者违反国家规定,给予国家工作人员、集体经济组织工作人员或者其他从事公务的人员以回扣、手续费,情节严重的,判处罚金,并对其直接负责的主管人员和其他直接责任人员,处五年以下有期徒刑或者拘役。因行贿取得的违法所得归私人所有的,依照本规定第八条的规定处罚。

与1979年刑法典相比,上述补充规定规定了行贿罪的定义,使其罪状详细化,并提高了法定刑,根据行贿情节轻重分别规定了不同的法定刑幅度,这为司法实践追究行贿罪的刑事责任提供了明确的法律依据。1997年刑法修改时,立法者对行贿罪的主体范围作了进一步限制,对法定刑作出了完善,同时删除"因行贿而进行违法活动构成其他罪的,依照数罪并罚的规定处罚"这一不必要的内容,其他方面则基本保留补充规定的内容。第三百八十九条规定:为谋取不正当利益,给予国家工作人员以财物的,是行贿罪。在经济往来中,违反国家规定,给予国家工作人员以财物,数额较大的,或者违反国家规定,给予国家工作人员以各种名义的回扣、手续费的,以行贿论处。因被勒索给予国家工作人员以财物,没有获得不正当利益的,不是行贿。第三百九十条规定:对犯行贿罪的,处五年以下有期徒刑或者拘役；因行贿谋取不正当利益，情节严重的，或者使国家利益遭受重大损失的，处五年以上十年以下有期徒刑；情节特别严重的，处十年以上有期徒刑或者无期徒刑，可以并处没收财产。行贿人在被追诉前主动交待行贿行为的，可以减轻处罚或者免除处罚。

十八大以后，党和国家对腐败犯罪治理提升到新的高度，2015年11月1日《刑法修正案（九）》加大了行贿犯罪的处置力度，对相关条文进行了修订：第一，完善行贿犯罪财产刑规定，使犯罪分子在受到人身处罚的同时，在经济上也得不到好处；第二，进一步增加了对行贿罪从宽处罚的条件。具体而言，《刑法修正案（九）》对行贿罪的处罚作出了如下修改：对犯行贿罪的，处五年以下有期徒刑或者拘役，并处罚金；因行贿谋取不正当利益，情节严重的，或者使国家利益遭受重大损失的，处五年以上十年以下有期徒刑，并处罚金；情节特别严重的，或者使国家利益遭受特别重大损失的，处十年以上有期徒刑或者无期徒刑，并处罚金或者没收财产。行贿人在被追诉前主动交待行贿行为的，可以从轻或者减轻处罚。其中，犯罪较轻的，对侦破重大案件起关键作用的，或者有重大立功表现的，可以减轻或者免除处罚。

二、行贿罪的构成

按照刑法第三百八十九条，为谋取不正当利益，给予国家工作人员以财物的，是行贿罪。关于行贿罪的构成要件，主要有以下几处需要注意：

（一）本罪的目的：谋取"不正当利益"

供电公司副总行贿案

【案例5-2】 2004年9月至2012年1月，孙沛凡任东莞市长安供电公司副经理、党支部副书记。2007年至2010年期间，孙沛凡为在职务升迁等方面谋取不正当利益，向时任东莞市长安镇党委书记欧某高（另案处理）行贿人民币200万元、港币25万元。具体犯罪事实如下：2007年，孙沛凡在一次吃饭时，经戴某基介绍认识了欧某高，为在职务升迁方面得到欧某高日后的关照，孙沛凡在饭后送给欧某高港币5万元。2008年，孙沛凡和孙炯光等人（另案处理）合作建设"华南电子厂双电源项目"，为得到欧某高在孙职务升迁等方面的关照，孙沛凡介绍欧某高以他人名义入股该项目，并商定由孙沛凡代欧某高出资人民币200万元，由于"华南电子厂双电源项目"由孙炯光实际控制的东莞市丰正机电工程有限公司带资建设，孙炯光按孙沛凡的要求先行垫付欧某高上述出资款，后从孙沛凡的分红款中予以扣除。2009年，孙沛凡为能担任东莞市长安供电分局经理一职，在请欧某高吃饭时请求其帮忙，欧某高当场表示会向东莞市供电局局长推荐孙沛凡，只要东莞市供电局同意，欧某高就会在长安镇党委会上表示同意，饭后，孙沛凡送给欧某高港币10万元。孙沛凡的堂弟孙某江原系东莞市长安镇乌沙派出所副所长,2010年,孙某江因在领导突击检查期间喝酒被免除职务,为帮孙某江恢复职务,孙沛凡请求欧某高帮忙,并送给欧某高港币10万元。广东省东莞市中级人民法院审理后认为,孙沛凡犯行贿罪情节特别严重,孙沛凡在被追诉前,主动交代了行贿行为,依法可以减轻或者免除处罚,孙沛凡提供重要线索,从而得以侦破其他重大案件,构成重大立功,依法可以减轻或者免除处罚。最终,判决孙沛凡有期徒刑五年,被告人提出上诉,二审裁定驳回上诉、维持原判。①

1999年3月4日,最高人民法院、最高人民检察院印发的《关于在办理受贿犯罪大要案的同时要严肃查处严重行贿犯罪分子的通知》第2条明确规定,谋取不正当利益,是指谋取违反法律、法规、国家政策和国务院各部门规章规定的利益,以及要求国家工作人员或者有关单位提供违反法律、法规、国家政策和国务院各部门规章规定的帮助或者方便条件。这也是我国最高司法机关第一次对本要素进行解释,上述通知对"不正当利益"分为两类。对此,有学者认为前一种利益的特点是利益本身违法,所以应认为是实体违法的利益,而后一种利益的"帮助或者方便条件"不是指利益本身,而是为谋取利益所提供的帮助或者方便条件。②

2008年11月20日,"两高"《关于办理商业贿赂刑事案件适用法律若干问题的意见》(简称《意见》)第9条规定:在行贿犯罪中,"谋取不正当利益"是指行为人谋取违反法律、法规、规章或者政策规定的利益,或者要求对方违反法律、法规、规章、政策、行业规范的规定提供帮助或者方便条件。在招标投标、政府采购等商业活动中,违背公平原则,给予相关人员财物以谋取竞争优势的,属于"谋取不正当利益"。相对于上一通知,本解释除了在用语上修改了一些争议之处,如在第一种利益与第二种利益之间的连接词从"以及"改为"或者",从而彻底平息了相关歧义,而且,本规定进一步扩大了不正当利益的范围,将之前的"国家政策""国务院各部门规章"分别扩大为"政策""规章"。还值得注意的是,本规定增加了招投标等商业活动中的行贿犯罪行为,即在招标投标、政府采购等商业活动中,违背公平原则,给予相关人员财物以谋取竞争优势的,属于"谋取不正当利益",这明确将以非法手段谋取"不确定利益"的行为作为行贿罪处理。2012年12月26日,"两高"颁布的《关于办理行贿刑事案件具体应用法律若干问题的解释》进一步对"谋取不正当利益"作出了界定,第12条规定,行贿犯罪中的"谋取不正当利益"是指行贿人谋取的利益违反法律、法规、规章、政策规定,或者要求国家工作人员违反法律、法规、规章、政策、行业规范的规定,为自己提供帮助或者方便条件;违背公平、公正原则,在经济、组织人事管理等活动中,谋取竞争优势的,应当认定为"谋取不正当利益"。与2008年《意见》相比,本解释将商业活动进一步扩展为组织人事管理活动。

---

① 参见《广东省高级人民法院刑事裁定书》,(2015)粤高法刑二终字第156号。
② 参见于志刚、鞠佳佳:《贿赂犯罪中"不正当利益"的界定》,载《人民检察》2008年第11期。

案例 5-2 中，孙沛凡为在职务升迁方面得到欧某高日后的关照，在饭后送给欧某高港币 5 万元；为得到欧某高在职务升迁等方面的关照，孙沛凡介绍欧某高以他人名义入股该项目，并商定由孙沛凡代欧某高出资人民币 200 万元；孙沛凡为能担任东莞市长安供电分局经理一职，在请欧某高吃饭时请求其帮忙，饭后孙沛凡送给欧某高港币 10 万元；为帮堂弟孙某江恢复派出所副所长职务，孙沛凡请求欧某高帮忙，并送给欧某高港币 10 万元。孙沛凡的上述行为均基于自己职位或他人职位升迁上的利益，这既有谋取违反政策规定的利益，也有 2012 年司法解释中规定的组织人事管理活动中的竞争优势，这些都属于"为谋取不正当利益"，明显具有刑法第三百八十九条中的主观违法要素。

（二）行贿的对象：国家工作人员

行贿行为是给予"国家工作人员"财物的行为，这里的国家工作人员是真正的国家工作人员，对此的理解与认定本书前述几章均有涉及，不再赘言。如果行贿人误认为行贿的对象是国家工作人员，而实际上对方不是国家工作人员，那么行贿人基于认识错误下的"行贿"是否构成行贿罪呢？

为朋友买官遇到骗子

【案例 5-3】 王正是某县副县长，作为竞争县长的人选，其在干部群众中呼声很高。马东是王正大学好友，在县里经营一家四星级酒店。对王正竞争县长一事，马东非常支持，觉得王正当了县长，对酒店生意也会照顾。一天，李明被一群人前呼后拥来马东的酒店就餐，马东无意中听到人称其李局长，认为李明一定是大官，便借酒店老板名义前去敬酒，得知李明曾是省委领导秘书，现为省国税局局长。后马东找到李明，请求其帮助王正在此次县长竞争中胜出。李明提出需要活动经费 100 万。马东因担心受骗，便提出先给 30 万，事成之后再给 70 万。两个月后，李明找到马东，拿着市委组织部拟同意王正为县长提名的文件，说这事市委刘书记已同意，组织部也已批准，马上通过人大选举程序就可以了，要求支付其余 70 万元。马东遂支付其 70 万元。经查，李明是江湖骗子，其向马东出示的文件系伪造。王正对以上全部事实不知情，在其选任县长过程中没有任何不正当行为。①

案例 5-3 是 2012 年"第二届全国检察机关优秀公诉人电视论辩大赛"总决赛第二组（控方江苏队 vs 辩方上海队）的辩题，笔者并未找到原案例的实际判决，或许这只是一个虚拟的案例模型。然而，"虚拟的辩题"终归也是"题"，大赛主办方（最高人民检察院公诉厅）最终也给出了官方的倾向性意见：马东构成行贿罪（未遂）。主要理由摘录如下：(1) 马东通过关系帮朋友王正买官，期待今后在经营上得到王正的帮助，这在刑法上属

---

① 本案例为"第二届全国检察机关优秀公诉人电视论辩大赛辩题"。

于典型的"为谋取不正当利益";(2) 马东主观上具有向国家工作人员——省国税局长和市委书记行贿的故意,客观上也实施提供100万"活动经费"的行贿行为,构成刑法规定的行贿罪;(3) 后查明李明的省国税局局长的身份系假冒,这在刑法上属于"对象认识错误",按照我国刑法理论的通说,"对象认识错误"不阻却犯罪故意。①

在上述理由中,涉及行为客观方面的只有"客观上也实施提供100万'活动经费'的行贿行为",其余均是对行为主观方面(行贿故意、目的)的分析。当然,笔者丝毫不否认马东具有行贿的故意,但问题是,将马东的客观行为定性为"行贿"的依据是什么?上述意见仅以一句话代之,似乎表明行为定性"毋庸多言"。其实,毋庸多言的恰恰是上述分析的主观主义逻辑:马东具有行贿故意,所以客观上提供100万活动经费的行为即是行贿行为。可这难道主客观相统一了吗?刑法第三百八十九条行贿罪保护的法益是国家工作人员职务行为的廉洁性或不可收买性,可本案马东的行为对象是江湖骗子李明而非国家工作人员,行贿罪所必需的构成要件要素"国家工作人员"是欠缺的,那么马东客观上给付100万"活动经费"的行为如何引起对国家工作人员职务行为廉洁性的侵害危险或侵害可能?在此,最高人民检察院公诉处明确表达了"主观方面可以推定客观方面"的结论:马东具有"为谋取不正当利益,给予国家工作人员以财物"的行贿意图,并且已经实施了将这种行贿意思通过外部行为明显地表现于外部,当然构成行贿罪无疑,只是"对象认识错误"而已,不阻却故意。也即,行贿故意支配下的任何给付财物的行为都是行贿。这就是其没有提及行为客观方面之定性依据的全部原因。如此,则回到了刑法总论中的一个根本问题:未遂犯处罚的根据是行为人的主观恶意,还是客观的法益侵害危险?我们在享受了一场精彩绝伦的电视辩论大赛之后,就不得不沉思:关于未遂犯的可罚性判断,最高人民检察院的倾向性意见采用的是何种根据,它妥当吗?

本书认为,未遂犯的处罚根据在于行为对法益造成侵害的危险,这种危险只会是客观危险而不存在"主观危险"这种东西。正如台湾学者郑逸哲教授所言,"危险"是第二次概念,"实害"才是第一次概念,危险是指发生实害的危险,如果一直说"好危险",谁知道你在说什么东西好危险。② 换言之,未遂犯处罚根据的危险一定是比照一定实害而来的,没有"主观危险",我们在谈论第一次概念的实害时,从来不说主观实害与客观实害,何以在第二次概念中出现主观危险与客观危险?所谓的主观危险实际上只是"主观恶

---

① 参见《第二届全国检察机关优秀公诉人电视论辩大赛总决赛》,http://news.cntv.cn/2013/01/05/VIDE1357377130130953.shtml. 笔者在一次硕士生课堂中第一次接触本案例,吊诡的是,课堂上所有同学近乎异口同声地回答,"马东的行为是对象不能,不构成行贿罪",这种一致性让人印象深刻。笔者不敢断言,这种"对象不能犯,不可罚"的看法,是受到了哪位法学家的影响,也不能说我们比那些司法人员学业更精或不精,但不得不接受的是,实务者们确实比我等更缺乏刑法客观主义的思考意识。由此引出了笔者一直以来的一个困惑:如果一个法科学生在课堂上学到的与其在实务中看到的大相径庭甚至截然相反,那么除了打击他的专业自尊心、从业自信心之外,是否要怀疑,是他没有学到正确的理论,还是没有遇到正确的法官?由于实践是理论的来源,又是理论的最终归结,因而这一切问题的答案都必须先从实务倾向的检视入手,因而刑法解释学、刑法教义学或者案例教学,从来不是对司法判决的妥协与拥护,而是以法条为中心,对案例的一种重新审定。

② 参见郑逸哲:《刑法七不思议适用事件》,2017年,第15-16页。

性"而已。就本案而言,(1)从犯罪主观方面、犯罪主体看,马东完全具备行贿的故意、行贿人的资格;而从犯罪客观方面看,马东的行为不是"给予国家工作人员"以财物,因而行贿的对象在客观上是自始绝对不存在的;从犯罪客体看,既然其行为不是行贿罪的客观行为,那如何具有侵害行贿罪客体的社会危害性呢?就如同朝尸体开枪,从客观方面看杀的不是人,怎么侵害或威胁人的生命权呢?所以,马东只具犯罪主体、犯罪主观方面两个主观要件,而不具备犯罪客观方面、犯罪客体这两个客观要件,首先主客观是不统一的。(2)通说的支持者进一步用公式表达了未遂犯之修正的犯罪构成要件:"犯罪未遂=主体+故意+没有造成一定犯罪结果的实行行为或者没有达到一定危险程度的实行行为(修正要件)+客体"。① 可是,在客观上根本缺少犯罪对象的情形下(通说所谓"对象不能犯未遂"),是否也可以如此修正?把客观方面向"骗子"行贿修正为向"国家工作人员"行贿,把客观方面的"运输尸体"修正为"运输毒品"等等,如此一来,"没有造成一定犯罪结果的实行行为或者没有达到一定危险程度的实行行为"就会被任意偷换为"具有社会危害性的行为",而其唯一的依据就在于行为人的"主体+故意"。所以,遵照"主客观相统一原则",马东的行为不符合行贿罪的"修正的犯罪构成要件",主客观不相统一,因而不构成行贿罪未遂。

(三)行"贿"内容

行贿的表现行为是给予国家工作人员以财物,行贿罪中"财物"的范围应当与受贿罪中"财物"的范围具有一致性,二者可以说是同一个贿赂犯罪中的"贿"之客体。这里的"财物"既包括金钱和实物,也包括可以用金钱计算数额的财产性利益,如提供房屋装修合同、含有金额的会员卡、代币卡(券)、旅游费用等,但不包括非财产性的利益如性贿赂。

自古"贪官"多好色

【案例 5-4】 2014 年 12 月 5 日,中共中央政治局会议审议并通过中共中央纪律检查委员会《关于周永康严重违纪案的审查报告》,经查,"周永康严重违反党的政治纪律、组织纪律、保密纪律;利用职务便利为多人谋取非法利益,直接或通过家人收受巨额贿赂……与多名女性通奸并进行权色、钱色交易"。2015 年 7 月 20 日,中共中央政治局会议审议并通过中共中央纪律检查委员会《关于令计划严重违纪案的审查报告》,经查,"令计划严重违反党的政治纪律、政治规矩、组织纪律、保密纪律;利用职务便利为多人谋取利益,本人或通过家人收受巨额贿赂;违纪违法获取党和国家大量核心机密;严重违反廉洁自律规定,本人及其妻收受他人钱物,为其妻经营活动谋取利益;与多名女性通奸,进

---

① 王勇:《论修正的犯罪构成》,载《法律科学》1990 年第 1 期,第 51 页。这种公式实则追溯至特拉伊宁:犯罪未遂=故意+构成要件行为-结果。参见陈兴良:《客观未遂论的滥觞——一个学术史的考察》,载《法学家》2011 年第 4 期。

行权色交易"。

行贿的本质是收买权力,而能够收买权力的对价并非只有"钱",一切能够满足对方的利益都可以被用来交换权力,如果说公务人员能够在金钱面前岿然不动,那么在美女、绝色、肉体面前则可能耐不住心性而沦陷,毕竟生物本能的暴露是最难阻挡的。因此,"权色交易"对国家工作人员职务廉洁性的腐蚀更大,对国家工作人员的控制力更强,但为何这种贿赂不在行贿罪与受贿罪之列呢?有学者认为,如果女人自己主动投怀送抱,对这样的女性行为人在法律上,我们是评价为行贿人呢,还是评价为被行贿的对象呢?如果评价为行贿人,由于性不具有独立性,那她送了什么东西?如果评价为行贿内容,那谁是行贿人?对于贿赂罪来说,一旦行贿受贿行为完成,作为贿赂的对象就会发生转移,受贿人就实现了对财物的占有;而在"性贿赂"行为当中,女性随时可以收回自己的性自由权利,被进贡的女性还是一个独立的"人"的时候,受贿人对女性能进行占有吗?① 换言之,由于性依附于该女性(或男性)行为人,因此难以准确地区分行贿人与行贿的对象。所以,将性贿赂排除在行贿罪之列,并不是由于其法益侵害性,而是由于对性贿赂的查处难度、定罪标准难度以及量刑把握难度,而且男女关系更是与道德相牵连,如行贿人送的"情妇"最终与该官员互生情愫、结婚生子或者即便未结婚但生育子女,这该如何进入司法程序呢?介绍情妇的人是行贿人还是"大媒人"?这都难以评价。因而当前在立法与司法上回避这一问题,从刑事一体化的角度来看,是最稳妥的做法。即便如此,公众对贪官的愤恨也可以消除,即否认性贿赂作为贿赂罪的对象也不会产生令人无法忍受的结果,因为行贿人在行贿时,不可能仅仅行贿性利益本身,其往往会有其他的财物与财产性利益,官员一旦腐化,将会一泻千里,受贿行为也会一发不可收拾,"贪官"好色,但也没有一个"贪官"只好色、不爱钱。

三、行贿罪的处罚

个体业主行贿免刑案

【案例 5-5】张某甲,中共党员,个体经营者,2012 年春节前,张某甲为得到时任荆州市沙市区岑河镇党委书记孙某(已判刑)的关照和支持,在荆州市沙市区岑河镇三期工业园路边,将 5 万元现金送予孙某。2012 年 7 月,岑河镇人民政府实施岑河镇集镇改造项目(工程总价款 120.36 万元),在孙某关照下,不具备工程资质的张某甲承接了岑河镇民主街下水道及人行道的北段工程。另查明,原荆州市沙市区岑河镇党委书记孙某因收受张某甲等人贿赂 74.3 万元,荆州市沙市区人民法院于 2015 年 2 月 9 日作出(2015)鄂

---

① 杨兴培:《对"性贿赂"是否需要入罪的理性思考》,载《法治研究》2013 年第 11 期。

沙市刑初字第00057号刑事判决,以受贿罪判处孙某有期徒刑七年,该判决已发生法律效力。一审法院认为,被告人张某甲为谋取不正当利益,给予国家工作人员钱财,公诉机关指控其犯行贿罪罪名成立,应予惩处,张某甲在被追诉前主动交代行贿行为,且能当庭认罪,依法可以从轻处罚,最终以行贿罪判决拘役三个月。张某甲提出上诉,认为在被立案前主动交代行贿事实,且行贿金额不大,能当庭认罪,依法应免除处罚;纪委已出具证明,证明有立功表现,但一审没认定。2016年8月,二审法院审理后认为,张某甲在被追诉前如实供述自己的犯罪事实,依法可免于刑事处罚,张某甲关于其构成自首、应免于刑事处罚的上诉理由成立,本院予以采纳,最终该判免于刑事处罚。①

《刑法修正案(九)》在行贿罪的处罚上,由原来的"行贿人在被追诉前主动交待行贿行为的,可以减轻处罚或者免除处罚"转变为"行贿人在被追诉前主动交待行贿行为的,可以从轻或者减轻处罚。其中,犯罪较轻的,对侦破重大案件起关键作用的,或者有重大立功表现的,可以减轻或者免除处罚"。可见,对于行贿罪的从宽处罚进行了大幅收紧,从宽待遇的门槛不断提高,尤其减轻或免除处罚的标准变得更加严格,只有"对侦破重大案件起关键作用的,或者有重大立功表现"的行贿人才会享有这种优待。这里存在新旧法的适用问题,对此应当采取"从旧兼从轻"的量刑标准,对于《刑法修正案(九)》生效之前的行贿行为,应按照修正之前的从宽标准。案例5-5中,张某甲的行为发生在2012年,二审时间发生在2016年,因而按照第三百九十条的修订变化,本案应当适用修正之前的条文即"行贿人在被追诉前主动交待行贿行为的,可以减轻处罚或者免除处罚",二审法院也是据此作出免除处罚判决的。

行贿罪与受贿罪是作为对向犯而存在的,②行贿行为一直被认为是引起受贿罪犯罪的诱因行为,是收买职务行为的"买家",是促使国家工作人员腐败变质的重要参与者,严重腐蚀国家工作人员、毒化社会风气。因此,严厉惩治行贿罪是预防受贿犯罪的选择。近年来,关于行贿罪惩治政策产生了新的讨论:一方面有观点认为,应当倡导"惩办行贿与惩办受贿并重"③;另一方面也有观点对此表示怀疑,认为"重受贿轻行贿"的传统政策应继续坚持④,甚至还有观点主张废除行贿罪⑤。可见,对于行贿罪惩治政策的理解与选择正在经历着一场分歧。从最新的立法上看,第三百九十条对行贿罪处罚从宽条件的收紧,表明主张严惩行贿罪或者受贿行贿罪并重处罚的观点获得了立法机关的认可。主张严厉处罚行贿犯罪的主要根据就是行贿行为与受贿行为的"因果关系论":腐败现象作为一个整体考察,大部分情况下呈现的都是行贿是"因",受贿是"果",遏

---

① 参见《荆州市中级人民法院刑事判决书》,(2016)鄂10刑终字第110号。
② 行贿罪侵害的法益与受贿罪具有一致性罪即国家工作人员职务行为的廉洁性,对此可以参见受贿罪一章的分析,不再赘述。
③ 张勇:《"行贿与受贿并重惩治"刑事政策的根据及模式》,载《法学》2017年第12期。
④ 参见何荣功:《"行贿与受贿并重惩罚"的法治逻辑悖论》,载《法学》2015年第10期。
⑤ 参见姜涛:《废除行贿罪之思考》,载《法商研究》2015年第3期。

制贿赂犯罪必须从惩治行贿犯罪入手。① 换言之,"行贿与受贿是一种对合性犯罪,二者之间具有相互依存、互为因果的密切联系。在通常情况下,没有行贿就没有受贿,并且是先有行贿而后有受贿。……为了从源头上遏制腐败犯罪,有必要重新评价行贿行为的危害性"②。立法因果论被普遍接受,且是深入官方观念之中,按照这种立法因果论,没有行贿,就没有受贿,行贿是因,受贿是果,没有因,便没有果,为了预防和减少受贿犯罪,应对行贿行为与受贿行为实行双罚制,并加大处罚行贿行为的力度,强化刑罚的威慑效应。

最高人民法院二级大法官李少平认为:贿赂犯罪的发展态势表明,希望通过宽纵行贿分子来预防腐败,结果却是事与愿违的,行贿是贿赂因果链条中的"因",是腐败的源头,不堵塞腐败之"源",而寄希望于"腐败之河"自动干涸,显然违背了事物的因果规律。实践经验告诉我们,不少行贿人逃脱惩罚后,产生侥幸心理,有恃无恐,继续行贿。行贿与受贿之间的依存关系,说明两者在犯罪的性质、特点、程度、规律上存在相似性和关联性,这就决定了刑罚在对两者作出反应时必须讲究协调性和一致性。唯有如此,才能对贿赂犯罪起到从整体上进行预防的作用;具有对向关系的行贿行为与受贿行为之所以成立犯罪,是不同主体的两个行为共同侵害"职务行为之廉洁性和不可交易性"这一法益的结果,这就表明刑法设置大致相当的刑罚处罚两种行为的必要性,打击任何一方而放纵另一方,都是对公平正义的否定。③ 其实,"因果论"在逻辑上存在重大的瑕疵,目前我国对行贿行为与受贿行为实行双罚制尚不能杜绝贿赂犯罪的发生,且这两种行为有愈演愈烈之势,仅靠加大处罚行贿行为的力度难以从根本上彻底解决上述问题。正如有学者所言,立足于"因果论"而加大处罚行贿行为的力度所带来的众多副作用也无法消除:(1)加大处罚行贿行为的力度难以破除行贿人与受贿人之间订立的"攻守同盟";(2)强调加大处罚行贿行为的力度是过于迷信刑罚威慑论的结果,我国刑法为受贿罪设立的最高法定刑是死刑,处罚应该说不轻,但是受贿罪并未因此而减少,反而呈上升的态势,这表明仅靠加大处罚行贿行为的力度并不能彻底解决贿赂犯罪猖獗的问题;(3)强调加大处罚行贿行为的力度在实行非法证据排除规则的时代并不能最大限度地降低贿赂犯罪的黑数;(4)强调加大处罚行贿行为的力度导致许多行贿人不愿出庭作证,而行贿人不出庭作证违背刑事诉讼应当坚持的直接言词原则。④ 我们认为,这种看法对于行贿行为(包括下文的对有影响力的人行贿)的立法论思考与司法论思考都具有很大的启发意义。

"因果论"居然将行贿行为视为腐败之源,这是转移反腐焦点的做法,本书并不认同。将行贿行为作为受贿的起点,其实忽略了一个更为重要的前提,即行贿人进行行贿的一

---

① 参见苗有水:《为什么提倡"惩办行贿与惩办受贿并重"》,载《人民法院报》2015年5月8日第6版。
② 张智辉:《受贿罪立法问题研究》,载《法学研究》2009年第5期。
③ 参见李少平:《行贿犯罪执法困局及其对策》,载《中国法学》2015年第1期。
④ 参见姜涛:《废除行贿罪之思考》,载《法商研究》2015年第3期。

个前提就是存在受贿的大环境。如果行贿人自始明确行贿行为不能实现对职务行为的收买,即权力运行体制不能为权钱交易提供可能,行贿人自然不会进行徒劳的行贿。有学者认为,行贿和受贿是一个动态的博弈过程:行贿者选择向受贿者行贿→受贿者选择接受贿赂→受贿者作出有利于行贿者的项目决策→行贿者获取了经济利益。[①] 在这一流程中,行贿行为确实是"因",受贿是行贿的"果",但是"行贿人选择受贿者行贿"并非流程的最原点。我国乃至世界的腐败问题都在一定程度上打着"体制性"的烙印,民主监督机制、官员本身的内在素质等都为贿赂犯罪的发生准备着无限的条件,贿赂犯罪的本质是权钱交易,行贿行为只是交易的一种"邀约",权钱交易这一"契约"能否订立的关键在于受贿人是否给予了承诺或者国家工作人员是否容易做出这种"承诺",也即后者影响着行贿人是否会选择行贿以及决定着公权力是否被卖出。在一个体制完善、公平竞争环境发达的社会,行贿人很难通过行贿谋取到不正当利益,公职人员不会做出出卖权力的举动,那么任何人都不会做出这种既浪费钱又浪费脸面、尊严而捞不到任何利益的"赔本生意"。"内因"是事物发展变化的根本原因,官员腐败、受贿的根源在于官员自身,说得难听一点,就是自甘堕落到毫无底线。如果官员都能够廉洁自律、义正词严、模范遵守党内法规与国家法律,做一个真正为人民服务的人民公仆,在这样的官僚体系环境中,行贿行为都是未遂犯或不能犯,哪里会有行贿人敢于去诱惑他或实际诱惑到他呢?将行贿行为作为受贿行为的"因",完全是不从官员自身寻找原因的不负责任的态度,贿赂犯罪处罚的重心仍然在于对受贿罪的惩治。

---

① 叶良芳:《行贿受贿惩治模式的博弈分析与实践检验》,载《法学评论》2016年第1期。

第六章　对有影响力的人行贿罪

【《中华人民共和国刑法》(最新版)相关法条】

第三百九十条之一　为谋取不正当利益,向国家工作人员的近亲属或者其他与该国家工作人员关系密切的人,或者向离职的国家工作人员或者其近亲属以及其他与其关系密切的人行贿的,处三年以下有期徒刑或者拘役,并处罚金;情节严重的,或者使国家利益遭受重大损失的,处三年以上七年以下有期徒刑,并处罚金;情节特别严重的,或者使国家利益遭受特别重大损失的,处七年以上十年以下有期徒刑,并处罚金。

单位犯前款罪的,对单位判处罚金,并对其直接负责的主管人员和其他直接责任人员,处三年以下有期徒刑或者拘役,并处罚金。[①]

【司法解释】

■ 2016年4月18日,最高人民法院、最高人民检察院《关于办理贪污贿赂刑事案件适用法律若干问题的解释》

第七条　为谋取不正当利益,向国家工作人员行贿,数额在三万元以上的,应当依照刑法第三百九十条的规定以行贿罪追究刑事责任。

行贿数额在一万元以上不满三万元,具有下列情形之一的,应当依照刑法第三百九十条的规定以行贿罪追究刑事责任:

(一)向三人以上行贿的;

(二)将违法所得用于行贿的;

(三)通过行贿谋取职务提拔、调整的;

(四)向负有食品、药品、安全生产、环境保护等监督管理职责的国家工作人员行贿,实施非法活动的;

(五)向司法工作人员行贿,影响司法公正的;

(六)造成经济损失数额在五十万元以上不满一百万元的。

第八条　犯行贿罪,具有下列情形之一的,应当认定为刑法第三百九十条第一款规定的"情节严重":

(一)行贿数额在一百万元以上不满五百万元的;

(二)行贿数额在五十万元以上不满一百万元,并具有本解释第七条第二款第一项至第五项规定的情形之一的;

[①] 2015年8月29日第十二届全国人民代表大会常务委员会第十六次会议通过的《刑法修正案九》增加了本条规定。

（三）其他严重的情节。

为谋取不正当利益，向国家工作人员行贿，造成经济损失数额在一百万元以上不满五百万元的，应当认定为刑法第三百九十条第一款规定的"使国家利益遭受重大损失"。

第九条　犯行贿罪，具有下列情形之一的，应当认定为刑法第三百九十条第一款规定的"情节特别严重"：

（一）行贿数额在五百万元以上的；

（二）行贿数额在二百五十万元以上不满五百万元，并具有本解释第七条第二款第一项至第五项规定的情形之一的；

（三）其他特别严重的情节。

为谋取不正当利益，向国家工作人员行贿，造成经济损失数额在五百万元以上的，应当认定为刑法第三百九十条第一款规定的"使国家利益遭受特别重大损失"。

第十条　刑法第三百八十八条之一规定的利用影响力受贿罪的定罪量刑适用标准，参照本解释关于受贿罪的规定执行。

刑法第三百九十条之一规定的对有影响力的人行贿罪的定罪量刑适用标准，参照本解释关于行贿罪的规定执行。

单位对有影响力的人行贿数额在二十万元以上的，应当依照刑法第三百九十条之一的规定以对有影响力的人行贿罪追究刑事责任。

一、对有影响力的人行贿罪的沿革

本罪为 2015 年 8 月 29 日全国人大常委会通过的《刑法修正案（九）》新增设的犯罪，根据 2015 年 11 月 1 日施行的《最高人民法院、最高人民检察院关于执行〈中华人民共和国刑法〉确定罪名的补充规定（六）》，第三百九十条之一被规定为"对有影响力的人行贿罪"。根据立法草案说明，"一段时间以来，全国人大代表、政法机关和有关部门都提出了一些修改刑法的意见，其中，十二届全国人大第一次会议以来，全国人大代表共提出修改刑法的议案 81 件。这次需要通过修改刑法解决的主要问题：……二是，随着反腐败斗争的深入，需要进一步完善刑法的相关规定，为惩腐肃贪提供法律支持"；"按照党的十八届三中全会对加强反腐败工作，完善惩治腐败法律规定的要求，加大惩处腐败犯罪力度，拟对刑法作出以下修改：一是，修改贪污受贿犯罪的定罪量刑标准。……二是，加大对行贿犯罪的处罚力度。……三是，严密惩治行贿犯罪的法网，增加规定为利用国家工作人员的影响力谋取不正当利益，向其近亲属等关系密切人员行贿的犯罪（修正案草案第四十条）"[①]。

---

① 参见《关于〈中华人民共和国刑法修正案（九）（草案）〉的说明》，http://www.npc.gov.cn/npc/lfzt/rlys/2014-11/03/content_1885123.htm.

对有影响力的人行贿罪是利用影响力受贿罪的对向犯,正如同行贿罪对应的是受贿罪,有行贿者即有受贿者。在刑法理论上,对向犯又叫对合犯,我国通说教科书将之称为对向性共同犯罪,即基于二人以上相互对向行为构成的犯罪。在这种犯罪中,缺少另一方的行为,这种犯罪就不能成立。这种共同犯罪的特点是:第一,触犯的罪名可能不同(如行贿罪与受贿罪),也可能相同(如重婚罪);第二,各自实施自己的犯罪行为,如一个送、一个收;第三,双方的对向行为互相依存而成立,如受贿行为以存在行贿行为为条件始能发生;第四,一方构成犯罪,一方可能不构成犯罪,如甲乙丙三人每人向丁行贿1万元,丁受贿3万元,甲乙丙不构成行贿罪,丁达到受贿罪入罪数额而构成受贿罪。① 有学者根据双方参与人的行为是否都须要处罚,将对向犯分为"两面对向犯"与"片面对向犯"两种类型。② 所谓两面对向犯,是指刑法明文规定处罚对向双方参与行为的犯罪形态。从我国刑法的规定看,它具体包括以下几种类型:"同罪同刑"的两面对向犯,如非法买卖枪支、弹药、爆炸物罪,非法买卖危险物质罪;"异罪同刑"的两面对向犯,如出售假币罪与购买假币罪,非法出售珍贵濒危野生动物、珍贵濒危野生动物制品罪与非法收购珍贵濒危野生动物、珍贵濒危野生动物制品罪;"异罪异刑"的两面对向犯,如非国家工作人员受贿罪与对非国家工作人员行贿罪、行贿罪与受贿罪、对单位行贿罪与单位受贿罪。所谓片面对向犯,是指刑法明文规定仅处罚对向一方而不处罚另一方的犯罪形态,这主要涉及交易类、伪造类、挪用类以及容留类等几类犯罪,如销售伪劣商品类犯罪与购买伪劣商品的行为,伪造居民身份证罪与购买伪造的居民身份证的行为,挪用资金罪与他人使用挪用的资金的行为,容留卖淫罪与他人的卖淫行为等。③ 值得思考的是,对于片面对向犯即刑法分则只规定了一种行为的犯罪化而对另一种对向行为没有进行犯罪化立法的情况下,是否可以按照刑法总则共同犯罪的规定对之进行司法处罚?例如,在《刑法修正案(九)》颁布以前,2009年2月28日全国人大常委会通过的《刑法修正案(七)》新增设了利用影响力受贿罪,那么在影响力受贿犯罪中的那些行贿人往往对利用影响力受贿人起着教唆、犯意诱发、犯意强化等作用,对于行贿人是否可以按照利用影响力受贿罪的共犯来处理?

对此,主要有以下几种看法:

第一种观点是立法者意思说,根据这一主张,立法者在制定刑法分则犯罪规定时,对哪些行为须要处罚,哪些没有必要处罚,已经有一个基本的预设,尤其对于对向行为这种一方犯罪必然涉及另一方的情形,如果立法者已经当然地考虑到某种侵害行为会存在参与方,但对相对的对向性参与行为不予犯罪化,将对方按照刑法总则共同犯罪的规定以教唆犯或者帮助犯论处,就和立法的基本取向相牴牾。④

第二种观点是实质说,认为立法者对于片面对向犯未设处罚规定,立法旨趣仅在

---

① 参见高铭暄、马克昌:《刑法学》,北京大学出版社、高等教育出版社,2016年版,第168页。
② 参见[日]丰田兼彦:《共犯的处罚根据和客观的归属》,成文堂,2009年版,第132页。
③ 参见钱叶六:《对向犯若干问题研究》,载《法商研究》2011年第6期。
④ 参见周光权、叶建勋:《论对向犯的处罚范围》,载《中国刑事法杂志》2009年第10期。

于片面对向方的行为不能作为正犯处罚,并非包含也不能作为教唆犯或者帮助犯处罚这样的旨趣,因而,要否定片面对向犯的可罚性应从违法性或者责任等实质根据上加以说明。① 具体而言,一是作为被害人而欠缺违法性的场合。例如,贩卖淫秽物品犯罪的保护法益是个人的性道德的话,则购买者是被保护的对象,是被害人,所以不应受处罚。二是没有责任的场合。例如,本犯毁灭自己刑事案件的证据虽然因为不具有期待可能性而不构成犯罪,但也是对司法作用的妨害,在本犯教唆他人帮助毁灭证据的场合,本犯作为正犯尚不具有期待可能性,作为比正犯犯罪性更轻的教唆犯更是没有期待可能性。②

第三种看法是折中说,此说认为前两说均有不足。立法者意思说的不足在于,一则,该说谓不可罚的必要性参与行为的界限不明确,并且界定参与行为是否超出了不可罚的通常性或定型性的标准也非常模糊;二则,该说的基本思想不连贯,无法说明为什么参与行为超出了通常性或定型性即构成可罚的教唆行为,这无疑是责任共犯论的观点,但是,若根据责任共犯论,就必须肯定未超出定型性的参与行为的可罚性,因为正是这种行为的存在,才使得正犯陷入责任与刑罚之中,故几乎不存在认定不可罚的可能性。实质说的理论基础也不一定稳固,因为对于参与者是否属于被害人,是否不具有期待可能性,不同的人可能有不同的判断。例如对于散发淫秽物品罪,如果认为该罪的保护法益是全体社会的性道德风尚,则购买者就不是受害人反而是共同加害人。而对于某些对向性参与行为,即使实质上具有当罚性,立法者也可能将其排除在处罚范围之外。③ 所以,"即使采取实质说,仍必须维持立法者意思说这一意义上的必要共犯概念。但其范围应限定在'在成立某种犯罪的场合,概念性的当然必要的对向性参与行为'。只要是属于这一范畴的行为,便不应再考虑其是否具有定型性或者通常性。其理由在于,这属于在共犯构成要件阶段对处罚范围的限定,其可罚性不应被行为人的当罚性所左右"④。

基于上述看法,我们认为,立法者意思说是合理的。例如,对贩卖淫秽物品牟利罪,立法者的本意是仅处罚贩卖方,刑法应该对购买者的行为不问,因此在贩卖淫秽物品罪中,应当仅仅按照刑法分则的规定,将贩卖行为作为处罚对象,而没有必要适用刑法总则有关共犯的规定而将购买者作为本罪的教唆犯或帮助犯进行处罚。"即便购买一方的要求是反常的、过分的,也不应当适用刑法总则有关任意共犯的规定,以教唆犯或者帮助犯追究其刑事责任。因为,既然刑法上连购买这种实行行为都不处罚,比购买这种实行行为危害性更低的教唆、帮助行为更不是没有处罚的必要吗?"⑤再如,对于2015年8月29日之前的贿赂犯罪而言,刑法仅仅规定了第三百八十八条之一利用影响力受贿罪,那么

---

① 参见[日]平野龙一:《刑法总论Ⅱ》,有斐阁,1975年版,第379页以下。
② 参见杜文俊:《论片面对向犯的出罪路径》,载《政治与法律》2009年第12期。
③ 参见周铭川:《对向犯基本问题研究》,载《北京理工大学学报(社会科学版)》2012年第2期。
④ 参见周光权:《刑法总论》,中国人民大学出版社,2016年版,第315页。
⑤ 黎宏:《刑法学总论》,法律出版社,2016年版,第276页。

对于必要参与方行贿人当然不能以受贿罪论处,也不能按照利用影响力受贿罪的帮助犯或者教唆犯来定罪处罚,而应当属于法无明文规定不为罪的无罪行为。

在《刑法修正案(七)》出台之后,就有人从立法论的角度提出了对利用影响力受贿的对向行为即行贿人的处罚。例如,有学者建议"在今后的刑法修正中,应当对刑法第三百八十九条的行贿罪进行修订,增加一款,作为第三款,即为谋取不正当利益,给予国家工作人员的近亲属或者该国家工作人员关系密切的人以财物的,以行贿论处。为谋取不正当利益,给予离职的国家工作人员或者其近亲属以及其他与其关系密切的人以财物的,亦同"①。在2009年2月28日《刑法修正案(七)》出台之前,也有学者对增设影响力交易罪进行了建言,其中就包括了对有影响力的人行贿罪。通过观察这些建议,可看出学者基本是从《联合国反腐败公约》的规定中得出启示,认为设立此类犯罪是对公约的国内法落实。《联合国反腐败公约》第18条规定:各缔约国均应当考虑采取必要的立法和其他措施,将下列故意实施的行为规定为犯罪:(1)直接或间接向公职人员或者其他任何人员许诺给予、提议给予或者实际给予任何不正当好处,以使其滥用本人的实际影响力或者被认为具有的影响力,为该行为的造意人或者其他任何人从缔约国的行政部门或者公共机关获得不正当好处;(2)公职人员或者其他任何人员为其本人或者他人直接或间接索取或者收受任何不正当好处,以作为该公职人员或者该其他人员滥用本人的实际影响力或者被认为具有的影响力,从缔约国的行政部门或者公共机关获得任何不正当好处的条件。对此,早在2004年即有学者指出,我们应正确理解《联合国反腐败公约》中"影响力交易罪"概念的内涵和外延,并结合我国的情况移植这一概念:交易的主体或者对象不包括公职人员,而仅指一般人员;所交易的"影响力"只限于非权力性影响力,而不包括权力性影响力,即影响力是指与职务无关的自然性影响力。② 还有学者主张,"由于影响力交易行为中存在着给予具有影响力者不正当好处的情形,同时具备影响力者包括了公职人员,因此,许诺给予、提议给予或者实际给予公职人员任何不正当好处的行为必然与我国刑法中的行贿行为有所交叉"③。从《刑法修正案(七)》的立法中可以看到,我国刑法一定程度上落实了《联合国反腐败公约》第18条,以比较明确的罪状形式规定了利用影响力受贿罪,对于该罪的对向行贿行为没有进行规制。

商人向非国家工作人员"行贿"案

【案例6-1】 2009年,深圳市商人徐某等人通过行贿国家工作人员陈某30万元、对国家工作人员有影响力的市民张某70万元,进而找到水务局相关官员,违规向该市铁岗水库倾倒残渣余土。2010年,陈某、张某分别被追究刑事责任。同年7月,深圳市检察院以行贿罪对徐某及其共犯进行立案侦查,该案后被指定由深圳市福田区检察院公

---

① 李占州、吴情树:《利用影响力交易罪中,行贿行为能否入罪》,载《检察日报》2009年11月30日,第3版。
② 参见袁彬:《论影响力交易罪》,载《中国刑事法杂志》2004年第3期。
③ 胡陆生:《影响力交易的刑事立法思考》,载《中国刑事法杂志》2006年第3期。

诉,该院以徐某等涉嫌行贿罪向该区法院提起公诉。2011 年 10 月,福田区法院判决认定:徐某行贿陈某构成行贿罪,判处有期徒刑一年零四个月;对于徐某行贿张某 70 万元的行为没有被法院认定为行贿犯罪。①

广东省人民检察院检察长郑红于 2013 年"两会"期间提出议案建议:增设对有影响力者行贿罪,他针对案例 6-1 的判决情况指出,"此类行贿行为不符合刑法有关行贿罪的构成要件,不构成犯罪。但是,该行为具有较大的社会危害性,情节严重的应认定为犯罪";建议入罪的原因有三:此类行贿行为侵犯了公职人员职务行为的廉洁性,一些案件中行贿人行贿数额大、谋取不正当利益性质特别恶劣,具有较大的社会危害;全国人大常委会已经批准加入的《联合国反腐败公约》将此类行贿行为规定为犯罪;有利于坚持双向打击的反腐败治理,进一步严密法网,加大反腐败工作力度。因此,郑红在议案中建议,增设"对有影响力者行贿罪",在刑法第三百八十八条增加一款内容:为谋取不正当利益,给予前两款规定人员以财物,情节严重的,处三年以下有期徒刑或者拘役,并处罚金;情节特别严重的,处三年以上十年以下有期徒刑,并处罚金。② 随着反腐败斗争的深入,立法者对对有影响力的人行贿行为的社会危害性或者处罚必要性的认识不断变化,预防和惩治腐败行为的现实需要要求刑法进一步完善相关规定,为惩腐肃贪提供法律支持。在增设"利用影响力受贿罪"罪名的同时,对有影响力的人行贿行为本来就应该在拟犯罪化的清单中,增设对影响力的人行贿罪,实现了行贿受贿的双向构罪的"对合性犯罪",也算是堵塞了一个漏洞。

二、对有影响力的人行贿罪的法益

对有影响力的人行贿罪是指,为谋取不正当利益,向国家工作人员的近亲属或者其他与该国家工作人员关系密切的人,或者向离职的国家工作人员或者其近亲属以及其他与其关系密切的人行贿。与此相对照,根据刑法第三百八十九条,谋取不正当利益,给予国家工作人员以财物的,是行贿罪。③ 关于行贿犯罪的保护法益,我国刑法理论界存在着比较大的争议。如前所述,有观点认为,行贿罪侵犯的客体是国家机关的正常活动,因

---

① 参见《增设"对有影响力者行贿罪"》,http://news.sina.com.cn/o/2013-03-06/065926441019.shtml.
② 参见《郑红代表领衔提出议案建议:增设"对有影响力者行贿罪"》,载《检察日报》2013 年 3 月 5 日第 10 版。
③ 我国刑法典中与行贿有关的犯罪规定还有第一百六十四条"对非国家工作人员行贿罪"以及"对外国公职人员、国际公共组织官员行贿罪":为谋取不正当利益,给予公司、企业或者其他单位的工作人员以财物,数额较大的,处三年以下有期徒刑或者拘役,并处罚金;数额巨大的,处三年以上十年以下有期徒刑,并处罚金。为谋取不正当商业利益,给予外国公职人员或者国际公共组织官员以财物的,依照前款的规定处罚。单位犯前两款罪的,对单位判处罚金,并对其直接负责的主管人员和其他直接责任人员,依照第一款的规定处罚。第三百九十一条规定了"对单位行贿罪":为谋取不正当利益,给予国家机关、国有公司、企业、事业单位、人民团体以财物的,或者在经济往来中,违反国家规定,给予各种名义的回扣、手续费的,处三年以下有期徒刑或者拘役,并处罚金。单位犯前款罪的,对单位判处罚金,并对其直接负责的主管人员和其他直接责任人员,依照前款的规定处罚。

为行贿行为是通过财物收买国家工作人员,必然会干扰到国家机关的正常管理活动;有观点认为,行贿犯罪侵犯的客体是社会管理秩序,因为只有具有国家工作人员的特殊身份,才能侵犯到国家机关的正常秩序,而行贿罪属于一般主体犯罪,因此它侵犯的只能是妨碍社会管理秩序;还有学者认为,行贿犯罪侵犯的是一种复杂客体,当受贿人违背职务时,行贿罪侵犯了国家机关的正常活动,否则只是侵犯了社会的风尚。我国目前的刑法学通说并没有采纳上述观点,而是认为,行贿罪的客体是国家工作人员的职务廉洁性。[①] 显然,对有影响力的人行贿罪针对的是对"有影响力"的人行贿,即向"国家工作人员的近亲属或者其他与该国家工作人员关系密切的人"或者"离职的国家工作人员或者其近亲属以及其他与其关系密切的人"行贿,不是行贿人直接向拥有国家工作职务的国家工作人员行贿,因而与行贿罪侵犯的"国家工作人员的职务廉洁性""国家工作人员职务行为的不可收买性"等必然有所不同,在对国家工作人员密切关系人或者离职国家工作人员及其密切关系人进行行贿时,该国家工作人员并没有体现出权钱交易行为,尤其对于离职的国家工作人员及其密切关系人而言,离职国家工作人员本身并没有任何职权。所以,本罪与行贿罪的犯罪客体或侵害法益必然不同。

基于此,有学者对本罪的法益提出了新的看法,认为本罪的法益是清正廉洁的价值准则。因为在普通行贿罪情况下,行为人的行贿指向就是具有某种公共职务的国家工作人员,行为人之所以向受贿人行贿,就是要通过行贿而收买国家工作人员,从而利用国家工作人员的公共职务及其地位形成的有利条件为其服务(谋取利益)。而对有影响力的人行贿罪的行为人之所以行贿,是意图通过收买"国家工作人员的近亲属或者其他与该国家工作人员关系密切的人,或者是离职的国家工作人员或者其近亲属以及其他与其关系密切的人",进而让这些"特定人员"利用其与现职国家工作人员的特别关系(影响力),为其谋取不正当利益。此种情况下,由于行贿人并没有向国家工作人员行贿,且受贿人没有与国家工作人员通谋,甚至受贿人也没有告知国家工作人员自己收受了行贿人的财物,所以,即便行贿人的行为最终造成了国家工作人员公共职务行为的不公正性,也是通过前述"特定人员"间接造成的。而清正廉洁乃是我国社会倡导的每个公民都应该遵循的核心价值之一,本罪行为人却为了谋取不正当利益而对有影响力的人行贿,这正是对清正廉洁价值准则的违反。[②] 我们认为,这种看法具有一定的道理,但"清正廉洁"是否是对我国社会中每一个公民的要求,存在很大疑问。我们常言所谓的风清气正、正直廉洁、廉洁奉公等都是针对公职人员的,在社会主义核心价值观当中,对公民的要求是爱岗、敬业、诚信、友善,"廉洁"不是对所有公民的价值要求,更不适合用来以刑法向全民推行和保障之。

我们认为,本罪与利用影响力受贿罪的犯罪客体应当是一致的,即公众对职务廉

---

① 参见高铭暄、马克昌主编:《刑法学》,北京大学出版社、高等教育出版社,2016年版,第636页。
② 谢望原:《对有影响力的人行贿罪构成要件辨析》,载《人民检察》2016年第5期。

性的信赖。正如本书一直强调的,传统贿赂犯罪代表着职务行为与受贿行为之间的对价关系,对有影响力的人行贿者在给予财物时,并未与国家工作人员进行直接的交易,因此这里的权与钱的直接交易并非总是真实存在的。根据《刑法修正案(七)》的立法草案说明,第三百八十八条之一利用影响力受贿罪的增设针对的是此类受贿行为"败坏党风、政风和社会风气",因而它更关乎的是行为人对党风、政风和社会风气的破坏,利用影响力受贿者对外产生了一种国家工作人员关系密切人或者离职国家工作人员仍然可以通过对国家工作人员的影响谋取私人利益,即国家工作人员能够成为他人谋取利益的工具,这在社会大众眼中造成了一种国家职权可被利用的印象。同样的道理,向有影响力的人行贿也意味着,行贿人可以通过贿赂买通国家工作人员亲密关系人,让国家工作人员身边的亲密关系人说服、影响国家工作人员为他人谋取不正当利益,也即最终指向的仍然是国家公权力不公正行使的危险或可能性。

即便国家工作人员没有直接接受贿赂,行贿人也没有直接向国家工作人员进行贿赂,但仍然有损了国家机关的威信,因为在这种流程中(行贿人为谋取不正当利益—给予密切关系人财物—影响国家工作人员—国家工作人员谋取了利益),金钱是间接地为行贿人个人买得了利益,这对党风、政风以及国家机关及其工作人员的威信与廉洁形象的破坏是巨大的,如果职务行为可以收买,或者国民认为职务行为可以与财物相互交换、职务行为可以获得,不仅削弱了国民对国家工作人员职务行为的信赖,进而使国民不信赖国家机关本身,"这不仅会导致国家机关权威性降低,各项正常活动难以展开,而且导致政以贿成、官以利鬻、腐败成风、贿赂盛行"①。2009 年 9 月 18 日中国共产党第十七届中央委员会第四次全体会议通过的《中共中央关于加强和改进新形势下党的建设若干重大问题的决定》指出,领导干部要严格遵守廉洁自律各项规定,严格要求自己和配偶子女、身边工作人员,依纪依法查处和整治领导干部利用职务便利为本人或特定关系人谋取不正当利益等问题。我国执政党特别注重执政党党风廉政建设,要求公务人员严格要求自己和配偶子女、身边人,那么行贿者为谋取不正当利益向国家工作人员的近亲属或者其他与该国家工作人员关系密切的人或者向离职的国家工作人员或者其近亲属以及其他与其关系密切的人行贿,首先意味着国家工作人员亲密关系人或离职国家工作人员及其近亲属是可以被金钱收买的、可以被收买来而成为行贿人阵营一分子进而影响国家工作人员的职权行使,这足以动摇执政党党风廉政建设的成效,不对此进行处罚,不仅会使行贿者肆无忌惮,而且会为国家工作人员配偶子女、身边人提供更多诱惑,使公众对执政党和国家机关可以被他人间接收买、利用的印象越深刻,对国家工作人员公正行使职权产生怀疑。

---

① 参见张明楷:《刑法学(下)》,法律出版社,2016 年版,第 1204 页。

三、对有影响力的人行贿罪的构成

(一) 本罪的主体

1. 密切关系的人

向局长司机行贿案

【案例 6-2】 某县国土资源局副局长敬某某通过他人认识了市国土资源局局长杨某的专职驾驶员(工勤编制)赵双太。敬某某向被告人赵双太提出了想谋取县国土资源局局长一职的想法并请赵双太帮忙,赵承诺帮忙并提出需给杨某 60 万至 80 万元进行"打点",二人商定送给杨某人民币 60 万元,给赵双太好处费 10 万元并由敬某某先期准备 20 万元。其后被告人赵双太在杨某不知情的情况下,以杨某的名义先后四次向敬某某索要现金 20 万元据为己有并耗用。年底,被告人赵双太又以市国土资源局要进行人事调整为由,向敬某某提出送给杨某 60 万元,敬某某即在家中用纸箱装好 60 万元从家中赶到某市体育中心附近,将此款放在赵双太所开车内,并请赵双太转交给杨某,但被告人赵双太将此款以其妻杨某某的名义购买宝马 X3 轿车一辆予以耗用。事后,某市国土资源局人事任免讨论记录并未提及敬某某,亦未任命其为县国土资源局局长,因为赵双太根本没有向杨某提起过敬某某的请托。①

2007 年 7 月 8 日最高人民法院、最高人民检察院联合出台的《关于办理受贿刑事案件适用法律若干问题的意见》曾经规定了国家工作人员的"特定关系人"受贿行为认定意见,如第 7 条规定,"国家工作人员利用职务上的便利为请托人谋取利益,授意请托人以本意见所列形式,将有关财物给予特定关系人的,以受贿论处。特定关系人与国家工作人员通谋,共同实施前款行为的,对特定关系人以受贿罪的共犯论处。特定关系人以外的其他人与国家工作人员通谋,由国家工作人员利用职务上的便利为请托人谋取利益,收受请托人财物后双方共同占有的,以受贿罪的共犯论处";第 11 条规定,本意见所称"特定关系人",是指与国家工作人员有近亲属、情妇(夫)以及其他共同利益关系的人。其实,这里的"特定关系人"范围相当广泛,什么是"共同利益关系"?答案恐怕也是十分具有开放性的,"天下熙熙皆为利来,天下攘攘皆为利往",任何两个人之间(无论是否晤面)都可能成为共同利益关系人。有学者指出,"特定关系人"与"关系密切的人"两者实际上是一种包容关系,后者包容前者。② 我们认为,"特定关系人"与"关系密切的人"的

---

① 参见《局长司机截留贿赂款》,http://money.163.com/16/0422/19/BL9EI38500253B0H.html.
② 参见高铭暄、张慧:《贿赂犯罪司法解释的功能与瑕疵分析》,载《法治研究》2014 年第 11 期。

范围实在难以比较,密切关系人本来就是一个很难判断的概念,人与人之间的关系,从不角度来说,"共同利益关系"都可能成立,是否具有"共同利益关系"也是不需要特别去证明的,因而我们说"关系密切的人之间存在共同利益关系",也并非全部错误。有学者主张,对于关系密切的人的认定,要从以下几个方面进行考量:一是结交程度,即结交持续时间长、频率,结交方式方法,结交中的利益往来,结交的公开程度以及在其他国家工作人员中的影响等;二是感情深浅,即是否互为关切等;三是利益大小,即当事人之间是否有共同的利益关系。① 其实,在本书看来,这三种情形的考量,都可以说是在考量国家工作人员与相关人员之间共同利益关系的存否,因为内结交程度、感情深浅、利益大小等都在某个方面表征着双方之间是否存在某种共性联结、利益联结。

"密切关系的人"第一次被引入刑法典是 2009 年《刑法修正案(七)》第三百八十八条之一利用影响力受贿罪,在该修正案的修正过程中,有人建议将国家工作人员(以及离职的国家工作人员)的"近亲属"及"其他与其关系密切的人"直接采用"特定关系人",因为前述 2007 年 7 月 8 日《关于办理受贿刑事案件适用法律若干问题的意见》中使用的"特定关系人"一词已经获得了习惯性认知。但最终修正案没有采用这一建议,这主要是考虑到他们与国家工作人员或有血缘、亲属关系或虽不存在亲属关系,但属情夫、情妇或者彼此是同学、战友、老部下、老上级或者老朋友,交往甚密,有些关系甚至密切到可相互称兄道弟,这些人对国家工作人员(以及离职的国家工作人员)的影响力自然也非同一般,以此影响力去为请托人办事,自己收受财物的案件屡见不鲜。如果将影响力交易犯罪主体仅限于"特定关系人"的范围,内涵及外延显然窄了,不利于惩治人民群众深恶痛绝的腐败犯罪,因此,这个意见没被采纳。② 在利用影响力受贿罪中,"密切关系的人"的判断在司法实践中并没有引起多少争议,因为在我们这个社会,任何两个人之间都是可以进行勾连的,即便两个陌生人之间也存在着关系,人情关系总会寻找到一个中介进行相互沟通。

还有人认为,判断某人是否为国家工作人员的密切关系人,可采用事前判断与事后判断两种方式。所谓事前判断,一是对近亲属、情妇、具有共同经济利益关系的人,直接推定具有密切关系,这是因为他们与国家工作人员的近亲属、情人关系等已经证明了影响力的存在;二是对其他关系密切的人,通过相关人员与国家工作人员平时的联络、交往程度来判断,对于关系疏远的人不应认定为关系密切人。所谓事后判断即对近亲属、情人之外的其他人员,由于身份复杂,情况千差万别,往往不能仅依据其身份进行事前判断,因此须借助事后判断来确认是否属于关系密切人,如果国家工作人员实施了为请托人谋取不正当利益,都可以表明有密切关系。③ 这种见解有一定道理,其实关系是否密

---

① 参见朱华:《利用影响力受贿罪司法适用研究》,载彭东、陈连福、李文生主编《刑事司法指南》(2000—2010)分类集成:贪污贿赂罪·渎职侵权罪》,法律出版社,2011 年版,第 340 页。
② 参见黄太云:《〈刑法修正案(七)〉解读》,载《人民检察》2009 年第 6 期。
③ 参见赵煜:《惩治贪污贿赂犯罪实务指南》,法律出版社,2017 年版,第 552 页。

切是一个生活判断,而非规范判断和法律判断。案例6-2中,赵双太作为市国土资源局局长杨某的专职驾驶员(工勤编制),平日与杨某之间即便没有形成朋友关系,二者之间也存在着区别于旁人的关系,杨某作为局长在乘坐公车时难免与司机攀谈,即便二者素日没有讲过话,也必然是见很多次面,两人之间的这种司机与主人的关系已经非比寻常,如果说二者有共同利益关系的话,那也是成立的,至少在驾驶与乘坐之间,二者是异于常人的一体化。所以,敬某某为谋取职位晋升的不正当利益,给予与国家工作人员杨某有密切关系的赵双太,构成向有影响力的人行贿罪;至于赵双太本人,由于其自始至终没有为他人谋取不正当利益的主观目的,而只是打着杨局长驾驶员的名义欺骗他人可以通过自己的影响力请求局长为请托人谋利,这属于诈骗罪而非利用影响力受贿罪。

2. 离职的国家工作人员

对离职公务员行贿案

【案例6-3】 被告人陈某某,男,出生于1955年2月16日,汉族,住四川省遂宁市。因涉嫌犯行贿罪、对有影响力的人行贿罪,于2016年4月10日经阿坝州人民检察院决定被监视居住,同年4月25日经九寨沟县人民检察院决定被刑事拘留,同年5月7日被依法逮捕。2016年11月23日,经九寨沟县人民检察院决定被取保候审。2014年至2016年间,被告人陈某某为了在承接阿坝州公路交通(集团)有限公司(以下简称阿路集团)工程中谋取竞争优势,先后送给阿路集团公司董事长张某某、阿坝州公路管理局局长朱某某现金,合计人民币52万元。2016年2月,被告人陈某某为感谢已经退休的国家工作人员黄某某(有退休通知为书面证据)帮助其分包到S302线黑水县段公路大中修工程、S302线黑水县泽盖村至沙石多乡段公路中修工程、S302线阿坝县公路大中修工程、S302线阿坝县甲尔多村段公路大修工程,在都江堰市黄某某家中,送给其现金70万元。九寨沟县人民法院判决被告人陈某某犯行贿罪,判处有期徒刑一年六个月,并处罚金人民币10万元;犯对有影响力的人行贿罪,判处有期徒刑二年,并处罚金人民币20万元。决定执行有期徒刑三年,缓刑五年,并处罚金人民币30万元。①

本案中,黄某某虽然已经退休,但并非不再从事某项公务就是"离职",不再从事公务但仍然在国家机关、国有公司、企业、事业单位或人民团体中从事其他职务,就不是"离职的国家工作人员"。根据我国刑法第九十三条,国家工作人员还包括其他拟制的人员——"其他依照法律从事公务的人员,以国家工作人员论"。有学者主张,刑法第九十三条规定的四种人员都是国家工作人员,"从这四种岗位的任何一种岗位上离开,都是离职国家工作人员。我们不能简单地认为只有从国家机关中从事公务的岗位上离开的人

---

① 参见《四川省九寨沟县人民法院刑事判决书》,(2016)川3225刑初字第37号。

员才是离职的国家工作人员,而把从其他国家工作人员岗位上离开的人员不当作离职的国家工作人员,如人民陪审员,是依照法律从事公务的国家工作人员,如若从人民陪审员的岗位上离开,就应当视作离职的国家工作人员"①。对此,我们不能苟同,对于这类"其他从事公务的人员"来说,他们根本就没有所谓的"入职",他们是临时受托协助政府从事一些行政管理工作,因而也就从来不存在"离职",他们在完成临时性工作之后仍然回到原来的农村自治组织,从事农村事务自治以及自己的农村谋生工作,这些自治组织中的人员并没有什么身份、编制,并无职可离。为谋取不正当利益,向这些不再从事公务的村委会主任、党支部书记等行贿的,不构成对有影响力的人行贿罪。如果他们在协助政府机关从事政府管理事务过程中结识了乡政府国家工作人员,则可以成为国家工作人员关系密切的人,行为人以此请托他们为自己谋取不正当利益、他们也以此愿意接受请托为他人通过国家工作人员职务上的行为谋取不正当利益,则行贿人构成对有影响力的人行贿罪,受贿人构成利用影响力受贿罪。

（二）行贿的内容

与第三百八十九条的行贿罪的罪状规定不同,本罪规定的是"为谋取不正当利益,向国家工作人员的近亲属或者其他与该国家工作人员关系密切的人,或者向离职的国家工作人员或者其近亲属以及其他与其关系密切的人行贿",这里直接使用了"行贿"一词作为行为方式。而行贿罪的定义则是"为谋取不正当利益,给予国家工作人员以财物的,是行贿罪",行为方式是"给予国家工作人员以财物"②,那么,这里的问题便是,二者在行贿的内容上是否有区别?即,对有影响力的人行贿罪的犯罪主体给予他人的是"财物"还是不限于"财物"而包含财物之外的其他贿赂形式?

以"财物"为内容的犯罪,最多地体现在财产犯罪当中,例如我国刑法第二百六十四条规定,"盗窃公私财物,数额较大的,或者多次盗窃、入户盗窃、携带凶器盗窃、扒窃的,处三年以下有期徒刑、拘役或者管制,并处或者单处罚金"。在日本等国的刑法典中,一般明文区分财物与财产性利益这两个概念,在财产罪中将对物犯罪作为一项犯罪,而将对财产性利益的犯罪作为二项犯罪,例如日本刑法第 236 条规定"以强暴或胁迫强取他人财物者,为强盗罪,处五年以上惩役。以前项方法得财产上不法利益或使他人得之者,与前项同",与此相对,第 235 条盗窃罪则只限于财物而不包括财产性利益,并无"二项犯

---

① 王玉杰:《利用影响力受贿罪若干问题探究》,载《河南财经政法大学学报》2010 年第 1 期。
② 刑法第三百八十五条受贿罪规定的也是"财物":国家工作人员利用职务上的便利,索取他人财物的,或者非法收受他人财物,为他人谋取利益的,是受贿罪。第三百八十八条之一利用影响力受贿罪规定的也是"财物":国家工作人员的近亲属或者其他与该国家工作人员关系密切的人,通过该国家工作人员职务上的行为,或者利用该国家工作人员职权或者地位形成的便利条件,通过其他国家工作人员职务上的行为,为请托人谋取不正当利益,索取请托人财物或者收受请托人财物。

罪"之规定："窃取他人财物者，为盗窃罪，处十年以下惩役或五十日元以下罚金"①。

我国刑法没有区分财物与财产性利益，多数学者认为，我国刑法中的财物概念包括财产性利益。例如，张明楷教授认为，"这里的财物是指具有价值的可以管理的有体物、无体物以及财产性利益。能够转移占有的有体物与无体物，属于财物自不待言，但财产性利益也应包括在内。因为财产性利益可以通过金钱计算其价值，而且许多财产性利益的价值超出了一般物品的经济价值，没有理由将财产性利益排除在财物之外"②。具体而言，行贿罪中的"财物"包含财产性利益，这主要是因为财物与财产性利益作为贿赂的标的物根本没有区别，都会对职务廉洁性造成损害，都会破坏贿赂犯罪保护的法益，因而有利于严密刑事法网；将财产性利益作为行贿的对象，适应当前的实践需要，既避免了采取狭义财物说导致的处罚范围过窄，也避免了采取广义利益说导致的刑罚对私生活的过多干预。③ 可见，无论在财产犯罪还是贿赂犯罪当中，我国刑法条文中的"财物"包含"财产性利益"受到很多认同。

我国贿赂罪司法解释也印证了这一点④，2003 年 11 月 13 日最高人民法院发布的《全国法院审理经济犯罪案件工作座谈会纪要》指出，在办理涉及股票的受贿案件时，应当注意：(1) 国家工作人员利用职务上的便利，索取或非法收受股票，没有支付股本金，

---

① 日本刑法学界和实务界认为，财产犯罪中的"财物"或"动产"均为有体物，不包括财产性利益。对此，前田雅英教授主张，"'物'这个名词以解释为有体物最为合理"。参见[日]前田雅英：《日本刑法总论》，董璠兴译，五南图书出版公司，2010 年版，第 148 页。西田典之教授指出，"自前述盗电事件之后，再无把无体物认定为财物的判例，学界上有体物说也占据着支配地位"。参见[日]西田典之：《日本刑法典总论》，王昭武、刘明祥译，法律出版社，2013 年版，第 96-97 页。山口厚教授主张，"从保持财物概念的明确性的角度出发……有体说更为妥当。这也是现在的多数说，或者，已经是现在的通说"。参见[日]山口厚：《刑法总论》，王昭武译，中国人民大学出版社，2011 年版，第 199-201 页。我国台湾学者林山田教授也指出，权利例如债权或其他请求权等无体物，不能成为盗窃罪客体，已是不争之论。就此以观，盗窃罪的窃取客体，仍以有体物为限，无体物则有待条文的规定，方能成为本罪的窃取客体。参见林山田：《刑法各罪论（上册）》，北京大学出版社，2012 年版，第 211-212 页。

② 张明楷：《刑法学（下）》，法律出版社，2016 年版，第 1205-1206 页。

③ 参见孙天乐：《论贿赂犯罪中贿赂的范围》，载李少平、朱孝清、卢建平主编：《法治中国与刑法发展》，中国人民公安大学出版社，2015 年版，第 929 页。

④ 2013 年 4 月 2 日，最高人民法院、最高人民检察院颁行了《关于办理盗窃刑事案件适用法律若干问题的解释》（简称《解释》），本司法解释起草过程中，有意见提出，应当在《解释》中明确，对盗窃游戏币等虚拟财产的，以盗窃罪定罪处罚。最高人民法院经研究认为，此意见不妥。对于盗窃虚拟财产的行为，如确需刑法规制，可以按照非法获取计算机信息系统数据等计算机犯罪定罪处罚，不应按盗窃罪处理。主要考虑：其一，虚拟财产与金钱财物等有形财产、电力燃气等无形财产存在明显差别，将其解释为盗窃罪的犯罪对象"公私财物"，超出了司法解释的权限。其二，虚拟财产的法律属性是计算机信息系统数据，对于非法获取计算机信息系统数据的行为当然可以适用非法获取计算机信息系统罪定罪量刑。其三，对盗窃虚拟财产的行为适用盗窃罪会带来一系列棘手问题，特别是盗窃数额的认定，目前缺乏能够被普遍接受的计算方式。而最高人民法院、最高人民检察院《关于办理危害计算机信息系统安全刑事案件应用法律若干问题的解释》对非法获取计算机信息系统数据罪明确了具体定罪量刑标准，适用该罪名可以罚当其罪，实现罪责刑相适应。其四，从境外刑事立法和司法来看，鲜有将盗窃虚拟财产的行为以盗窃罪论处。特别值得关注的是，我国台湾地区 1997 年修改所谓"刑法"时，在第 323 条将电磁记录增设为动产的范围，对窃取电磁记录的行为适用盗窃罪，但是 2003 年修正时，将电磁记录又从动产的范围内删除，实际上否定了 1997 年的修正，对窃取电磁记录的行为规定适用专门的获取计算机信息系统数据等计算机犯罪来处理。其背后的理论和实践根基，概因将虚拟财产归入传统意义上的财物存在问题。参见胡云腾、周加海、周海洋：《〈关于办理盗窃刑事案件适用法律若干问题的解释〉的理解与适用》，载《人民司法》2014 年第 15 期。

为他人谋取利益,构成受贿罪的,其受贿数额按照收受股票时的实际价格计算;(2) 行为人支付股本金而购买较有可能升值的股票,由于不是无偿收受请托人财物,不以受贿罪论处;(3) 股票已上市且已升值,行为人仅支付股本金,其"购买"股票时的实际价格与股本金的差价部分应认定为受贿。2007 年 7 月 8 日最高人民法院、最高人民检察院《关于办理受贿刑事案件适用法律若干问题的意见》规定,国家工作人员利用职务上的便利为请托人谋取利益,收受请托人提供的干股的,以受贿论处。2008 年 11 月 20 日最高人民法院、最高人民检察院《关于办理商业贿赂刑事案件适用法律若干问题的意见》规定,商业贿赂中的财物,既包括金钱和实物,也包括可以用金钱计算数额的财产性利益,如提供房屋装修、含有金额的会员卡、代币卡(券)、旅游费用等,具体数额以实际支付的资费为准。2016 年 4 月 18 日最高人民法院、最高人民检察院《关于办理贪污贿赂刑事案件适用法律若干问题的解释》第 12 条规定,贿赂犯罪中的"财物",包括货币、物品和财产性利益。财产性利益包括可以折算为货币的物质利益如房屋装修、债务免除等,以及需要支付货币的其他利益如会员服务、旅游等。后者的犯罪数额,以实际支付或者应当支付的数额计算。所以,至少在贿赂犯罪中,最高司法机关对"财物"的理解是广义的,包含财产性利益,这有助于打击权钱交易及其链条上的系列腐败犯罪。党的十八届四中全会通过的《中共中央关于全面推进依法治国若干重大问题的决定》提出要完善惩治贪污贿赂犯罪法律制度,把贿赂犯罪对象由财物扩大为财物和其他财产性利益,当前司法实践中将财物扩大解释为包括财产性利益,符合党的中央反腐政策,值得坚持。

至于非财产性利益,由于其不是可以用金钱来衡量的,不是"财物",行贿非财产性利益的,不属于给予国家工作人员以财物,不构成行贿罪。从国外刑事立法与司法上看,非财产性利益也是贿赂的内容。例如,日本刑法第 197 条规定,公务员就其职务,收受、要求或期约贿赂者,处五年以下惩役。对此,日本学界和实务界普遍认为,"贿赂的目的物,不限于财物,也不问有形还是无形,包括可满足人的需要、欲望的一切利益。金钱、物品、不动产等财物(有体物)自不必说,金融利益、代偿债务、宴请招待、高尔夫俱乐部会员权,以公开价格获得确定会涨价的公开发售的股票而获得的利益等财产性利益也包括在内,除此之外,还包括就斡旋就职的约定、异性之间的肉体关系等"①。德国刑法第 334 条行贿罪规定,以公务员、欧洲公务员、特别受雇从事公共事务之人或联邦军队之军人,以其已经实施或将要实施之行为且因而违反或可能违反其职务义务作为回报,向该人或第三人行求、期约或提供利益的,处三个月以上五年以下有期徒刑。本处的"利益"显然广于财物,既包括财产性利益,也包括非财产性利益。新加坡《预防腐败法》第 5 条规定,任何单独或者与他人共同实施下列行为构成犯罪,并应当处以 10 万新元以下的罚金,或者处五年以下监禁,或者二者并处:(1) 为本人或他人利益非法索取、收受或同意收受任何贿赂;(2) 为他人或第三人利益向该人非法给予、允诺或者提供贿赂。新西兰 1961 年刑法

---

① [日]山口厚:《刑法总论》(第 2 版),中国人民大学出版社,2011 年版,第 728 页。

第 99 条规定：贿赂是指任何金钱、有值对价、职务、工作或者任何利益，无论直接或间接的。可见，这些国家的贿赂的内容是多元的，任何利益均可以构成贿赂。

我国刑法第三百八十五条受贿罪、三百八十八条之一利用影响力受贿罪、第三百八十九条行贿罪规定的贿赂内容都是"财物"，因而我们认为，对于这些犯罪的理解应当按照上述司法解释的标准，将"财物"解释为包含财产性利益。对于第三百九十条之一对有影响力的人行贿罪，法条虽然只规定为"为谋取不正当利益，向国家工作人员的近亲属或者其他与该国家工作人员关系密切的人，或者向离职的国家工作人员或者其近亲属以及其他与其关系密切的人行贿"，没有体现出行贿的内容，我们认为，这里的"行贿"之内容也是"财物"，即按照受贿罪、行贿罪、利用影响力受贿罪的理解，将贿赂的内容扩大至财产性利益，而对于非财产性利益，则不是贿赂的内容，这样也体现出本罪与利用影响力受贿罪在贿赂内容上的一致性和对应性，将本罪的贿赂内容扩大为非财产性利益（甚至一切不正当好处）的理由并不充足。常见的非财产性利益包括介绍工作、提职晋级、入党入团、工作调动、获取荣誉、通过职业考试等。实践中，值得讨论的还有性贿赂，有学者曾针对行贿罪指出，"性贿赂的实质是'权色交易'，该行为极大地扰乱了正常的党政秩序，妨害了国家工作人员职务行为的廉洁性，严重污染了社会风气，损害了党和政府的形象。由于性贿赂具有持续性和隐蔽性，一旦得逞其危害性甚至超过财产性贿赂，未将性贿赂等非物质性利益贿赂行为纳入刑法的调整范围，体现了我国现行刑法的滞后性"[①]。我们认为，性贿赂不能一概认定为贿赂的内容[②]，行为人为谋取不正当利益，向国家工作人员的近亲属或者其他与该国家工作人员关系密切的人或者向离职的国家工作人员或者其近亲属以及其他与其关系密切的人直接无偿提供本人或他人肉体服务的，难以确定为行贿罪，这里的性贿赂的"财"的属性不明显，不构成行贿；而对于在娱乐场所花钱请他人向上述人员提供有偿性服务的，由于这里的服务是支付费用的，是一种财产性的利益，可以作为行贿的内容，如果达到一定数额，行贿人可以构成对有影响力的人行贿罪，受贿人可以构成利用影响力受贿罪。

(三) 本罪的行为类型

本罪的行为是向国家工作人员的近亲属或者其他与该国家工作人员关系密切的人，或者向离职的国家工作人员或者其近亲属以及其他与其关系密切的人行贿，即给予上述人员财物。主要表现为以下几种情形：(1) 为了利用国家工作人员的近亲属或者其他与

[①] 和梅：《贿赂犯罪行为对象认定范围的扩展》，载《人民论坛》2014 年第 8 期。

[②] 有人认为，在中国的传统观念中，"男女关系问题更多是道德问题，难以用一个统一的法律标尺来界定这种行为的性质"。参见《性贿赂争议 17 年入罪难 专家：可定义为不正当好处》，载《京华时报》2017 年 7 月 22 日。毋庸置疑的是，行为人以非财产性利益形式的贿赂行贿，也具有严重的社会危害性，理应予以严厉打击，但"应当注意的是，刑法规范应具有明确性，而非财产性利益往往难以量化和计算，如果将贿赂犯罪对象扩大到包括非财产性利益在内，那么也会像性贿赂的犯罪化一样，在实践中势必会遇到司法认定和法律适用上的难题"。参见彭新林：《贪污贿赂的罪与罚》，北京大学出版社，2015 年版，第 148 页。

该国家工作人员关系密切的人对国家工作人员的影响力,或者利用离职的国家工作人员或者其近亲属以及其他与其关系密切的人对其他国家工作人员的影响力,主动给予上述人员财物;(2) 在有求于国家工作人员的近亲属或者其他与该国家工作人员关系密切的人或者离职的国家工作人员或者其近亲属以及其他与其关系密切的人时,由于上述人员的勒索而给予他们财物;(3) 与国家工作人员的近亲属或者其他与该国家工作人员关系密切的人或者离职的国家工作人员或者其近亲属以及其他与其关系密切的人约定,以满足自己的请托事项为条件给予上述人员财物;(4) 在国家工作人员的近亲属或者其他与该国家工作人员关系密切的人,通过该国家工作人员职务上的行为,或者利用该国家工作人员职权或者地位形成的便利条件,通过其他国家工作人员职务上的行为谋取了不正当利益之后,或者离职的国家工作人员或者其近亲属以及其他与其关系密切的人,利用该离职的国家工作人员原职权或者地位形成的便利条件通过其他国家工作人员职务上的行为为请托人谋取了不正当利益之后,给予上述人员财物,作为影响力的报酬。

案例 6-3 中,被告人陈某某为感谢已经退休的国家工作人员黄某某帮助其分包到 S302 线黑水县段公路大中修工程、S302 线黑水县泽盖村至沙石多乡段公路中修工程、S302 线阿坝县公路大中修工程、S302 线阿坝县甲尔多村段公路大修工程之后,送给其现金 70 万元,被判决对有影响力的人行贿罪,这即是第四种情形。如果对于以上行为不进行处罚,那么将造成巨大而明显的漏洞,相信 100 人中有 99 个人都会选择先行请托、事后报答,以规避处罚,这将会使得对有影响力的人行贿罪(包括行贿罪)形同虚设。

(四) 本罪的主观罪过

本罪的责任形式是故意,即行为人明知自己给予国家工作人员的近亲属或者其他与该国家工作人员关系密切的人或者离职的国家工作人员或者其近亲属以及其他与其关系密切的人以财物的行为侵犯了公众对国家工作人员职务廉洁性的形象,并且希望或者放任这种结果的发生。除此之外,本罪还要求"为谋取不正当利益"这一主观目的要素。正如刑法第三百八十五条受贿罪中的"为他人谋取利益"这一主观要素能够将收受礼金行为与受贿罪区分开来,第三百八十九条行贿罪以及本罪中的"为谋取不正当利益"这一主观要素,能够将单纯感情投资、给予礼金等行为与行贿罪以及对有影响力的人行贿罪区分开来。关于"为谋取不正当利益"的地位、功能及其立法存废、司法认定问题,同样存在于行贿罪的理解中,对此本书不再赘述,我们只需要重申,在我国刑事司法实践中,应该充分尊重我国的历史传统与社会现状,肯定行贿罪以及对有影响力的人行贿罪必须具备"为谋取不正当利益"这一构成要件,不能过于理想化地认为,只要是给国家工作人员或者其关系密切的人送财物的行为就都应纳入行贿犯罪这一犯罪圈,而无论其行为是基于什么目的。"如果无视我国的历史传统与社会现实,强行将上述行为都纳入行贿罪,则立法机关可能只是制定了一条'有效的',但不具有'实效性'的法律。"①对有影响力的人行贿罪的社会危害性要低于行贿罪,因而其入罪门槛更没有低于行贿罪的必要。

关于何为"不正当利益",本书在"行贿罪"一章中有所述及,我们认同利益的正当与否应当与国家工作人员的职务紧密相关,"不能脱离违背职务孤立地评价行为人谋取的利益是否正当",在解释思路上,应当对"谋取不正当利益"进行功能性解释,使其承担起表征国家工作人员违背职务的功能,国家工作人员违背职务,包括违反规则与违背原则两种形式。② 对于行为人主观上认为自己谋取的不正当利益,而客观上谋取的利益是正当利益时,此时是否能够认定行为人构成对有影响力的人行贿罪?例如,某公司总经理戴某以为自己的企业不符合获得税收补贴条件,于是以谋取不正当税收补贴为目的,给予本县地税局副局长的父亲20万人民币,事实显示戴某的企业完全符合税收补贴的要求且必然会领取到补贴即所意欲谋取的利益不是不正当利益,此时戴某不构成对有影响力的人行贿罪。正如行为人将自己的财物误认为是他人财物而意欲非法占有,事实证明该财物本就是属于行为人自己所有,那么行为人不构成盗窃罪,这里的目的要素虽然是主观的,但目的的内容"不正当利益"(盗窃罪中的非法占有)仍然需要进行客观事实的判断。

四、对有影响力的人行贿罪的处罚

公司经理向国家工作人员配偶行贿案

【案例6-4】 2015年4月,赣州市章贡区行政服务中心信息系统化工程(分三部分:主机房建设项目,桌面硬件、LED屏等硬件建设,网络与安全设备、视频监控系统)启动建设。经陈某某推荐,江西普视达实业有限公司总经理即被告人叶某某找到章贡区行政服务中心管理办公室主任曾某(系被告人陈某某的妻子),联系网络与安全设备、视频监控项目。经曾某安排,被告人叶某某拿到了赣州科睿特公司针对该项目制作的设计方案,并修改已有的设计方案,制作了预算清单。由于前期参与,被告人叶某某对章贡区行政服务中心的网络与安全、视频监控项目更熟悉,具有竞争优势。2015年7月,被告人叶某某以江西广播电视网络传输有限公司的名义中标网络与安全设备、视频监控项目。在网络与安全设备、视频监控项目竣工验收并收到全部工程款后,2016年1月中下旬的一天,为感谢陈某某在该项目中给予的关照,被告人叶某某将存款金额为25万元人民币的中国工商银行卡送到陈某某办公室。陈某某将此事告诉曾某,曾某要求陈某某退还被告人叶某某。而陈某某并未退还,而在ATM机上查询的过程中,因密码错误,导致卡被

---

① 刘伟宏:《刑法解释的变与不变——以行贿罪构成要件"为谋取不正当利益"的解释为视角》,载《北方法学》2010年第3期,第76页。

② 参见车浩:《行贿罪之"谋取不正当利益"的法理内涵》,载《法学研究》2017年第2期。

锁定。同年 3 月 25 日,应被告人陈某某的要求,被告人叶某某将户名为郑某的中国工商银行卡换成 20 万元现金及另一张存款金额为 5 万元的中国工商银行卡送到陈某某办公室。2016 年 4 月 15 日,被告人叶某某被抓获归案。①

  刑法第三百九十条之一规定,为谋取不正当利益,向国家工作人员的近亲属或者其他与该国家工作人员关系密切的人,或者向离职的国家工作人员或者其近亲属以及其他与其关系密切的人行贿的,处三年以下有期徒刑或者拘役,并处罚金;情节严重的,或者使国家利益遭受重大损失的,处三年以上七年以下有期徒刑,并处罚金;情节特别严重的,或者使国家利益遭受特别重大损失的,处七年以上十年以下有期徒刑,并处罚金。根据 2016 年 4 月 18 施行的最高人民法院、最高人民检察院《关于办理贪污贿赂刑事案件适用法律若干问题的解释》第 10 条规定,刑法第三百九十条之一规定的对有影响力的人行贿罪的定罪量刑适用标准,参照本解释关于行贿罪的规定执行。因此,本罪与行贿罪都采用了数额与情节相结合的定罪量刑标准,本罪的入罪门槛是行贿数额在三万元以上;或者行贿数额在一万元以上不满三万元,具有下列情形之一:(1) 向三人以上行贿的;(2) 将违法所得用于行贿的;(3) 通过行贿谋取职务提拔、调整的;(4) 造成经济损失数额在五十万元以上不满一百万元的。② 具有下列情形之一的,应当认定为"情节严重":(1) 行贿数额在一百万元以上不满五百万元的;(2) 行贿数额在五十万元以上不满一百万元,并具有本解释第七条第二款第一项至第五项规定的情形之一的;(3) 其他严重的情节。为谋取不正当利益,向国家工作人员行贿,造成经济损失数额在一百万元以上不满五百万元的,应当认定为刑法第三百九十条第一款规定的"使国家利益遭受重大损失"。案例 6-4 中,被告人叶某某为谋取不正当利益,向国家工作人员的近亲属行贿人民币 25 万元,其行为已构成对有影响力的人行贿罪,行贿数额不满 100 万,应当在三年以下有期徒刑或拘役的范围内判刑。赣州市章贡区人民法院认为,被告人在法庭上自愿认罪,根据被告人叶某某的犯罪情节、悔罪表现,对其适用缓刑,没有再犯罪的危险,依法可以对其宣告缓刑,最终判决叶某某犯有期徒刑一年,缓刑二年。

  刑法第三百九十条第二款对于行贿罪设定了特别减免制度:行贿人在被追诉前主动交待行贿行为的,可以从轻或者减轻处罚。其中,犯罪较轻的,对侦破重大案件起关键作用的,或者有重大立功表现的,可以减轻或者免除处罚。《刑法修正案(九)》之前的规

---

  ① 参见《被告人陈某某利用影响力受贿罪一案》,https://www.lawxp.com/case/c32243392.html。
  ② 《关于办理贪污贿赂刑事案件适用法律若干问题的解释》第 7 条规定,为谋取不正当利益,向国家工作人员行贿,数额在三万元以上的,应当依照刑法第三百九十条的规定以行贿罪追究刑事责任。行贿数额在一万元以上不满三万元,具有下列情形之一的,应当依照刑法第三百九十条的规定以行贿罪追究刑事责任:(1) 向三人以上行贿的;(2) 将违法所得用于行贿的;(3) 通过行贿谋取职务提拔、调整的;(4) 向负有食品、药品、安全生产、环境保护等监督管理职责的国家工作人员行贿,实施非法活动的;(5) 向司法工作人员行贿,影响司法公正的;(6) 造成经济损失数额在五十万元以上不满一百万元的。很明显,由于行贿的对象的不同,上述第四、第五种情形对于对有影响力的人行贿罪没有参照性。

定是,行贿人在被追诉前主动交待行贿行为的,可以减轻处罚或者免除处罚,《刑法修正案(九)》改变了不要求行贿人投案自首,却使其享受了比投案自首更大的宽宥空间的做法。根据2016年《关于办理贪污贿赂刑事案件适用法律若干问题的解释》第14条,根据行贿犯罪的事实、情节,可能被判处三年有期徒刑以下刑罚的,可以认定为刑法第三百九十条第二款规定的"犯罪较轻"。根据犯罪的事实、情节,已经或者可能被判处十年有期徒刑以上刑罚的,或者案件在本省、自治区、直辖市或者全国范围内有较大影响的,可以认定为刑法第三百九十条第二款规定的"重大案件"。具有下列情形之一的,可以认定为刑法第三百九十条第二款规定的"对侦破重大案件起关键作用":(1)主动交待办案机关未掌握的重大案件线索的;(2)主动交待的犯罪线索不属于重大案件的线索,但该线索对于重大案件侦破有重要作用的;(3)主动交待行贿事实,对于重大案件的证据收集有重要作用的;(4)主动交待行贿事实,对于重大案件的追逃、追赃有重要作用的。既然司法解释规定第三百九十条之一规定的对有影响力的人行贿罪的定罪量刑适用标准,参照关于行贿罪的规定执行,那么第三百九十条第二款特别减免处罚的规定完全适用于对有影响力的人行贿罪。

第七章　对单位行贿罪

【《中华人民共和国刑法》(最新版)相关法条】

第三百九十一条　为谋取不正当利益,给予国家机关、国有公司、企业、事业单位、人民团体以财物的,或者在经济往来中,违反国家规定,给予各种名义的回扣、手续费的,处三年以下有期徒刑或者拘役,并处罚金。

单位犯前款罪的,对单位判处罚金,并对其直接负责的主管人员和其他直接责任人员,依照前款的规定处罚。①

【司法解释】

■ 1999年8月6日,最高人民检察院《关于人民检察院直接受理立案侦查案件立案标准的规定(试行)》

(六)对单位行贿案(第三百九十一条)

对单位行贿罪是指为谋取不正当利益,给予国家机关、国有公司、企业、事业单位、人民团体以财物,或者在经济往来中,违反国家规定,给予上述单位各种名义的回扣、手续费的行为。

涉嫌下列情形之一的,应予立案:

1. 个人行贿数额在10万元以上、单位行贿数额在20万元以上的;
2. 个人行贿数额不满10万元、单位行贿数额在10万元以上不满20万元,但具有下列情形之一的:

(1) 为谋取非法利益而行贿的;
(2) 向3个以上单位行贿的;
(3) 向党政机关、司法机关、行政执法机关行贿的;
(4) 致使国家或者社会利益遭受重大损失的。

---

① 2015年8月29日,第十二届全国人大常委会第十六次会议表决通过的《刑法修正案九》对本条进行了修订,原刑法条文为:为谋取不正当利益,给予国家机关、国有公司、企业、事业单位、人民团体以财物的,或者在经济往来中,违反国家规定,给予各种名义的回扣、手续费的,处三年以下有期徒刑或者拘役。单位犯前款罪的,对单位判处罚金,并对其直接负责的主管人员和其他直接责任人员,依照前款的规定处罚。

一、对单位行贿罪的沿革

医药公司给予医院回扣案

【案例 7-1】 2011 年至 2014 年,被告单位海尔施公司在与兴化市人民医院检验科、泰州市第四人民医院检验科医疗检测试剂销售等经济往来过程中,为获取公司竞争优势,由被告人该公司诊断产品五部业务员、副经理郑圣经办,给予兴化市人民医院检验科价值计 11 000 元的超市购物卡;违反国家规定,给予上述两家单位回扣款计 69.2 万元,行贿款物价值计 70.3 万元。一审法院认为,被告单位海尔施公司为谋取不正当利益,在经济往来中,违反国家规定,给予国有事业单位各种名义的回扣,被告人郑圣系被告单位的其他直接责任人员,其行为均构成对单位行贿罪,依法应予处罚。被告人郑圣犯罪后如实供述自己的罪行,依法可以从轻处罚;结合犯罪情节、所有犯罪事实均由被告人郑圣实施,以及社会危害等因素综合判定,被告单位海尔施公司犯罪情节轻微,对被告单位海尔施公司可以不判处刑罚。最终以单位行贿罪对被告单位上海海尔施诊断产品有限公司免予刑事处罚,对被告人郑圣判处有期徒刑一年、缓刑一年。上海海尔施诊断产品有限公司提出上诉,二审法院裁定驳回上诉、维持原判。①

对单位行贿罪为 1997 年刑法所新增罪名,第三百九十一条规定:"为谋取不正当利益,给予国家机关、国有公司、企业、事业单位、人民团体以财物的,或者在经济往来中,违反国家规定,给予各种名义的回扣、手续费的,处三年以下有期徒刑或者拘役。""单位犯前款罪的,对单位判处罚金,并对其直接负责的主管人员和其他直接责任人员,依照前款的规定处罚。"2015 年 8 月 29 日全国人大常委会《中华人民共和国刑法修正案(九)》第四十七条对该条第一款作出修订,增加了罚金刑,即在实施该条第一款规定的行为的情况下,对行为人"处三年以下有期徒刑或者拘役,并处罚金"。从犯罪构成要件的角度来看,本罪与一般行贿罪的区别主要体现在行为对象上,即本罪必须以"国有单位"为行贿对象,具体包括国家机关、国有公司、企业、事业单位和人民团体。

尽管单位受贿罪与对单位行贿罪为对向犯,但其实这两个罪名并非同时诞生。单位受贿的犯罪化最早可见于 1985 年 7 月 18 日最高人民法院、最高人民检察院发布的《关于当前办理经济犯罪案件中具体应用法律的若干问题的解答(试行)》,随后 1988 年 1 月 21 日全国人大常委会颁布的《关于惩治贪污贿赂罪的补充规定》正式以立法解释的方式确立单位受贿罪,并在 1997 年刑法第三百八十七条中予以吸收和完善。在这个过程中,单位受贿罪的直接负责的主管人员以及其他直接责任人员的刑罚都保持在 5 年以下有

---

① 《江苏省泰州市中级人民法院刑事裁定书》,(2017)苏 12 刑终字第 340 号。

期徒刑或者拘役,刑罚幅度没有根本性改变。与之相对,对单位行贿罪最早出现在1997年刑法中,该罪设立的最初目的是为了与单位受贿罪相对应,立法者通过以对向关系为基础确立对单位行贿罪,其核心目的在于更好地维护"国有单位"职务活动的廉洁性。

二、对单位行贿罪的构成

对单位行贿罪是为谋取不正当利益,给予国家机关、国有公司、企业、事业单位、人民团体以财物,或者在经济往来中,违反国家规定,给予各种名义的回扣、手续费的行为。

(一)本罪的对象

对象是刑法所保护的法益的具体体现,"是刑法所保护的法益的载体"①。对单位行贿罪的对象为"国有单位",即国家机关、国有公司、企业、事业单位、人民团体,而向非"国有单位"行贿的,不构成对单位行贿罪。在行贿类犯罪中,立法者以行贿对象的不同分出三种罪名,分别是对非国家工作人员行贿罪(刑法第一百六十四条)、行贿罪(刑法第三百八十九条)、对单位行贿罪(刑法第三百九十一条)、单位行贿罪(刑法第三百九十三条)。

区人民政府被判单位行贿罪

【案例7-2】 2008年,时任佳木斯市前进区委书记的被告人王恒勋、时任佳木斯市前进区区长的被告人刘维国为得到时任佳木斯市委书记林秀山的帮助,以促成佳木斯市前进区人民政府与九阳集团的合作项目,被告人王恒勋、刘维国经商议后,刘维国先后两次套取前进区人民政府办公经费。被告人王恒勋、刘维国分别于2008年夏天的一天晚上,在浙江省杭州市杭州西子湖宾馆一起送给林秀山10 000欧元;于2010年春节前,在佳木斯市林秀山的办公室一起送给林秀山30 000元人民币。林秀山最终促成了九阳项目的成功签约并协调解决了该项目用地困难。佳木斯市向阳区人民法院认为,被告单位黑龙江省佳木斯市前进区人民政府,被告人王恒勋、刘维国为给单位谋取不正当利益,给予国家工作人员以财物,情节严重,其行为已构成单位行贿罪。公诉机关指控被告单位黑龙江省佳木斯市前进区人民政府,被告人王恒勋、刘维国犯单位行贿罪,罪名成立。被告人王恒勋、刘维国在被追诉前主动交待行贿行为,可免除处罚。2015年12月8日,佳木斯市向阳区人民法院依法判决:被告单位黑龙江省佳木斯市前进区人民政府犯单位行贿罪,判处罚金50 000元;被告人王恒勋犯单位行贿罪,免予刑事处罚;被告人刘维国犯单位行贿罪,免予刑事处罚。②

---

① 刘艳红:《刑法学(上)》,北京大学出版社,2016年版,第114页。
② 《佳木斯市一区政府向市委原书记林秀山行贿,被判单位行贿罪》,http://www.thepaper.cn/newsDetail_forward_1484492.

案例 7-1 是对单位行贿罪案例,案例 7-2 是单位行贿罪案例,"单位行贿"与"对单位行贿"是两个不同的罪名,容易引起错乱。根据刑法第三百九十三条,单位行贿罪是指单位为谋取不正当利益而行贿,或者违反国家规定,给予国家工作人员以回扣、手续费的行为。对单位行贿罪是自然人或者单位向单位行贿即行贿罪的对象是单位,其对向犯是单位受贿罪,如案例 7-1 中的对单位行贿的主体是单位,构成对单位行贿罪的单位犯罪;单位行贿罪的对象是自然人,单位行贿罪的主体是单位,是单位向自然人行贿,其本身就是单位犯罪,而不可能存在自然人犯罪,对向犯是受贿罪。案例 7-2 中,黑龙江省佳木斯市前进区人民政府为促成区人民政府与九阳集团的合作项目,而向佳木斯市委书记行贿,这属于单位向国家工作人员行贿的犯罪行为,构成刑法第三百九十三条单位行贿罪,这也是比较少见的案例。

在我国,"国有单位"的构成比较复杂,尤其是涉及国有公司、企业的定性问题,理论上曾多次展开讨论。这是由于,自 20 世纪 80 年代国有企业改制以来,纯粹的国有企业已经比较少,更多的是国有控股企业与国有参股企业,而其中哪些属于"国有单位"尚难以明确。有学者指出,我国企业构成异常复杂,如果将所有的企业都认定为国有单位,势必会导致犯罪认定的困难,增加司法工作的难度,因此应将之限定为纯正的国有性质的单位。① 本书认为,基于本罪"国有单位"之设定,企业型"国有单位"应当限于纯粹国有企业与国有控股企业,至于国有参股企业,由于国有成分相对较少,且如果将所有带有国有成分的企业都定性为此处的"国有单位",或多或少会有扩张犯罪圈的风险。例如,某企业国有参股的成分只有 5% 不到,很难说其属于国有企业,对这类单位行贿的人也难以认定为对单位行贿罪。当然,这种理解并非完全合适,甚至有妥协的意味,但从我国国有企业的现有结构以及对单位行贿罪的设定来看,这种折中式的做法既不至于过度扩张犯罪圈,又不会显得放纵犯罪,相对而言更具合理性。

对单位行贿案中还存在对象错误的问题,如某人谎称是"国有单位"法定代表人招摇撞骗,行为人信以为真,为谋取不正当利益而给予招摇撞骗者财物。刑法理论上将对象错误主要分为三种情形,分别是犯罪对象不存在、同一性质的犯罪目标认识错误以及不同性质犯罪目标的认识错误。就前述情形而言,其应当属于犯罪对象不存在,即行为对象并非"国有单位"的法定代表人,其行为也不能视为单位的行为,按照法定符合说,行为人构成对单位行贿罪的未遂。实践中,有的行为人为了谋取不正当利益,还可能将财物给予不具有职务便利的"国有单位",此时应当如何认定呢?由于行为的对象属于"国有单位",且行为人实施了对单位行贿的行为,表面上看完全符合本罪的构成要件,但事实上,如果行贿的对象单位客观上并无办法满足行贿者谋取利益的诉求,同样可能产生认识错误的问题,具体可以分为两种情况讨论:(1) 行为人将财物给予"国有单位",但该"国有单位"并不能满足行贿者的谋利目的。例如,某"国有单位"谎称单位能够为行为人

---

① 赵煜:《惩治贪污贿赂犯罪实务指南》,法律出版社,2017 年版,第 627 页。

谋取某种利益,行为人信以为真而行贿。这种情况属于不同性质的具体目标的对象认识错误,原则上应当认定为行贿罪的未遂。(2) 行为人将财物给予"国有单位",虽然该"国有单位"不具有相应牟利的能力,但能够通过斡旋实现犯罪目标,换言之,作为行贿对象的"国有单位"具有相应的便利条件,能够为行贿者谋取利益,此时能否认定为对单位行贿罪的既遂呢?我国刑事立法并未规定"国有单位"斡旋受贿这种情形,但从行贿者的角度来看,其明知所行贿的"国有单位"可以利用职务便利为其谋取利益,可谓充足了对单位行贿罪的实质要件。因此,笔者认为,在这种情形下,行贿者应当构成对单位行贿罪既遂。

(二) 本罪的行为

一切犯罪都是以行为表现的,对单位行贿罪客观方面的行为表现为给予"国有单位"财物。对单位行贿的行为组合方式与行贿类似,也可以分为四种情形:(1) 行为人为了谋取不正当利益,利用"国有单位"的职务行为,主动给予"国有单位"财物的,这是对单位行贿行为的典型形态;(2) 行为人为谋取不正当利益,基于"国有单位"的索取而给予财物;(3) 与"国有单位"约定,在完成特定事项或者满足特定条件时,给予"国有单位"财物;(4) "国有单位"利用职务上的便利为行为人谋取利益后,行为人事后给予"国有单位"财物作为报酬。将前述三种情形认定行为人构成对单位行贿罪是不存在问题的,但就第四种情形而言,其是否构成行贿罪仍有争议。本书认为,行为人与"国有单位"事前有约定,"国有单位"利用职务上的便利为行为人谋取利益后,行为人事后基于约定给予"国有单位"财物作为报酬,可以肯定本行为构成对单位行贿罪。对于行为人与"国有单位"事前没有约定,"国有单位"利用职务上的便利为行为人谋取利益后,行为人事后基于谋取利益的事实给予"国有单位"财物作为报酬,应当不能认定为对单位行贿罪。因为在这种情况下,给予财物方不具有行贿的主观意思,尽管从客观上看,行为人事后给予财物的行为与"国有单位"事前谋取利益的行为形成事实上的对向关系,但主观要素的缺失使得这种对向关系难以奠定其犯罪性。因此,在认定对单位行贿罪时,不能简单地根据表象上是否接受或者拒绝财物来确定,而要根据构成要件是否实质符合来确定,才能够避免恣意入罪、随意入刑。

(三) 本罪的主观要素

根据刑法第三百九十一条,"为谋取不正当利益"是本罪的构成要件要素,如果行为人是为了实现某种合法利益,如通过有关"国有单位"获得某种正当服务,或者被胁迫给予"国有单位"财物,也没有获得不正当利益,则不应当认定为对单位行贿罪。关于故意实施第三百九十一条的两款行为时,是否均需要"为谋取不正当利益"要件,理论上存在两种截然不同的见解:第一种观点认为,经济交往活动中,故意给予"国有单位"各种名义回扣、手续费的行为属于注意规定,依然要求行为人主观上有"为谋取不正当利益"的意思。其主要理据在于,如果认为在这种情况下不需要"为谋取不正当利益"要件,不仅容易导致罪刑不均衡,也与立法的目的相违背。① 换言之,在经济往来过程中故意给予"国有单位"各种回扣、手续费的行为,如果不是以"为谋取不正当利益"为目的的,不能认定为本罪。与之相对,第二种观点认为,并非所有对单位行贿罪的成立都要求以"为谋取不正当利益"为前提,如果行为人在经济往来中违反国家规定,收受各种名义的回扣、手续费的,不以满足上述主观目的为构成要件,否则不仅有悖于文义,而且不利于司法实践的操作。②

本书赞同第一种观点。认为"在经济往来中,违反国家规定,给予各种名义的回扣、手续费"的场合不需要以"为谋取不正当利益"为要件,实际上存在扩张刑事犯罪圈的风险。于刑法而言,不随意削减犯罪的构成要件,实际上是为了避免由于犯罪圈恣意扩张对刑事法治国原则的损害,维持刑事法治的正义性。由于语义的复杂性,同样的语言在不同的解释者看来所表达的意思可能不同,甚至完全相反。但这并不意味着刑法解释是无标准的,刑法解释学的任务是,基于正义理念的引导,在可能的语义范围内选择最为合适的解释方案,为刑事制裁划定合适的犯罪圈。毋庸讳言,刑事犯罪圈难以不偏不倚地完全符合正义要求,也不可能一成不变,尤其是随着社会生活的变迁以及利益冲突的复杂化,刑事犯罪圈也会相应发生变化。但是,刑法的最终任务不是为了制裁犯罪者,而是在值得保护的利益上划定界限,在必要的限度内动用刑罚权,这也是实质罪刑法定原则限制国家刑罚权的要义所在。犯罪的认定,必须要以完整符合犯罪构成要件为前提。具体到本罪中,行为人直接对"国有单位"行贿的行贿须要以"为谋取不正当利益"为前提,那么相对而言更轻的在经济往来过程给予"国有单位"回扣、手续费的行为,当然也应当受到该主观目的的限制,否则就会导致轻行为过度犯罪化,不仅不利于对单位行贿罪的打击,还会造成处罚的不均衡性,有损刑事法治的正义性。

建筑公司向其他单位购买投标资质案

【案例 7-3】 2009 年 6 月,现代路桥公司在上饶至武夷山高速公路建设项目(以下简称上武高速)投标中,向湖南建筑工程公司、邵阳公路工程公司等 19 家符合条件的企业支付 2 万至 7 万元不等的资料费,借用上述企业的资质投标;通过让标、换标的方法,对上武高速 S6、SP1、SP2 标段投标,先后控制了江西中煤公司、赣东路桥公司、井冈路桥公司等企业投标报价。2009 年 6 月 16 日,刘某甲决定从公司账户中借支 240 万元,用现金购买参与 SP1、SP2、S6 标段投标多家企业的投标标书。其中给付国有企业核工业华东建设公司 50 万元;转账 60 万元给通威路桥公司购买 SP1、SP2 标资质;花费 30 万元从范某甲处购买了其所掌握的江西省公路机械工程局 S6 标资质;通过徐某乙以永武

---
① 张明楷:《刑法学(下册)》,法律出版社,2016 年版,第 1230 页。
② 赵煜:《惩治贪污贿赂犯罪实务指南》,法律出版社,2017 年版,第 626 页。

A15号标段的施工换标的方式取得了徐某乙掌握的鞍山市政工程公司、东盟营造工程有限公司的投标资质,中得了上武高速S6、SP2标。将SP2标段整体转包给范某甲的恒剑路桥公司施工,收取了管理费750万元。铅山县人民检察院指控,现代路桥公司在上武高速项目招投标过程中,为谋取不正当利益,从账外给予国有公司通威路桥公司、核工业华东公司以财物,被告人刘某甲对以上事项进行决策,并直接参与具体操作,系被告单位直接负责任的主管人员。被告单位、被告人刘某甲的行为均触犯了刑法第三百九十一条之规定,应当以对单位行贿罪追究被告单位现代路桥公司、被告人刘某甲的刑事责任。一审法院认定被告人无罪,检察院提起抗诉;二审法院终审认为江西省现代路桥工程总公司和刘某不构成对单位行贿罪,维持了一审法院的无罪判决。①

经济往来中给予国家机关、国有公司、企业、事业单位、人民团体回扣、手续费的行为,须要以"为谋取不正当利益"作为主观限制条件,以防止犯罪打击范围过于宽泛。其故意的内容是,行为人明知这种直接给予"国有单位"财物的行为或者在经济活动中给予"国有单位"回扣、手续费的行为侵犯"国有单位"职务活动的廉洁性与"国有单位"职务活动的不可收买性,依然实施这种行为,表明行为人通常具有直接故意。案例7-3中,现代路桥公司在招投标过程中,系作为平等的民事主体与其他单位参与市场竞争,且在招投标过程中,在制作标书、购买资料、图纸和差旅费等方面存在一定的费用支出,其在与其他公司、企业的经济往来中,虽然买卖了公司的投标资质,但是在此过程中不存在金钱与权力的交易,没有"为谋取不正当利益"的主观目的。现代路桥公司的行为虽然违反了财务规章制度,但没有侵犯对方国有单位的职务行为的廉洁性和不可收买性。其实,自国有企业改制以来,许多带有国有股份的企业都直接参与市场竞争,自负盈亏的比例非常高。而在正常的市场交往过程中,回扣、手续费往往是必要的人情往来,但如果纯粹的金钱往来没有在实质上形成对向关系,则这种情况下不宜认定为对单位行贿罪。案例7-3中有如下重要事实:"刘某甲通过购买多个国有企业的投标资质,进行类似围标的操作,最终中标。"行为人通过购买的方式获得多个国有企业的投标资质,并让这些企业分别参与投标过程,事实上,在市场经济环境下,购买投标资质的行为也可以视为市场交易的一部分,况且多方参与者事后完全也可以达成项目外包协议。因此,本案多方当事人虽然在客观上具有金钱和投标资质的交易,但这种交易不构成行贿罪意义上的对向关系,不宜认为符合本罪的构成要件,应予以出罪。应特别警惕本罪的滥用。

此外,现实中有不少向"国有单位"捐赠的行为,对于这种行为的定性目前还没有准确的结论。譬如,某企业出资为政府机关捐赠办公大楼,以获取税收优惠,双方之间存在利益交换关系。在这种情形下,能否认定对单位行贿罪呢?目前,已公布的案例中并未有涉及这方面的,这也表明司法机关基本不会将这类情形视为犯罪处理。确然,如果仅

---

① 参见《江西省上饶市中级人民法院刑事判决书》,(2015)饶中刑二终字第18号。

仅从事件的表面来看,企业通过捐赠的方式获得税收优惠,存在明显的对向关系,捐赠大楼的数额以及税收优惠的数额都是可以精确计算的。但是,如果将这种捐赠行为也普遍视为犯罪,其结果可能会模糊罪与非罪的界限,导致某些不应入罪的行为乱入罪。上述案例表明,行为人一旦实施符合构成要件的行为,在某些情形下也可以出罪,此即刑事政策出罪的方式。"法律及其所属的法律体系具有形式法治优点的事实,并没有削弱法官在次优结果案件中偏离的道德理由。"① 换言之,各种诉诸形式法治的理由,展现于社会生活中时难免会"应接不暇",形式法治预设的前提有时会因为社会生活的变动而几近崩溃。在这种情况下,一味固守法律形式主义,反而会偏离法治的轨道。刑事政策出罪系从社会效果的角度观察案件事实,透过规范的价值评价宣示个案正义,是对犯罪论体系评价的一种扬弃。不过,即便被纳入刑法体系,刑事政策出罪亦保持较大的灵活性,其所蕴含的实质法治思想容易剑走偏锋,构成对犯罪评价的压制,正因为如此而对某些不应当处罚的行为除罪化。

三、对单位行贿罪的处罚

刑法第三百九十一条对单位行贿罪仅设置一档法定刑:个人或单位对"国有单位"行贿的,满足特定数额与情节标准的,处三年以下有期徒刑或者拘役。成立对单位行贿罪,应当符合1999年8月6日最高人民检察院《关于人民检察院直接受理立案侦查案件立案标准的规定(试行)》第6条规定的数额与情节:(1)如果个人行贿数额在10万元以上或者单位行贿数额在20万以上的,应予立案。(2)如果个人行贿数额不满10万元或者单位行贿数额已满10万不满20万元,但符合"为谋取非法利益而行贿""向3个以上单位行贿""向党政机关、司法机关、行政执法机关行贿"或者"致使国家或者社会利益遭受重大损失"四个条件之一的,也应予立案。通过搜索裁判文书网、OpenLaw、无讼案例等案例数据库,共发现276则涉及对单位行贿的案例,相关判决主要集中在国有企业与事业单位领域,且刑罚轻缓化的趋势比较明显,仅上述276则案例中就有110则涉及免刑或者部分责任人员免刑。② 由此可见,司法实践普遍认为对单位行贿罪的可罚性较低,通常行贿数额不是特别巨大,没有特别严重情节,符合自首条件的,都会给予减刑乃至免刑。

对单位行贿被判罚金刑

【案例7-4】 被告人杨某某于2010年至2015年初,借用吉林市北方建业建筑安装

---

① [美]杰弗里·布兰德:《法治的界限:越法裁判的伦理》,娄曲亢译,中国人民大学出版社,2016年版,第102页。
② 相关案例参见:《江苏省连云港市海州区人民法院刑事判决书》,(2016)苏0706刑初字第237号;《河南省漯河市源汇区人民法院刑事判决书》,(2014)源刑初字第105号;《河北省馆陶县人民法院刑事判决书》,(2016)冀0433刑初字第3号;《山东省成武县人民法院刑事判决书》,(2017)鲁1723刑初字第1号,等等。

公司、吉林建工建设集团有限公司磐石分公司、长春建工集团有限公司的名义承揽工程,为了尽快结算工程款以及多承揽工程,先后多次向中油吉化化建第一项目部经理张某(已判刑)行贿,共计人民币20万元。案发后,被告人杨某某主动到侦查机关投案,并如实供述主要犯罪事实。一审法院认为,被告人杨某某在经济往来中,违反国家规定,向企业行贿,其行为已构成对单位行贿罪。公诉机关指控的事实清楚、罪名成立,且对公诉机关及辩护人认为被告人系自首具有法定从轻处罚情节的公诉意见,予以支持;被告人在案件审理期间,积极提供财产刑担保,具有悔罪表现。最终判决被告人杨某某犯对单位行贿罪,判处有期徒刑六个月,缓刑一年,并处罚金人民币二十万元。①

2015年11月1日实施的《刑法修正案(九)》第四十七条增设了对单位行贿罪的罚金刑,与之前相比,这属于刑罚设置的加重,因而这里就存在溯及力问题。我国立法法第93条规定:法律、行政法规、地方性法规、自治条例和单行条例、规章不溯及既往,但为了更好地保护公民、法人和其他组织的权利和利益而作的特别规定除外。我国刑法第十二条也规定了新旧刑法条文的溯及力从旧兼从轻原则,即一般按照行为时的法律,但行为后的法律认为不构成犯罪或者处罚较轻的,按照行为后的法律。案例7-4中,被告人的行为发生在《刑法修正案(九)》实施以前,原则应当按照行为时的法律处罚,《刑法修正案(九)》增加了罚金刑,属于不利于被告人的刑罚,不应当溯及既往。本案中,吉林市人民检察院抗诉也提出抗诉意见,主张根据从旧兼从轻的原则,不应对杨某某判处罚金刑。二审法院认为,应适用修正前的刑法条文对杨某某定罪处罚,原审判决引用修正后刑法条文,属适用法律错误,吉林市人民检察院的抗诉意见正确,予以支持。最终,二审法院判决原审法院认定的事实清楚,证据确实充分,定性准确,审判程序合法,但适用法律存在错误,应依法改判。判决如下:撤销吉林省吉林市龙潭区人民法院(2016)吉0203刑初字第287号刑事判决;原审被告人杨某某犯对单位行贿罪,判处有期徒刑六个月,缓刑一年。由本案可见,一个十分清楚的从旧兼从轻原则,在实践中也难以被贯彻,司法机关的刑法知识素养在同一地区也存在很大差别,此时检察机关的监督职能实在重要。

---

① 参见《吉林省吉林市中级人民法院刑事判决书》,(2017)吉02刑再字第17号。

第八章　介绍贿赂罪

【《中华人民共和国刑法》(最新版)相关法条】

第三百九十二条　向国家工作人员介绍贿赂，情节严重的，处三年以下有期徒刑或者拘役，并处罚金。

介绍贿赂人在被追诉前主动交待介绍贿赂行为的，可以减轻处罚或者免除处罚。①

【司法解释】

■ 1999 年 9 月 9 日，最高人民检察院《关于人民检察院直接受理立案侦查案件立案标准的规定(试行)》

(七) 介绍贿赂案(第三百九十二条)

介绍贿赂罪是指向国家工作人员介绍贿赂，情节严重的行为。

"介绍贿赂"是指在行贿人与受贿人之间沟通关系、撮合条件，使贿赂行为得以实现的行为。

涉嫌下列情形之一的，应予立案：

1. 介绍个人向国家工作人员行贿，数额在 2 万元以上的；介绍单位向国家工作人员行贿，数额在 20 万元以上的；

2. 介绍贿赂数额不满上述标准，但具有下列情形之一的：

(1) 为使行贿人获取非法利益而介绍贿赂的；

(2) 3 次以上或者 3 人以上介绍贿赂的；

(3) 向党政领导、司法工作人员、行政执法人员介绍贿赂的；

(4) 致使国家或者社会利益遭受大损失的。

一、介绍贿赂罪的沿革

介绍贿赂是党和国家反贿赂犯罪的重要罪名，在新中国成立伊始便对之进行了规制。1952 年 4 月 21 日中央人民政府公布实施的《中华人民共和国惩治贪污条例》第 6 条规定：一切向国家工作人员行使贿赂、介绍贿赂者，应按其情节轻重参酌本条例第三条的规定处刑；其情节特别严重者，并得没收其财产之一部或全部；其彻底坦白并对受贿人

---

① 2015 年 8 月 29 日第十二届全国人民代表大会常务委员会第十六次会议通过《刑法修正案九》对本条进行了修订，原刑法条文为：向国家工作人员介绍贿赂，情节严重的，处三年以下有期徒刑或者拘役。介绍贿赂人在被追诉前主动交待介绍贿赂行为的，可以减轻处罚或者免除处罚。

实行检举者,得判处罚金,免予其他刑事处分。1979年7月1日通过的《中华人民共和国刑法》第八章渎职罪第一百八十五条规定:"国家工作人员利用职务上的便利,收受贿赂的,处五年以下有期徒刑或者拘役。赃款、赃物没收,公款、公物追还。犯前款罪,致使国家或者公民利益遭受严重损失的,处五年以上有期徒刑。向国家工作人员行贿或者介绍贿赂的,处三年以下有期徒刑或者拘役。"1988年1月21日全国人大常委会通过的《关于惩治贪污罪贿赂罪的补充规定》并没有提及介绍贿赂罪,这导致刑法是否处罚介绍贿赂行为一度产生争议。我们认为,介绍贿赂罪始终存在于刑法典中,上述补充规定是全国人大常委会颁布的,是对1979年刑法典的补充而非取代。① 1997年刑法第三百九十二条设置专条介绍贿赂罪:向国家工作人员介绍贿赂,情节严重的,处三年以下有期徒刑或者拘役。这一新规定在介绍贿赂罪的入罪标准中增加了"情节严重",相对限制了处罚范围。该条第二款规定,介绍贿赂人在被追诉前主动交待介绍贿赂行为的,可以减轻处罚或者免除处罚。这一规定与第三百九十条行贿罪中的从宽条件具有一致性,行贿罪中也规定"行贿人在被追诉前主动交待行贿行为的,可以减轻处罚或者免除处罚",这从诉讼的角度有利于瓦解犯罪同盟,获得更多侦破线索。2015年11月1日生效的《刑法修正案(九)》对行贿罪的从宽标准修订为"行贿人在被追诉前主动交待行贿行为的,可以从轻或者减轻处罚。其中,犯罪较轻的,对侦破重大案件起关键作用的,或者有重大立功表现的,可以减轻或者免除处罚",而介绍贿赂罪中并未对此修正,而是保留了原来的条文,只不过增加了"并处罚金"的规定。

二、介绍贿赂罪的构成

最高人民法院公报案例:孙爱勤介绍贿赂案

【案例8-1】 检察院指控:1993年4月,镇江市供销社房地产开发公司(现名神龙房地产开发公司,集体所有制企业,以下简称供销公司)与挂靠在镇江市振华房屋开发公司(以下简称振华公司)的刘以江联合开发健康路8号地块。业务过程中,被告人孙爱勤伙同供销公司副经理朱锦顺等人,利用朱锦顺的职务便利,共同收受刘以江贿赂的20万元,孙爱勤将其中的5万元占为己有。1994年6月,镇江市丹徒县房地产管理局(以下简称丹徒房管局)与刘以江联合开发健康路17号地块。业务过程中,孙爱勤又伙同丹徒房管局局长周伟,利用周伟的职务便利,先共同收受刘以江贿赂的10万元,二人各分得5万元;后孙爱勤单独收受了刘以江贿赂的8万元。孙爱勤伙同朱锦顺等人收受贿赂的行为,触犯了《中华人民共和国刑法》第一百六十三条的规定,构成公司人员受贿罪;孙爱勤伙同周伟以及单独收受刘以江贿赂的行为,触犯了刑法第三百八十五条的规定,构成

---

① 刘明祥:《简析全国人大常委会〈补充规定〉对贿赂罪的修改》,载《法学》1988年第6期。

受贿罪。江苏省镇江市京口区人民法院于2001年11月15日做出判决,认为被告人孙爱勤伙同朱锦顺、周伟,并分别利用朱、周二人的职务便利,非法收受刘以江的钱财,为刘谋取利益,其行为触犯刑法,构成共同犯罪,孙爱勤的行为发生于刑法修订施行前,应当依照1979年刑法和《关于惩治违反公司法的犯罪的决定》定罪量刑。对孙爱勤伙同朱锦顺,利用朱锦顺的职务便利非法收受刘以江钱财的行为,应当认定构成商业受贿罪;对孙爱勤伙同周伟,利用周伟的职务便利非法收受刘以江钱财,为刘谋取利益的行为,应当认定构成受贿罪。被告人提出上诉,2002年9月,二审法院认为,上诉人孙爱勤在刘以江托其帮忙介绍开发单位时,介绍并引见刘以江与朱锦顺、周伟二人相识。促成他们之间的联合开发后,孙爱勤收受了刘以江所送的现金,并分别转送给朱、周等人。孙爱勤事先没有与朱锦顺、周伟共谋收取刘以江的好处,也没有与刘以江共谋给朱、周二人送礼。因此其主观上,既不具有与他人共同受贿的故意,也不具有与他人共同行贿的故意。客观上,孙爱勤只是在行贿人与受贿人之间实施了引见、沟通、撮合的行为,既不是共同行贿,也不是共同受贿,而是介绍贿赂。①

刑法第三百九十二条对介绍贿赂罪的构成要件行为采用了较为简单的表述,即向国家工作人员介绍贿赂。其中,介绍贿赂的受贿人是"国家工作人员",国家工作人员的内涵在前述章节均有涉及和讨论,本处不予赘述;介绍贿赂的另一个对象行贿人身份则没有限制。本罪中最为重要的是行为本身即"介绍贿赂",根据1999年9月最高人民检察院《关于人民检察院直接受理立案侦查案件立案标准的规定(试行)》中的司法解释,介绍贿赂是指在行贿人与受贿人之间沟通关系、撮合条件,使贿赂行为得以实现的行为。一般认为,这种介绍贿赂通常表现为两种方式:其一是介绍行贿,即受行贿人之托,为其寻找合适的行贿对象,并从中疏通行贿渠道、引荐受贿人、转达行贿的信息,为行贿人转送贿赂财物,向受贿人传达行贿人的收受财物之要求;其二是介绍受贿,即按照受贿人的意图,为其物色索贿或受贿的对象,向行贿人转达受贿需求、传递相关信息。本案中,孙爱勤介绍刘以江与朱锦顺、周伟认识,并在收取刘以江行贿款后转送给朱锦顺、周伟,这种行为主要属于为行贿人"服务"即替行贿人转送贿赂款的沟通撮合行为,构成介绍贿赂罪。

本案例是《最高人民法院公报》2002年第6期公报案例,主要争议焦点在于:行为人在行贿人与受贿人之间实施引见、沟通、撮合,并从中获取利益,该行为是否构成介绍贿赂罪?审判机关对于已超过追诉时效的介绍贿赂罪的犯罪行为人应如何裁决?案例要旨指出:全国人大常委会于1988年颁布的《关于惩治贪污罪贿赂罪的补充规定》中规定,国家工作人员、集体经济组织工作人员或者其他从事公务的人员,利用职务上的便利,索取他人财物的是受贿罪。与以上人员勾结,伙同受贿的,以共犯论处。对于行为人

---

① 参见《孙爱勤介绍贿赂案》,载《最高人民法院公报》2002年第6期。

在行贿人与受贿人之间实施引见、沟通、撮合,并从中获取利益的,是否认定其构成介绍贿赂罪,关键在于判断其介绍贿赂的对象是否为法律规定的受贿罪的犯罪主体。由于我国 1979 年刑法未规定公司工作人员受贿为犯罪,如果该行为人介绍对象为公司工作人员的,应认定其不构成犯罪。如果介绍对象为国家工作人员,则根据 1979 年刑法第一百八十五条第三款之规定,应认定其构成介绍贿赂罪。我国刑法规定,法定最高刑为不满五年有期徒刑的犯罪,经过五年都不再追诉。但在人民法院、人民检察院、公安机关采取强制措施以后,逃避侦查或者审判的,不受追诉期限的限制。对于已超过追诉时效的犯罪行为人来说,如果其没有被采取过任何强制措施,也没有重新犯罪的,不得再追究其刑事责任,但对于其非法所得,应当依法收缴。

三、介绍贿赂罪与行贿罪、受贿罪的关系

陈某介绍贿赂案

【案例 8-2】 2015 年 10 月,刘某(另案处理)因涉嫌交通肇事犯罪被刑事拘留,委托梁某(另案处理)找关系为其变更强制措施为取保候审,并承诺支付相关贿赂费用。梁某即将该情况转达被告人陈某某,并请求其帮忙,陈某某找到时任中山市公安局法制监管支队政委的杨军(另案处理)帮忙,并转达了刘某愿意支付贿赂款的意思。随后,杨某向相关办案单位工作人员打招呼,建议对刘某变更强制措施为取保候审。刘某被取保候审后,被告人陈某某于同年 12 月收到刘某通过梁某转交的贿赂款 35 万元,并将其中的人民币 32.5 万元转交给杨某,余下人民币 2.5 万元由其本人占用。2016 年 10 月 12 日,杨某为掩饰受贿犯罪事实,将现金人民币 19.654 万元退还给被告人陈某某,后陈某某将该款退出,由中山市第二市区人民检察院依法扣押。2016 年 10 月 14 日,被告人陈某某被中山市第二市区人民检察院电话传唤到案,主动交代了介绍贿赂的犯罪事实,其后退出涉案赃款人民币 2.5 万元。2017 年 9 月,法院判决被告人陈某某犯介绍贿赂罪,判处有期徒刑一年,缓刑一年,并处罚金人民币 15 万元。①

由于介绍贿赂是在行贿人与受贿人之间牵线搭桥、从中联络的行为,这种"中介""居间"一头牵扯到行贿人,另一头牵扯到受贿人,介绍人所发挥的作用就是使得行贿与受贿行为更容易实现,因而这种行为被很多学者视为行贿罪或受贿罪的帮助行为。如果按照行贿罪、受贿罪的教唆帮助行为来认定介绍贿赂人与行贿人或受贿人成立共同犯罪,则介绍贿赂的行为将受到更严厉的处罚。有学者认为,如果仅仅是在行贿、受贿双方之间进行撮合而没有更多的行为的话,可以将该行为认定为介绍贿赂,但居中介绍人之后又

---

① 《广东省中山市中级人民法院刑事判决书》,(2017)粤 20 刑初字第 24 号。

帮助转交财物的,就超出了介绍贿赂的范围,而成为行贿的帮助犯;如果居中介绍之后,又和受贿者共同分享该贿赂的话,则就不是介绍贿赂,而是受贿罪的共犯。① 有学者认为,不必对介绍贿赂罪的成立设置过多门槛,如果介绍行为构成对行贿人的帮助,则成立行贿罪的共犯;如果构成对受贿人的帮助,则构成受贿罪的共犯;如果同时对行贿行为与受贿行为起作用,则属于一行为触犯数罪名,应从一重论处。② 有学者认为,介绍贿赂罪的适用空间极其有限,仅限于那些情节特别轻的介绍贿赂,对于深度参与行贿受贿双方行为的介绍贿赂,应认定为受贿罪的共犯,因为所有介绍贿赂行为最终都要和受贿人沟通,将之认定为受贿罪的共犯是切断受贿来源的现实需要,否则不利于从源头上遏止腐败。③ 案例8-2中的梁某首先接受刘某让其为自己找关系谋取不正当利益的委托,梁某找到另一介绍人陈某,陈某负责向受贿人杨军传达了有"购买权力"进行权钱交易需求的行贿人刘某的请托要求,并且陈某将贿赂款从刘某处转交至受贿人杨军。按照上述第一种看法,陈某超出了居间关系而参与了帮助转交财物的行为,构成行贿罪的共犯;按照第二种看法,陈某同时成立行贿罪与受贿罪的共犯;按照第三种看法,陈某成立受贿罪的共犯。

但是,本书不赞成上述看法,而是认为介绍贿赂行为应当按照独立的介绍贿赂罪定罪量刑。介绍贿赂虽然是行贿罪与受贿罪的帮助行为,可并非凡是帮助行为就构成共同犯罪,帮助行为也可能成立单独的犯罪。刑法总则规定了共同犯罪,总则的规定适用于分则,但也会存在另外。如果分则对共犯行为规定了特别的罪名,则对于共犯行为不再适用总则的处罚规定,而是直接适用该独立罪名,这就算是刑法典中的"共犯正犯化"。例如,《刑法修正案(九)》增设了第二百八十七条之二帮助信息网络犯罪活动罪:明知他人利用信息网络实施犯罪,为其犯罪提供互联网接入、服务器托管、网络存储、通讯传输等技术支持,或者提供广告推广、支付结算等帮助,情节严重的,处三年以下有期徒刑或者拘役,并处或者单处罚金。④ 如果没有这一犯罪,则对于事实信息网络犯罪活动的帮助行为,可以按照刑法总则的规定以帮助犯论处,但如今有了独立的犯罪,则只能按照该罪论处。再如,刑法第二百零五条规定了虚开增值税专用发票、用于骗取出口退税、抵扣税款发票罪和虚开普通发票罪,该条第三款规定:虚开增值税专用发票或者虚开用于骗取出口退税、抵扣税款的其他发票,是指有为他人虚开、为自己虚开、让他人为自己虚开、介绍他人虚开行为之一的。可见,第二百零五条虚开系列发票罪本身的行为之一就有介绍他人虚开,那么当然不必再将这种行为重复评价为虚开增值税专用发票的共犯行为,这是最极端的一个例子。还如,刑法第三百五十八条规定了组织、强迫卖淫罪,本条第四

---

① 参见黎宏:《刑法学总论》,法律出版社,2016年版,第542-543页。
② 参见张明楷:《刑法学(下)》,法律出版社,2016年版,第1236-1237页。
③ 参见周光权:《刑法总论》,中国人民大学出版社,2016年版,第491-492页。
④ 对本罪的分析可以参见刘艳红:《网络中立帮助行为可罚性的流变及批判》,载《法学评论》2016年第5期;陈洪兵:《帮助信息网络犯罪活动罪的限缩解释适用》,载《辽宁大学学报(哲学社会科学版)》2018年第1期。

款规定:为组织卖淫的人招募、运送人员或者有其他协助组织他人卖淫行为的,处五年以下有期徒刑,并处罚金。这意味着,为组织卖淫行为提供协助的行为,不再认定为组织卖淫罪的帮助犯,即不必按照刑法总则第二十七条的规定"对于从犯,应当从轻、减轻处罚或者免除处罚",而是应当直接适用第三百五十八条第四款协助组织卖淫罪定罪处罚。介绍贿赂罪正是这样一种情形,介绍贿赂行为既然是在行贿人与受贿人之间沟通联络撮合的行为,必然同时联系双方,为贿赂的完成提供各种信息、场合等帮助,属于对行贿罪或者受贿罪的帮助犯,立法者在设立本罪时当然明确这一点,但立法者仍然执意将行贿罪或者受贿罪的帮助行为设立为独立的介绍贿赂罪并配置比行贿罪、受贿罪及其帮助行为更轻缓的刑罚,此时就不能再以总则共犯的规定架空立法者的立法设计,只能尊重这一独立罪名。如果承认介绍贿赂的帮助行为是行贿罪或受贿罪的共犯,那么在罪名的认定上也是认定为行贿罪或者受贿罪,而介绍贿赂罪是一种特别法条,如果承认介绍贿赂行为同时触犯介绍贿赂罪与行贿罪或受贿罪,那么应当按照"特别法条优于一般法条"的法条竞合适用原则,按照介绍贿赂罪处罚。据此,案例8-2中法院判决陈某构成介绍贿赂罪是正确的。

党的十八大以后,以习近平同志为核心的党中央表明了坚决的反腐态度并作出了坚定的反腐行动,反腐败高压态势明显,腐败治理成效显著,但仍然存在很多贿赂犯罪难以查处。在这样的全面反腐时代背景下,强调以环境治理为核心的"间接整治",针对现代公共权力架构积极扩展预防措施的作用场域并深化预防措施的作用效果,形成以预防为主导的积极治理模式,从源头遏止腐败,变得十分迫切。① 但是,我们切忌病急乱投医,源头治理不等于重刑主义,而是强调依赖刑法前置法的体系优化加强对公权力的监督,削减腐败滋生的因素、净化公权力的监督环境。介绍贿赂行为是否是受贿罪或者行贿罪的"源头",这本身就充满疑问,国家工作人员受贿罪的源头不在介绍贿赂行为,而在于国家工作人员职权运行缺乏行之有效的监督制约机制,介绍贿赂人、行贿人都不是国家工作人员腐败的根本原因,如果一个国家工作人员本身素质过硬、执法机制健全,其能够面对贿赂义正词严的话,这些介绍贿赂人、行贿人只会胆战心惊,哪里敢抱有收买或者帮助他人收买公权力的幻想呢?试想,有谁会去与铁面无私的"包青天"进行权钱交易呢?所以,我们在追求腐败源头治理的时候,必须牢记何为腐败的源头,不要动不动就拿"源头遏制"的幌子来推销自己的观点。或许,当立法者认为介绍贿赂的可罚性增强,便会考虑废除介绍贿赂罪(或者保留该罪而明确提高其刑罚,或者直接将之认定为行贿罪、受贿罪的帮助犯),这是立法政策问题、在当前保有介绍贿赂犯罪的情形下,司法者就不能为了"从重处置"的重刑主义,而将介绍贿赂的行为按照行贿罪或受贿罪的共犯,将刑罚加重若干等级。

---

① 参见钱小平:《我国惩治贿赂犯罪立法检讨——以积极治理主义为视角》,载《法商研究》2018年第1期。

四、介绍贿赂罪的处罚

介绍贿赂免于刑罚案

【案例 8-3】 2009 年末,被告人王亚茹结识被告人尚成惠,尚承诺为其女儿冯某安排工作。2010 年元旦后,尚成惠跟被告人莫金刚提出帮冯某找工作,莫金刚答应帮忙,遂找其哥被告人莫金柱帮忙,莫金柱便联系时任四平市铁西区旅游局局长的被告人刘明海,刘明海告知铁西区旅游局要成立旅游服务中心,并承诺可帮冯某安排工作,同时提出前期运作需要七八万元费用。2010 年 1 月 18 日王亚茹通过中国建行四平电厂支行给尚成惠转账人民币 17 万元,尚成惠本人自留 2 万元。同年 2 月 2 日和 3 月 22 日,尚成惠先后转存给莫金刚 5 万元、3.7 万和 6.3 万元,三次共计 15 万元。3 月 24 日,莫金刚提取 5 万元现金交给莫金柱,莫金柱将该 5 万元存入自己名下的活期存折,于当日在刘明海办公室将该存折交予刘明海,刘明海给莫金柱出具借条一张。一个月后,刘明海又以办工作还需要钱为由,打电话给莫金刚,在铁东区政府门口从莫金柱处取走 1 万元现金。2012 年 11 月份,刘明海以给冯某安排工作还需要 2 万元钱为由,开车到四平市第六中学门前,从莫金刚处取走 2 万元现金。案发后,被告人刘明海及其家属、莫金刚和尚成惠已将 17 万元全部返还王亚茹。一二审法院认为,被告人尚成惠、莫金刚、莫金柱受他人请托向国家工作人员介绍贿赂,情节严重,其行为已构成介绍贿赂罪。被告人尚成惠、莫金刚、莫金柱在被追诉前主动交代了本人介绍贿赂的行为,依法可免除处罚,最终判决三被告人构成介绍贿赂罪,但免于刑事处罚。

根据刑法第三百九十二条,向国家工作人员介绍贿赂,情节严重的,处三年以下有期徒刑或者拘役,并处罚金;介绍贿赂人在被追诉前主动交待介绍贿赂行为的,可以减轻处罚或者免除处罚。从处罚规则上看,对介绍贿赂罪的处罚并不严厉:介绍贿赂罪情节严重的行为,最高刑为三年有期徒刑;被追诉前主动交代的,最低刑为免除处罚。而对于受贿罪,根据刑法第三百八十三条,受贿数额特别巨大或者有其他特别严重情节的,处十年以上有期徒刑或者无期徒刑,并处罚金或者没收财产;数额特别巨大,并使国家和人民利益遭受特别重大损失的,处无期徒刑或者死刑,并处没收财产。对于行贿罪,根据刑法第三百九十条,受贿情节特别严重的,或者使国家利益遭受特别重大损失的,处十年以上有期徒刑或者无期徒刑,并处罚金或者没收财产。所以,立法者对介绍贿赂行为的处罚明显异于行贿罪、受贿罪,刑罚表现出大幅度轻缓。案例 8-3 中,被告人尚成惠、莫金刚、莫金柱在被追诉前主动交代了本人介绍贿赂的行为,依法可以减轻或者免除处罚,三人介绍贿赂数额 17 万,最终被免于刑事处罚。

第九章　巨额财产来源不明罪

【《中华人民共和国刑法》(最新版)相关法条】

第三百九十五条　国家工作人员的财产、支出明显超过合法收入,差额巨大的,可以责令该国家工作人员说明来源,不能说明来源的,差额部分以非法所得论,处五年以下有期徒刑或者拘役;差额特别巨大的,处五年以上十年以下有期徒刑。财产的差额部分予以追缴。①

【司法解释】

■1999年8月6日,最高人民检察院《关于人民检察院直接受理立案侦查案件立案标准的规定(试行)》

(九)巨额财产来源不明案(第三百九十五条第一款)

巨额财产来源不明罪是指国家工作人员的财产或者支出明显超出合法收入,差额巨大,而本人又不能说明其来源是合法的行为。

涉嫌巨额财产来源不明,数额在30万元以上的,应予立案。

■2003年11月13日,最高人民法院《全国法院审理经济犯罪案件工作座谈会纪要》,其中第五点对巨额财产来源不明罪中"不能说明"与"非法所得"作出了解释:

(一)行为人不能说明巨额财产来源合法的认定

刑法第三百九十五条第一款规定的"不能说明",包括以下情况:(1)行为人拒不说明财产来源;(2)行为人无法说明财产的具体来源;(3)行为人所说的财产来源经司法机关查证并不属实;(4)行为人所说的财产来源因线索不具体等原因,司法机关无法查实,但能排除存在来源合法的可能性和合理性的。

(二)"非法所得"的数额计算

刑法第三百九十五条规定的"非法所得",一般是指行为人的全部财产与能够认定的所有支出的总和减去能够证实的有真实来源的所得。在具体计算时,应注意以下问题:(1)应把国家工作人员个人财产和与其共同生活的家庭成员的财产、支出等一并计算,而且一并减去他们所有的合法收入以及确属与其共同生活的家庭成员个人的非法收入。(2)行为人所有的财产包括房产、家具、生活用品、学习用品及股票、债券、存款等动产和不动产;行为人的支出包括合法支出和不合法的支出,包括日常生活、工作、学习费用、罚款及向他人行贿的财物等;行为人的合法收入包括工资、奖金、稿酬、继承等法律和政策允许的各种收入。(3)为了便于计算犯罪数额,对于行为人的财产和合法收入,一般可

---

① 本条为2009年2月28第十一届全国人民代表大会常务委员会第七次会议通过的《刑法修正案七》所修订。

以从行为人有比较确定的收入和财产时开始计算。

一、巨额财产来源不明罪的沿革

我国 1979 年刑法并没有规定巨额财产来源不明罪，但社会经济虽然得到快速发展，必要的监督制约机制并没有随之建立健全，没能及时防止在新形势下滋生出来的消极因素的蔓延和发展。由于贪污受贿等犯罪隐蔽性较强，犯罪分子具有一定的反侦查意识，出现了部分案件即使查获国家工作人员具有远远超出其正常收入的巨额财产，但因为证据达不到确实充分的要求而不能认定为贪污罪、受贿罪或者其他犯罪，致使部分犯罪分子逍遥法外的情况。对此，全国人大常委会 1988 年颁布了《关于惩治贪污罪贿赂罪的补充规定》，其中第 11 条规定："国家工作人员的财产或者支出明显超过合法收入，差额巨大的，可以责令说明来源。本人不能说明其来源是合法的，差额部分以非法所得论。处五年以下有期徒刑或者拘役，并处或者单处没收其财产的差额部分。"全国人大常委会秘书长、法制工作委员会主任王汉斌指出："近几年，国家工作人员中出现了个别财产来源不明的'暴发户'，或者支出明显超过合法收入，差额巨大，不是几千元，而是几万元、十几万元，甚至更多，本人又不能说明财产的合法来源，显然是来自非法途径。对这种情况，首先应当查清是贪污、受贿、走私、投机倒把或者其他犯罪所得，依照刑法有关规定处罚。但有的很难查清具体犯罪事实，因为没有法律规定，不好处理，使罪犯逍遥法外。事实上，国家工作人员财产超过合法收入差额巨大而不能说明来源的，就是一种犯罪事实，一些国家和地区的法律规定这种情况属于犯罪。"[1]可以说，刑法设立这一犯罪进一步严密了惩治腐败犯罪的法网。1997 年刑法典重新确立了巨额财产来源不明罪，第三百九十五条第一款规定："国家工作人员的财产或者支出明显超过合法收入，差额巨大的，可以责令说明来源。本人不能说明其来源是合法的，差额部分以非法所得论，处五年以下有期徒刑或者拘役，财产的差额部分予以追缴。"至此，本罪的处罚最高刑为五年有期徒刑。2009 年 2 月 28 日全国人大常委会《刑法修正案（七）》对本条进行了修正：国家工作人员的财产、支出明显超过合法收入，差额巨大的，可以责令该国家工作人员说明来源，不能说明来源的，差额部分以非法所得论，处五年以下有期徒刑或者拘役；差额特别巨大的，处五年以上十年以下有期徒刑。财产的差额部分予以追缴。

---

[1] 《关于惩治走私罪和惩治贪污罪贿赂罪两个补充规定（草案）的说明》，http://www.npc.gov.cn/wxzl/gongbao/1987-11/17/content_1481045.htm。

二、巨额财产来源不明罪的构成

周镇宏巨额财产来源不明案

【案例 9-1】 被告人周镇宏,原系中共广东省委常委、统战部部长,曾任中共广东省茂名市委书记、茂名市人民代表大会常务委员会主任,广东省第十一届人民代表大会代表,2012 年 9 月 28 日经广东省人民代表大会常务委员会公告依法终止代表资格。2013 年 2 月 23 日,其因涉嫌受贿罪被逮捕。2013 年 6 月 13 日,最高人民检察院将案件经河南省人民检察院交由河南省信阳市人民检察院审查起诉。2013 年 12 月 12 日,河南省信阳市人民检察院依法向河南省信阳市中级人民法院提起公诉。指控事实为:2002 年 7 月至 2011 年 2 月,被告人周镇宏利用担任中共茂名市委书记,市人民代表大会常务委员会主任,中共广东省委常委、统战部部长等职务上的便利,为他人在职务晋升调整、企业经营发展、转业安置、当选政协常委和政协委员等方面谋取了利益,先后 173 次非法收受广东省电白县人民政府原常务副县长潘本等 33 人给予的人民币 822 万元、港币 1 196 万元、美元 55.4 万元,共计折合人民币 24 640 803.6 元。被告人周镇宏家庭财产和支出共计折合人民币 135 453 353.83 元,能够说明来源的财产共计人民币 98 450 470.87 元,共有人民币 37 002 882.96 元的财产不能说明来源。2014 年 1 月 23 日,河南省信阳市中级人民法院依法组成合议庭公开审理了此案。法庭审理认为:被告人周镇宏身为国家工作人员,利用职务上的便利,为他人谋取利益,收受他人财物,其行为已构成受贿罪;周镇宏的财产、支出明显超过合法收入,差额特别巨大,且本人不能说明来源,其行为已构成巨额财产来源不明罪。公诉机关指控周镇宏犯受贿罪、巨额财产来源不明罪事实清楚,证据确实充分,指控罪名成立。2014 年 2 月 28 日,河南省信阳市中级人民法院根据被告人周镇宏犯罪的事实、性质、情节和对社会的危害程度,依照《中华人民共和国刑法》第三百八十五条第一款,第三百八十六条,第三百八十三条第一款第(一)项、第二款,第三百九十五条第一款,第四十八条第一款,第五十七条第一款,第五十九条,第六十九条,第六十四条,《最高人民法院关于处理自首和立功具体应用法律若干问题的解释》第四条之规定,作出如下判决:一、被告人周镇宏犯受贿罪,判处死刑,缓期二年执行,剥夺政治权利终身,并处没收个人全部财产;犯巨额财产来源不明罪,判处有期徒刑十年;决定执行死刑,缓期二年执行,剥夺政治权利终身,并处没收个人全部财产。二、扣押在案的被告人周镇宏受贿所得及来源不明的财产共计人民币 61 643 686.56 元依法上缴国库。①

---

① 参见《周镇宏受贿、巨额财产来源不明案》,载《最高人民检察院公报》2014 年第 4 期。

巨额财产来源不明罪的客观要件是国家工作人员的财产或者支出超过了合法收入,差额巨大,且经责令说明来源而不能说明来源。根据2003年最高人民法院《全国法院审理经济犯罪案件工作座谈会纪要》的规定,财产、支出超过合法收入的差额部分,一般是指行为人的全部财产与能够认定的所有支出的总和减去能够证实的有真实来源的所得。行为人的合法收入包括工资、奖金、稿酬、继承等法律和政策允许的各种收入。财产、支出超过合法收入的差额部分,以非法所得论。根据最高人民检察院发布的《关于人民检察院直接受理立案侦查案件立案标准的规定(试行)》,涉嫌巨额财产来源不明,数额在30万元以上的,应予立案。在最高人民法院作出司法解释之前,人民法院在审理此类案件时可参照执行这一立案标准。

2003年11月13日,最高人民法院《全国法院审理经济犯罪案件工作座谈会纪要》对巨额财产来源不明罪中"不能说明"与"非法所得"作出了解释,条文规定:刑法第三百九十五条第一款规定的"不能说明",包括以下情况:(1)行为人拒不说明财产来源;(2)行为人无法说明财产的具体来源;(3)行为人所说的财产来源经司法机关查证并不属实;(4)行为人所说的财产来源因线索不具体等原因,司法机关无法查实,但能排除存在来源合法的可能性和合理性的。行为人就财产来源作出了说明,如果:①财产来源是合法的,经查证属实,应认定为无罪;②财产来源属于贪污、贿赂等犯罪所得,经查证属实,应认定为相应的犯罪;③财产来源于一般的违法违纪行为所得(如违反相关规定,从事与职务无关的商业行为),经查证属实,如下所述,应以一般的违法违纪行为处理。

有人认为,巨额财产来源不明罪不存在构成要件行为,巨额财产来源不明罪的本质特征在于,通过推定过去的行为(巨额财产的取得行为)构成犯罪,且极可能构成严重犯罪,进而以较轻刑罚的罪名作为兜底性罪名、拦截性罪名来解决问题。同时,立法机关鉴于此类事实现状不易查清,故而推定国家工作人员财产、支出明显超过合法收入、差额巨大而又不能说明来源的情形构成犯罪,除非行为人具备正当化事由,即能够说明上述巨额财产的具体来源。① 但是,这种观点明显存在重大疑问,因为行为刑法是现代刑法的根本原则,如果一种犯罪没有构成要件行为,那么刑法处罚的是什么呢?它的社会危害性是通过什么方式体现出来的呢?一种犯罪可能没有"作为",但也可能存在"不作为"犯罪,看不到积极主动的行为,并不意味着没有行为,纯正不作为犯就是一种有行为的犯罪。巨额财产来源不明罪中的"不能说明来源"就是一种构成要件行为。在本书看来,当国家工作人员的财产、支出明显超过合法收入,差额巨大时,国民便对国家工作人员的廉洁性产生怀疑,或者国家工作人员廉洁性就存在被侵害的重大危险,因而须要国家工作人员对财产来源情况作出说明。只有国家工作人员能够说明来源,才会消除这种动摇廉洁性印象的影响,那么这里的"说明来源"就是刑法要求国家工作人员积极做出的一种行

---

① 参见于冲:《关于巨额财产来源不明罪客观要件的反思与重构》,载《法学论坛》2013年第3期。

为,行为人怠于履行这种义务或者不能履行该义务、履行该义务不完整,那么就是一种不作为的犯罪。

值得指出的是,在《刑法修正案(七)》颁布以前,根据1997年刑法第三百九十五条规定,"本人不能说明其来源是合法的"是构成巨额财产来源不明罪的要件,但《刑法修正案(七)》对本条进行了修正:国家工作人员的财产、支出明显超过合法收入,差额巨大的,可以责令该国家工作人员说明来源,不能说明来源的,差额部分以非法所得论。换言之,客观要件变为"不能说明来源"。这是否意味着本罪客观构成要件发生了变化呢?本书认为,本条文的变化属于表述严谨化的修正,并没有进行实质内容的修正,不影响对巨额财产来源不明罪的认定。如果国家工作人员对于巨额差额财产完全不能说明任何来源,则构成本罪;如果说明是犯罪所得,如受贿所得甚至盗窃、诈骗所得,若查证属实的,则如上所述,按照相关犯罪处理,如果无法查证的,则按照本罪处理;如果国家工作人员辩称是收受的礼金等违纪行为所得,查证属实的,不构成本罪,查证不属实的,则构成本罪。总之,本罪认定的核心在于是否能够说明"来源"。案例9-1中,被告人周镇宏家庭财产和支出共计折合人民币135 453 353.83元,能够说明来源的财产共计人民币98 450 470.87元,共有人民币37 002 882.96元的财产不能说明来源,其行为构成巨额财产来源不明罪,且数额特别巨大。

三、巨额财产来源不明罪的处罚

本罪的制定本意是为了更好地惩治腐败,为腐败行为设置拦截性罪名,堵截刑法处罚漏洞。但随着腐败犯罪形势的发展,这一罪名却逐渐显示出了它的局限性。由于这种类似兜底性罪名与受贿罪、贪污罪等罪的法定刑差距很大,坦白交代反而会比拒不说明面临更重的处罚。"坦白从宽,抗拒从严"这一口号却在民间戏传为"坦白从宽,牢底坐穿;抗拒从严,回家过年"。这虽然是无稽之谈,但也多少反映出本罪的无奈。从司法实践来看,经常出现贪官来源不明的巨额财产数额远大于贪污或受贿的数额的情况,如案例9-1中,被告人周镇宏受贿数额为2 464万余元,而不能说明来源的财产数额为3 700万余元,巨额财产来源不明罪的犯罪数额远远超过受贿罪的数额。

安徽省政协原副主席巨额财产来源不明案

【案例9-2】 被告人王昭耀,原系安徽省政协副主席,第十届全国人民代表大会代表和第十届安徽省人民代表大会代表(2005年8月19日被罢免),曾任中共安徽省阜阳地委书记,安徽省人民政府副省长,中共安徽省委常委、省委副书记。2005年9月17日,因涉嫌受贿犯罪被刑事拘留,9月29日被逮捕。本案经最高人民检察院指定由山东省人民检察院于2005年9月14日立案侦查,2006年4月28日侦查终结并移送审查起诉,2006年10月24日,济南市人民检察院依法向济南市中级人民法院提起公诉。被告人王昭耀犯罪事实如下：1990年至2005年春节，被告人王昭耀在担任中共安徽省阜阳地委书记，安徽省人民政府副省长，中共安徽省委常委、副书记期间，利用职务上的便利，为他人谋取利益，非法收受陆有朝、安徽省阜阳县申宝毛巾厂等44人或单位给予的财物，共计折合人民币7 042 156元。被告人王昭耀被扣押在案的财产共计折合人民币15 957 204.11元，其家庭消费及其他支出共计人民币2 187 041.3元，以上共计18 144 245.41元。除家庭工资等合法收入人民币2 554 694.72元和受贿犯罪所得折合人民币7 042 156元及其他有明确来源的部分2 053 347.1元外，王昭耀对折合人民币6 494 047.59元的财产不能说明合法来源。山东省济南市中级人民法院依法组成合议庭，公开审理了此案。法庭审理认为：被告人王昭耀身为国家工作人员，利用职务上的便利，非法收受他人贿赂，为他人谋取利益，其行为已构成受贿罪；被告人王昭耀的财产明显超过合法收入，差额巨大，不能说明合法来源，其行为已构成巨额财产来源不明罪。2007年1月10日，山东省济南市中级人民法院依照《中华人民共和国刑法》第三百八十五条第一款、第三百八十六条、第三百八十三条第一款第（一）项、第三百九十五条第一款、第四十八条第一款、第六十九条、第五十七条第一款、第六十四条和《最高人民法院关于处理自首和立功具体应用法律若干问题的解释》第四条的规定，作出判决：被告人王昭耀犯受贿罪，判处死刑，缓期二年执行，剥夺政治权利终身，并处没收个人全部财产；犯巨额财产来源不明罪，判处有期徒刑五年；决定执行死刑，缓期二年执行，剥夺政治权利终身，并处没收个人全部财产。扣押在案的财物，其中受贿赃款7 042 156元、来源不明的巨额财产6 494 047.59元予以追缴，非法所得（受贿赃款孳息）1 589 347.1元予以没收；其余部分831 653.42元作为被告人王昭耀的个人财产予以没收，上缴国库。①

  巨额财产来源不明罪几乎没有单独适用的情形，因为它是其他犯罪的堵截罪名，而且国家工作人员财产的来源如果不是合法来源，其一定是贪污、受贿或者其他违法来源，由于数额巨大，这种违法来源构成犯罪的可能性极大。所以在实践中，犯罪嫌疑人被判刑是以受贿罪、巨额财产来源不明罪等数罪并罚。当然，由于巨额财产来源不明罪的法定刑相对较轻，当受贿罪或者贪污罪数额特别巨大而被判处无期徒刑或者死刑时，巨额财产来源不明罪的刑罚就被吸收了，如案例9-1、案例9-2中均是如此。

  再如本书之前提及的王怀忠案，王怀忠就被以受贿罪和巨额财产来源不明罪数罪并罚：最高人民检察院在侦查被告人王怀忠涉嫌职务犯罪案件中，扣押、冻结被告人王怀忠及其妻韩桂荣（另案处理）拥有的人民币、外币、存单、债权凭证及金银首饰、玉器、高级手表等物品共计折合人民币941.48万元；同时查明，被告人王怀忠夫妇已支出的各种消费和其他开支共计折合人民币144.31万元。以上共计折合人民币1 085.79万元。其中，被告人王怀忠非法索取、收受他人钱财价值人民币517.1万元，王怀忠夫妇合法收入

---

① 参见《王昭耀受贿、巨额财产来源不明案》，载《最高人民检察院公报》2007年第5号。

和来源明确的所得 88.11 万元,尚有价值人民币 480.58 万元的财产,被告人王怀忠不能说明其合法来源。又如"褚时健案",1995 年 8 月至 1998 年 7 月,河南省洛阳市公安局和云南省人民检察院在对本案侦查过程中,先后在云南省昆明市、玉溪市和河南省偃师市等地,扣押、冻结了褚时健的货币、黄金制品、房屋以及其他贵重物品等财产,共折合人民币 521 万元、港币 62 万元。对此,褚时健能说明其合法收入来源并经查证属实的仅为人民币 118 万元。其余财产计人民币 403 万元、港币 62 万元,褚时健不能说明其合法来源。

根据我国刑法第三百九十五条第一款的规定,犯本罪的,处五年以下有期徒刑或者拘役;差额特别巨大的,处五年以上十年以下有期徒刑。财产的差额部分予以追缴。刑法第六十四条规定,犯罪分子违法所得的一切财物,应当予以追缴或者责令退赔。这是刑法总则规定的一般普通条款,适用于一般犯罪关于财产方面的处理。同时,刑法第三百九十五条第一款规定,本罪中财产的差额部分予以追缴,这可谓刑法分则规定的针对本罪的特殊条款。根据特殊条款优先于普通条款的冲突解决原则,本罪应适用修正案这一条款,且不再适用其他条款。① 详言之,司法机关在适用刑法第三百九十五条第一款规定处罚时应当注意,追缴犯罪分子这部分财产的法律依据,只要援引刑法第三百九十五条第一款即可,不应当因追缴犯罪分子的违法所得而同时援引刑法第六十四条的规定。案例 9-1、案例 9-2 的判决中所援引的法律依据中虽然也提及了第六十四条,但本条只是判决追缴贪污罪犯罪所得的根据,由于判决书中的第二项判决"扣押在案的被告人周镇宏受贿所得及来源不明的财产共计人民币 61 643 686.56 元依法上缴国库""扣押在案的财物,其中受贿赃款 7 042 156 元、来源不明的巨额财产 6 494 047.59 元予以追缴,非法所得(受贿赃款孳息)1 589 347.1 元予以没收;其余部分 831 653.42 元作为被告人王昭耀的个人财产予以没收,上缴国库",判决援引的法条依据也是一并给出的。但是,由于第三百九十五条第一款明确记载"财产的差额部分予以追缴",所以本罪追缴赃款的依据就是该条。

---

① 参见周道鸾、张军主编:《刑法罪名精释》,人民法院出版社,2013 年版,第 1070 页。

第十章　滥用职权罪

【《中华人民共和国刑法》(最新版)相关法条】

第三百九十七条　国家机关工作人员滥用职权或者玩忽职守,致使公共财产、国家和人民利益遭受重大损失的,处三年以下有期徒刑或者拘役;情节特别严重的,处三年以上七年以下有期徒刑。本法另有规定的,依照规定。

国家机关工作人员徇私舞弊,犯前款罪的,处五年以下有期徒刑或者拘役;情节特别严重的,处五年以上十年以下有期徒刑。本法另有规定的,依照规定。①

【司法解释】

■ 2006年7月26日,最高人民检察院《关于渎职侵权犯罪案件立案标准的规定》

滥用职权罪是指国家机关工作人员超越职权,违法决定、处理其无权决定、处理的事项,或者违反规定处理公务,致使公共财产、国家和人民利益遭受重大损失的行为。

■ 2013年1月9日,最高人民法院、最高人民检察院《关于办理渎职刑事案件适用法律若干问题的解释(一)》

第一条　国家机关工作人员滥用职权或者玩忽职守,具有下列情形之一的,应当认定为刑法第三百九十七条规定的"致使公共财产、国家和人民利益遭受重大损失":

(一) 造成死亡1人以上,或者重伤3人以上,或者轻伤9人以上,或者重伤2人、轻伤3人以上,或者重伤1人、轻伤6人以上的;

(二) 造成经济损失30万元以上的;

(三) 造成恶劣社会影响的;

(四) 其他致使公共财产、国家和人民利益遭受重大损失的情形。

具有下列情形之一的,应当认定为刑法第三百九十七条规定的"情节特别严重":

(一) 造成伤亡达到前款第(一)项规定人数3倍以上的;

(二) 造成经济损失150万元以上的;

(三) 造成前款规定的损失后果,不报、迟报、谎报或者授意、指使、强令他人不报、迟报、谎报事故情况,致使损失后果持续、扩大或者抢救工作延误的;

(四) 造成特别恶劣社会影响的;

(五) 其他特别严重的情节。

第二条　国家机关工作人员实施滥用职权或者玩忽职守犯罪行为,触犯刑法分则第九章第三百九十八条至第四百一十九条规定的,依照该规定定罪处罚。

---

① 本条自1997年刑法确立以来沿用至今。

国家机关工作人员滥用职权或者玩忽职守,因不具备徇私舞弊等情形,不符合刑法分则第九章第三百九十八条至第四百一十九条的规定,但依法构成第三百九十七条规定的犯罪的,以滥用职权罪或者玩忽职守罪定罪处罚。

第三条 国家机关工作人员实施渎职犯罪并收受贿赂,同时构成受贿罪的,除刑法另有规定外,以渎职犯罪和受贿罪数罪并罚。

第四条 国家机关工作人员实施渎职行为,放纵他人犯罪或者帮助他人逃避刑事处罚,构成犯罪的,依照渎职罪的规定定罪处罚。

国家机关工作人员与他人共谋,利用其职务行为帮助他人实施其他犯罪行为,同时构成渎职犯罪和共谋实施的其他犯罪共犯的,依照处罚较重的规定定罪处罚。

国家机关工作人员与他人共谋,既利用其职务行为帮助他人实施其他犯罪,又以非职务行为与他人共同实施该其他犯罪行为,同时构成渎职犯罪和其他犯罪的共犯的,依照数罪并罚的规定定罪处罚。

第五条 国家机关负责人员违法决定,或者指使、授意、强令其他国家机关工作人员违法履行职务或者不履行职务,构成刑法分则第九章规定的渎职犯罪的,应当依法追究刑事责任。

以"集体研究"形式实施的渎职犯罪,应当依照刑法分则第九章的规定追究国家机关负有责任的人员的刑事责任。对于具体执行人员,应当在综合认定其行为性质、是否提出反对意见、危害结果大小等情节的基础上决定是否追究刑事责任和应当判处的刑罚。

第六条 以危害结果为条件的渎职犯罪的追诉期限,从危害结果发生之日起计算;有数个危害结果的,从最后一个危害结果发生之日起计算。

第七条 依法或者受委托行使国家行政管理职权的公司、企业、事业单位的工作人员,在行使行政管理职权时滥用职权或者玩忽职守,构成犯罪的,应当依照《全国人民代表大会常务委员会关于〈中华人民共和国刑法〉第九章渎职罪主体适用问题的解释》的规定,适用渎职罪的规定追究刑事责任。

第八条 本解释规定的"经济损失",是指渎职犯罪或者与渎职犯罪相关联的犯罪立案时已经实际造成的财产损失,包括为挽回渎职犯罪所造成损失而支付的各种开支、费用等。立案后至提起公诉前持续发生的经济损失,应一并计入渎职犯罪造成的经济损失。

■ 2002年12月28日,全国人民代表大会常务委员会《关于〈中华人民共和国刑法〉第九章渎职罪主体适用问题的解释》

全国人大常委会根据司法实践中遇到的情况,讨论了刑法第九章渎职罪主体的适用问题,解释如下:在依照法律、法规规定行使国家行政管理职权的组织中从事公务的人员,或者在受国家机关委托代表国家机关行使职权的组织中从事公务的人员,或者虽未列入国家机关人员编制但在国家机关中从事公务的人员,在代表国家机关行使职权时,有渎职行为,构成犯罪的,依照刑法关于渎职罪的规定追究刑事责任。

一、滥用职权罪的沿革

有权力的人非常容易滥用权利,这是千古不变的一条经验,滥用职权罪是权力滥用的核心规制罪名。滥用职权,顾名思义,是一种公权力行使者对公权力的一种胡乱使用的渎职行为。我国1979年刑法第一百八十七条规定,国家工作人员由于玩忽职守,致使公共财产、国家和人民利益遭受重大损失的,处五年以下有期徒刑或者拘役。本条与1997年刑法第三百九十七条"国家机关工作人员滥用职权或者玩忽职守,致使公共财产、国家和人民利益遭受重大损失的,处三年以下有期徒刑或者拘役"对比可知,滥用职权罪是1997年刑法典在法条中第一次单独作出独立规定的犯罪。那么,这是否意味着滥用职权行为是自1997年刑法典开始才作为犯罪处理呢?

税务干部私自为他人免税案

【案例10-1】 1984年1月至1985年4月,某税务所副所长曹某、会计李某在征税过程中,为拉关系、送人情,采取在发票上注明"已扣税"的弄虚作假手段,先后为熟人、朋友免征税款2万5000余元,涉及1个纳税单位和33个纳税个人。其中,曹某私自免税9000余元,李某私自免税1万6000余元。在曹、李二人的影响下,该所其他两名税务干部也私自为熟人免征税700余元。经查,曹、李二人并无受贿行为。①

1979年刑法典颁布以后,对于玩忽职守罪的主观方面,一般认为是过失,出于故意的不构成此罪。② 然而,实践中产生了越来越多的故意危害行为,如案例10-1中税务所工作人员曹某、李某在征税过程中故意在发票上采用虚假登记措施,造成国家税款流失,行为也具有很大的危害性,属于滥用征税职权的行为。对此,有学者和司法机关仍然认为该行为构成玩忽职守罪。如彼时有观点主张,玩忽职守罪的行为包括四种:(1)未履行职守,即行为人没有实施职务上所要求实施的行为;(2)擅离职守;(3)尽职守,即履行职守有误或不得力,或二者兼而有之;(4)逾越职守,即行为人在执行职务活动中超出了自己职务权限,实施按其职务、业务性质来说根本无权实施的行为。如滥用职权,擅自变更规章制度或决定,盲目地行动,造成重大伤亡事故的;违反贷款审批制度,超越批准权限,擅自决定发放不应当发放的贷款,造成重大经济损失的;违反森林法规定,超过批准的年采伐限额,发放林木采伐许可证,致使森林遭受严重破坏的,等等。③ 显然,上述观点将滥用职权行为作为玩忽职守罪的构成要件行为之一,用玩忽职守罪规制滥用职权行为。据此,案例10-1中超越职权实施按其职务来说根本无权实施的免税行为,构成

---

① 参见魏东芬:《税务干部私自给多个纳税户免税应定何罪?》,载《河北法学》1987年第2期。
② 参见张智勇:《玩忽职守罪浅析》,载《现代法学》1986年第3期。
③ 参见张穹:《关于玩忽职守罪的几个问题》,载《法学研究》1987年第3期。

的是玩忽职守罪而非无罪？

那么，这是否违背罪刑法定原则呢？其实，1979年刑法根本没有规定罪刑法定原则，也就根本不存在违背刑法最基本原则罪刑法定主义的问题。1979年刑法第七十九条规定：本法分则没有明文规定的犯罪，可以比照本法分则最相类似的条文定罪判刑，但是应当报请最高人民法院核准。这就是旧刑法中的类推适用原则，根据这一原则，滥用职权行为对应的"最相类似的条文"就是第一百八十七条玩忽职守罪。1982年3月8日，全国人民代表大会常务委员会《关于严惩严重破坏经济的罪犯的决定》也规定："对于本条(一)、(二)、(三)所列的犯罪人员，有追究责任的国家工作人员不依法处理，或者因受阻挠而不履行法律所规定的追究职责的；对犯罪人员和犯罪事实知情的直接主管人员或者仅有的知情的工作人员不依法报案和不如实作证的，分别比照刑法第一百八十七条、第一百八十八条、第一百九十条所规定的渎职罪处罚。"即，对于上述故意行为可以比照玩忽职守罪定罪处罚。

因此，滥用职权行为并非自1997年刑法典独立规定本罪之后才受处罚，在1979年刑法实施期间，本罪也已经可以按照玩忽职守罪来处理，即实质上将其作为玩忽职守罪的内容之一来予以认定。随着法制统一意识的觉醒和对罪刑法定原则的呼唤，也有不少学者主张增设独立的滥用职权罪。例如，张明楷教授指出："有的同志提出，玩忽职守罪也可以由故意构成，试图将故意滥用职权的犯罪行为包含在玩忽职守罪之中，应该说其主观愿望是好的，但是，这种观点使得玩忽职守罪的内涵与外延变得模糊不清，使玩忽职守罪的概念丧失明确的特性，也不利于法制的统一与完善。……将故意犯罪行为比照或依照过失犯罪处理，不符合罪刑相适应原则。"[①]这些观点在法制体系尚不健全的年代，具有很重要的形式法治意义，也正是出于这种原因，1997年刑法典在规定罪刑法定原则的同时，也一并在第三百九十七条玩忽职守罪的旁边设定了独立的滥用职权罪。

二、滥用职权罪的构成

根据2006年7月26日最高人民检察院《关于渎职侵权犯罪案件立案标准的规定》，滥用职权罪是指国家机关工作人员超越职权，违法决定、处理其无权决定、处理的事项，或者违反规定处理公务，致使公共财产、国家和人民利益遭受重大损失的行为。

[①] 张明楷：《对刑法分则第八章的修改意见》，载《中南政法学院学报》1991年第3期。

(一) 本罪的主体

村干部滥用职权案

【案例 10-2】 被告人陈某,原系上海市奉贤区四团镇推进小城镇社会保险(以下简称"镇保")工作领导小组办公室负责人。被告人林某,原系上海市奉贤区四团镇杨家宅村党支部书记、村民委员会主任、村镇保工作负责人。被告人李甲(曾用名李乙),原系上海市奉贤区四团镇杨家宅村党支部委员、村民委员会副主任、村镇保工作经办人。2004 年 1 月至 2006 年 6 月期间,被告人陈某利用担任上海市奉贤区四团镇推进镇保工作领导小组办公室负责人的职务便利,被告人林某、李甲利用受上海市奉贤区四团镇人民政府委托分别担任杨家宅村镇保工作负责人、经办人的职务便利,在从事被征用农民集体所有土地农业人员就业和社会保障工作过程中,违反相关规定,采用虚增被征用土地面积等方法徇私舞弊,共同或者单独将杨家宅村、良民村、横桥村 114 名不符合镇保条件的人员纳入镇保范围,致使奉贤区四团镇人民政府为上述人员缴纳镇保费用共计人民币 600 万余元、上海市社会保险事业基金结算管理中心(以下简称"市社保中心")为上述人员实际发放镇保资金共计人民币 178 万余元,并造成了恶劣的社会影响。其中,被告人陈某共同及单独将 71 名不符合镇保条件人员纳入镇保范围,致使镇政府缴纳镇保费用共计人民币 400 万余元、市社保中心实际发放镇保资金共计人民币 114 万余元;被告人林某共同及单独将 79 名不符合镇保条件人员纳入镇保范围,致使镇政府缴纳镇保费用共计人民币 400 万余元、市社保中心实际发放镇保资金共计人民币 124 万余元;被告人李甲共同及单独将 60 名不符合镇保条件人员纳入镇保范围,致使镇政府缴纳镇保费用共计人民币 300 万余元、市社保中心实际发放镇保资金共计人民币 95 万余元。

滥用职权罪的主体为特殊身份主体即国家机关工作人员,这也是刑法分则第九章渎职罪的普遍主体要求。根据 2002 年 12 月 28 日全国人民代表大会常务委员会《关于〈中华人民共和国刑法〉第九章渎职罪主体适用问题的解释》,在依照法律、法规规定行使国家行政管理职权的组织中从事公务的人员,或者在受国家机关委托代表国家机关行使职权的组织中从事公务的人员,或者虽未列入国家机关人员编制但在国家机关中从事公务的人员,在代表国家机关行使职权时,有渎职行为,构成犯罪的,依照刑法关于渎职罪的规定追究刑事责任。在乡镇以上中国共产党机关、人民政协机关中从事公务的人员,视为国家机关工作人员。依法或者受委托行使国家行政管理职权的公司、企业、事业单位的工作人员,在行使行政管理职权时滥用职权,构成犯罪的,也应当依照全国人民代表大会常务委员会《关于〈中华人民共和国刑法〉第九章渎职罪主体适用问题的解释》的规定,适用渎职罪的规定追究刑事责任。因此,认定国家机关工作人员的实质要素仍然是"从事公务",这与贪污罪、受贿罪的主体"国家工作人员"的认定具有相同的逻辑。例如,合同制民警在依法执行公务期间,属于国家机关工作人员;①经人事部门任命,但为工人编制的乡镇工商所所长,依法履行工商行政管理职责的,属于国家机关工作人员;海事局及其分支机构工作人员在行使国家水上安全监督和防止船舶污染及海上设施检验、航海保障的管理职权公务活动的,也以国家机关工作人员论。

案例10-2系2012年11月15日最高人民检察院发布的第二批指导案例(检例第5号),本案的主要争议焦点就在于在受国家机关委托代表国家机关行使职权的组织中从事公务的人员,是否为滥用职权罪的主体。指导案例的裁判要旨指出:随着我国城镇建设和社会主义新农村建设逐步深入推进,村民委员会、居民委员会等基层组织协助人民政府管理社会发挥越来越重要的作用。实践中,对村民委员会、居民委员会等基层组织人员协助人民政府从事行政管理工作时,滥用职权、玩忽职守构成犯罪的,应当依照刑法关于渎职罪的规定追究刑事责任。本案中,被告人陈某身为国家机关工作人员,被告人林某、李甲作为在受国家机关委托代表国家机关行使职权的组织中从事公务的人员,在负责或经办被征地人员就业和保障工作过程中,故意违反有关规定,共同或单独擅自将不符合镇保条件的人员纳入镇保范围,致使公共财产遭受重大损失,并造成恶劣社会影响,构成滥用职权罪。2008年12月15日,上海市奉贤区人民法院作出一审判决,判决被告人陈某犯滥用职权罪,判处有期徒刑二年;被告人林某犯滥用职权罪,判处有期徒刑一年六个月,宣告缓刑一年六个月;被告人李甲犯滥用职权罪,判处有期徒刑一年,宣告缓刑一年。一审判决后,被告人林某提出上诉。上海市第一中级人民法院二审终审裁定,驳回上诉,维持原判。如前所述,2002年全国人大常委会的立法解释已经规定在受国家机关委托代表国家机关行使职权的组织中从事公务的人员也是渎职罪的主体,那么本案在审判时其实不存在法律适用的争论。就此而言,指导案例的指导性规则并不是新的,而是对以往立法解释的总结和重复,这样的指导案例除了具有单纯"引起司法注意"的意义以外,并没有其他指导意义。换言之,如果没有此指导案例,司法机关并不缺少裁判规则,如果指导案例仅仅如这种重述以往案例规则,对这种案例指导制度的建构究竟值得抱有多少期望,不无疑问。

---

① 2000年10月9日,最高人民检察院《关于合同制民警能否成为玩忽职守罪主体问题的批复》指出:"根据刑法第九十三条第二款的规定,合同制民警在依法执行公务期间,属其他依照法律从事公务的人员,应以国家机关工作人员论。"这一结论虽然是正确的,即合同制民警虽未列入国家机关人员编制但属于在国家机关中从事公务的人员,根据公务说以及2002年全国人大常委会的立法解释,其属于国家工作人员,但刑法第九十三条是关于"国家工作人员"的认定根据而不是"国家机关工作人员"的认定根据,尤其对于第二款"其他依照法律从事公务的人员"是"国家工作人员"的实质属性,是否属于"国家机关工作人员"仍然须要进一步确定第九十三条中的"国家工作人员"是否属于国家机关工作人员。第九十三条不是国家工作人员的直接认定根据。

(二) 本罪的行为

罗甲等滥用职权案

【案例 10-3】 被告人罗甲,原系广州市城市管理综合执法局黄埔分局大沙街执法队协管员;被告人罗乙,原系广州市城市管理综合执法局黄埔分局大沙街执法队协管员;被告人朱某,原系广州市城市管理综合执法局黄埔分局大沙街执法队协管员;被告人罗丙,原系广州市城市管理综合执法局黄埔分局大沙街执法队协管员。2008年8月至2009年12月期间,被告人罗甲、罗乙、朱某、罗丙先后被广州市黄埔区人民政府大沙街道办事处招聘为广州市城市管理综合执法局黄埔分局大沙街执法队协管员。上述四名被告人的工作职责是街道城市管理协管工作,包括动态巡查,参与街道、社区日常性的城管工作;劝阻和制止并督促改正违反城市管理法规的行为;配合综合执法部门,开展集中统一整治行动等。工作任务包括坚持巡查与守点相结合,及时劝导中心城区的乱摆卖行为等。罗甲、罗乙从2009年8月至2011年5月担任协管员队长和副队长,此后由罗乙担任队长,罗甲担任副队长。协管员队长职责是负责协管员人员召集,上班路段分配和日常考勤工作;副队长职责是协助队长开展日常工作,队长不在时履行队长职责。上述四名被告人上班时,身着统一发放的迷彩服,臂上戴着写有"大沙街城市管理督导员"的红袖章,手持一根木棍。2010年8月至2011年9月期间,罗甲、罗乙、朱某、罗丙和罗丁(另案处理)利用职务便利,先后多次向多名无照商贩索要12元、10元、5元不等的少量现金和香烟或直接在该路段的"士多店"拿烟再让部分无照商贩结账,后放弃履行职责,允许给予好处的无照商贩在严禁乱摆卖的地段非法占道经营。上述被告人的行为,导致该地段的无照商贩非法占道经营十分严重,几百档流动商贩恣意乱摆卖,严重影响了市容市貌和环境卫生,给周边商铺和住户的经营、生活、出行造成极大不便。由于执法不公,对给予钱财的商贩放任其占道经营,对其他没给好处费的无照商贩则进行驱赶或通知城管部门到场处罚,引起了群众强烈不满,城市管理执法部门执法人员在依法执行公务过程中遭遇多次暴力抗法,数名执法人员受伤住院。上述四名被告人的行为严重危害和影响了该地区的社会秩序、经济秩序、城市管理和治安管理,造成了恶劣的社会影响。2011年11月10日,罗甲、罗乙、朱某、罗丙四人因涉嫌滥用职权罪由广州市黄埔区人民检察院立案侦查,12月9日侦查终结移送审查起诉。2011年12月28日,广州市黄埔区人民检察院以被告人罗甲、罗乙、朱某、罗丙犯滥用职权罪向黄埔区人民法院提起公诉。2012年4月18日,黄埔区人民法院一审判决被告人罗甲犯滥用职权罪,判处有期徒刑一年六个月;被告人罗乙犯滥用职权罪,判处有期徒刑一年五个月;被告人朱某犯滥用职权罪,判处有期徒刑一年二个月;被告人罗丙犯滥用职权罪,判处有期徒刑一年二个月。一审判决后,四名被告人在法定期限内均未上诉,检察机关也没有提出抗诉,一审判决发生法律效力。①

　　刑法第三百九十七条滥用职权罪属于简单罪状,本罪的构成要件行为是滥用职权,构成要件结果是致使公共财产、国家和人民利益遭受重大损失。所谓滥用职权,就是非法使用职务权限,实施违反职务规则的行为,因而作为渎职犯罪的一种,滥用职权罪是典型的职务犯罪之一,如果造成公共财产、国家和人民利益遭受重大损失的行为不是职务行为,便不构成本罪。一般认为,滥用职权的行为分为三类:一是超越职权的行为,即国家工作人员在法律规定的本质权限范围之外,违法决定、擅自决定和处理无权决定的事项。超越职权包括擅自决定处理其他机关职权事项的横向越权,决定处理上下级负责处理事项的纵向越权以及权力专断。二是玩弄职权行为,即在自己职权范围内违规处理事项。三是故意放弃职权的行为,即故意不履行应当履行的职权(有义务履行而故意不作为)。案例10-3中,被告人罗甲、被告人罗乙、被告人朱某、被告人罗丙均系广州市城市管理综合执法局黄埔分局大沙街执法队协管员,四人虽然未列入国家机关人员编制,但在国家机关中从事公务,在代表国家行使职权时属于国家机关工作人员,因而主体满足滥用职权罪的要求。四人的工作职责是负责街道城市管理协管工作,包括动态巡查,参与街道、社区日常性的城管工作以及劝阻和制止并督促改正违反城市管理法规的行为,配合综合执法部门等。四人在履行职务过程中手持木棍暴力执法,先后多次向多名无照商贩索要少量现金、香烟或直接在该路段商店拿烟再让部分无照商贩结账,允许给予好处的无照商贩在严禁乱摆卖的地段非法占道经营。四人的行为属于超越职权决定自己职权范围内无权决定的事项,放弃职权、故意不履行协管任务,造成了恶劣的社会影响。根据2006年7月26日最高人民检察院《关于渎职侵权犯罪案件立案标准的规定》,严重损害国家声誉,或者造成恶劣社会影响的,应当立案。本案中,四被告人的行为引起了群众强烈不满,城市管理执法部门执法人员在依法执行公务过程中遭遇多次暴力抗法,数名执法人员受伤住院,严重危害和影响了该地区的社会秩序、经济秩序、城市管理和治安管理,造成了恶劣的社会影响。因此,应当构成滥用职权罪。本案是2012年11月15日最高人民检察院指导案例第6号,案例要旨指出:根据刑法规定,滥用职权罪是指国家机关工作人员滥用职权,致使"公共财产、国家和人民利益遭受重大损失"的行为。实践中,对滥用职权"造成恶劣社会影响的",应当依法认定为"致使公共财产、国家和人民利益遭受重大损失"。这一看法也被2013年1月9日最高人民法院、最高人民检察院《关于办理渎职刑事案件适用法律若干问题的解释(一)》写进司法解释,成为滥用职权罪行为结果之一。

---

① 参见《最高人民检察院第二批指导案例》,http://www.spp.gov.cn/spp/jczdal/201608/t20160811_162303.shtml.

水务干部违规收取治污费案

【案例 10-4】 2010年7月至2013年12月31日期间,时任河北省衡水市污水处理费稽征所所长的李来丽,违反城市污水处理费缴纳规定,对已被立案查处的不安装水表、拒不缴纳污水处理费的用户,擅自决定减少征收数额,予以结案;对工程施工项目擅自决定免征污水处理费;对未查清自备井数量的公司违法采取每季度定额收费的方式征收污水处理费,致使巨额污水处理费流失;共计给国家造成经济损失1 332.2万余元。2014年3月18日,衡水市桃城区检察院以涉嫌滥用职权罪依法对李来丽立案侦查。2014年12月11日,衡水市桃城区法院以滥用职权罪判处李来丽有期徒刑五年。

2015年6月,最高人民检察院发布10起检察机关加强生态环境司法保护典型案例,其中之一即李来丽滥用职权案。① 本案系典型的不认真履行职责,不严格落实法律规定,不征、少征排污费用,放任排污,导致企业和个人无限制排污,严重破坏污水处理费征收和排污管理秩序的渎职犯罪案件。河北省衡水市检察机关从治理水体污染出发,以排污管理、污水处理、排污费征收等环节为重点,严肃查办了一批少缴水资源费所涉渎职犯罪案件。此案的查处,对于规范污水处理费征收管理,规制企业和个人排污行为,减少污染物排放,强化当地生态环境保护具有重要的推动作用。

三、滥用职权罪的"罪与非罪":以一起拆迁案件为例

拆迁副总指挥被诉滥用职权罪案

【案例 10-5】 被告人张全孝,扬州市×区A乡镇人大原副主席,检察机关指控,2011年10月至2012年12月间,被告人担任扬州市A乡拆迁指挥部副总指挥期间,在负责相关拆迁工作过程中,违反规定对部分不符合拆迁安置补偿政策的被拆迁户进行拆迁安置补偿,给国家造成重大经济损失。具体指控事实为:被告人在某国道匝道拆迁项目田某户拆迁过程中,给不符合安置房回购条件的余某以人民币700元/平方米的价格购置90平方米的安置房1套,给国家造成直接经济损失计人民币32万余元。证人田某证实,其在该乡同心村购买的房屋,房产证和土地证一直是余某的名字,2012年,其所住房屋要被拆迁,拆迁公司和拆迁工作组一直不同意给出嫁的余某安置房,认为余某不符合安置房补偿规定。田某便找拆迁工作组的负责人张全孝帮忙。张全孝作为拆迁工作组负责人在谈判时当场拍板同意余某以优惠价购买一套85平方米的安置房。被告人张全孝就滥用职权罪提出自己不是从事公务的行为,其主体身份不符合该罪构成要件的辩

---

① 参见《加强司法保护 呵护美丽中国》,载《检察日报》2015年6月17日,第2版。

解。一审法院经查认为,乡拆迁指挥部在拆迁工作中代表政府开展拆迁补偿安置工作,被告人张全孝身为乡人民政府拆迁指挥部副总指挥,在具体拆迁工作中履行组织协调、参与谈判、监督把关质量等职能,属于从事公务的行为,应当认定被告人张全孝为国家机关工作人员。最终,判决被告人犯滥用职权罪,判处有期徒刑六个月。

本案的争议焦点主要在于:(1)被告人在拆迁工作中是否属于国家机关工作人员?(2)被告人的行为是否属于滥用职权的行为?本案中,被告人的身份不因其是人大副主席而自动成为国家工作人员,考察的应是其拆迁活动中的职务身份。2011年国务院颁布的《国有土地上房屋征收与补偿条例》第4条规定,"市、县级人民政府负责本行政区域的房屋征收与补偿工作。市、县级人民政府确定的房屋征收部门组织实施本行政区域的房屋征收与补偿工作";第5条规定,"房屋征收部门可以委托房屋征收实施单位,承担房屋征收与补偿的具体工作。房屋征收实施单位不得以营利为目的"。因此,2011年新条例生效以后,房屋征收人是市县级人民政府,乡政府属于县市级政府委托组织实施房屋征收补偿工作的政府部门,二者属于国家机关之间的行政委托关系。案例10-5中,拆迁指挥部是乡政府临时成立的一个承担房屋征收与补偿的具体工作的办事机构,是政府为了方便拆迁工作进行而临时组建,并将实施具体征收与补偿工作的权力给予了这个临时机构,是负责政府行政管理即征收补偿的一个组织机构。按照2002年12月28日全国人民代表大会常务委员会《关于〈中华人民共和国刑法〉第九章渎职罪主体适用问题的解释》,被告人属于"在受国家机关委托代表国家机关行使职权的组织中从事公务的人员",可以成为渎职罪主体。但是,本案被告人没有滥用职权的行为。

首先,本案被告人是按照规定进行安置补偿的,不违背拆迁安置补偿的相关实体规定。

2009年扬州市人民政府出台的《扬州市市区集体土地房屋拆迁管理暂行办法》第14条规定,"被拆迁房屋的合法依据,以拆迁人在领取建设用地规划许可证前,被拆迁人所持有的宅基地土地使用证和房屋权属证书或合法建房手续为准。拆迁补偿以上述两证所记载的合法建筑面积为计算依据。确因历史原因造成被拆迁人无权属证书或合法建房手续,但是被拆迁人长期实际居住的,按照房产管理部门确定的面积计算"。本案中,证人田某证言证实,田某在2005年5月20日购买了在A乡同心村华庄组的部分房屋,但一直没有办理过户登记手续,也就是说该处房屋的房产证和土地证一直是余某的名字,余某是实际房主,在拆迁时这一状态一直存续。根据上述《扬州市市区集体土地房屋拆迁管理暂行办法》第14条,被拆迁房屋的合法依据,以拆迁人在领取建设用地规划许可证前被拆迁人持有的宅基地土地使用证和房屋权属证书或合法建房手续为准,既然余某是房屋权属证书和土地使用证书上的登记人,那么余某就是合法的被拆迁人。

本案中，田某 2005 年 5 月购买了余某的房屋，同年 12 月田某将购买的房屋用作经营棋牌室，领取了工商营业执照并且身份证地址为房屋所在地，2011 年 1 月，田某将户口迁到 A 乡同心村华庄组。这就表明，田某虽然没有办理房屋过户登记，但事实上其已经形成了长期实际居住。根据上述《扬州市市区集体土地房屋拆迁管理暂行办法》第 14 条第 2 款，"确因历史原因造成被拆迁人无权属证书或合法建房手续，但是被拆迁人长期实际居住的，按照房产管理部门确定的面积计算"，田某也是合法的被拆迁人。所以，综合上述事实与规定来看，田某和余某都是被拆迁人，田某所购买且使用、居住的 275.12 平方米的房屋属于田某被拆迁的房屋，余某的 95 平方米的房屋为余某被拆迁的房屋，二者分属于两户拆迁房，对田某进行拆迁安置补偿的同时，更应当对余某进行拆迁安置补偿。拆迁指挥部在对田某进行拆迁安置补偿之后，又决定以 700 元/平方米的优惠价格让余某回购一套住房，属于对余某所有的 95 平方米房屋的拆迁安置补偿，这符合拆迁安置补偿的实体规定，并不属于超越职权或者不正当行使职权的结果。

其次，对余某和田某分别进行拆迁安置补偿，符合决策的程序规定。

2013 年扬州市×区 A 乡人民政府办公室《关于某国道拆迁补偿安置问题的专题会议纪要》在"关于分户问题"的规定中指出：(1) 在一份宅基地上，兄弟二人都已成家(成年)应享受宅基权，由于长期规划控制未分配宅基地，可予分户处理；(2) 被拆迁户姑娘已出嫁但其户口一直未迁出且长期在家居住或离婚后他处无住房仍在家居住的，由乡、村、组、乡拆迁指挥部、拆迁公司现场会办对其居住的部分面积进行确权；(3) 由于其他原因造成亟须分户的，由乡、村、组、乡拆迁指挥部、拆迁公司会办确定。据此可以看出，乡、村、组、乡拆迁指挥部、拆迁公司可以会办确定很多事项，上述人员或部门在一起可以共同决定一些没有明确法律法规规定处理的事项，这就赋予他们灵活的决策权或者裁量权。例如，上述第三项"由于其他原因造成亟须分户的，由乡、村、组、乡拆迁指挥部、拆迁公司会办确定"，这就意味着对于乡、村、组、乡拆迁指挥部、拆迁公司除了明确载明的第一项"兄弟户"、第二项"姑娘户"之外，可以会办确定其他需要分户的具体情况，这种会办决定程序是乡政府文件明确规定的正当合法有效的决策程序。拆迁指挥部在对余某房屋进行拆迁安置补偿决策时，经过了正常的谈判流程，是乡政府会议纪要所容许的具体须要会办确定分户事项，不存在超越职权、玩弄职权。

再次，基于拆迁的特殊性，安置补偿事项具有很大的灵活性，拆迁指挥部做出的余某房屋安置补偿方案属于其合理的行政裁量权范围之内的事项，在行为性质上不属于滥用职权。

众所周知，拆迁指挥部是负责拆迁工作的中枢机构，在拆迁工作中起着总指挥的作用。例如，在几乎每一个《关于成立×××拆迁指挥部的通知》中都会首先提及，该拆迁指挥部的成立目的是"为切实做好……房屋拆迁的补偿安置工作，集约利用土地，进一步规范拆迁安置房规划、建设、安置、物业管理行为，切实保证房屋拆迁的补偿安置工作扎实有序推进"等诸如此类的表达。正因如此，拆迁指挥部的总指挥、副总指挥以及其他重要成员一向是由该片区内的党政部门或者其他部门领导担任,这种安排也保证了拆迁指挥部能够成为本拆迁片区内名副其实的"指挥部"。2013年扬州市×区A乡人民政府办公室《关于某国道拆迁补偿安置问题的专题会议纪要》在"关于分户问题"中,对乡、村、组、乡拆迁指挥部、拆迁公司会办确定的一些没有明确指明的分户事项进行了概括性说明,确认了乡、村、组、乡拆迁指挥部、拆迁公司会办确定事项的决策权和自由裁量权。但正是上述拆迁指挥部及其组成人员的特殊性,使得本身吸纳了乡领导的拆迁指挥部在与乡、村、组、拆迁公司会办事项时,便享有更多的话语权和决策权,这并不是拆迁指挥部独断专行,而是基于拆迁指挥部之特别性地位而产生的十分自然的、适合中国国情的结局。这在当下的政治环境中,也本是无可厚非的,拆迁指挥部在与乡、村、组、拆迁公司会办确定事项中必然居于主导位置,这在大多数拆迁片区中都是如此。当然,拆迁指挥部在发挥拆迁安置补偿的主导地位时,也承担着比乡、村、组、拆迁公司等更大的风险与责任。由此可以说,拆迁指挥部副总指挥张全孝在与乡、村、组、拆迁公司会办确定余某的安置补偿方案时必然会有更多的发言权,张全孝在遵循了正常的谈判、协商流程之后,在会办表上签字同意本方案,是拆迁指挥部在会办确定事项的情况下,行使权力和承担责任的表现,而不是职权专断。①

最后,被告人的行为完全符合当下中国拆迁工作的政策性要求。

拆迁指挥部是地方政府成立的一个具有浓厚中国特色的承担房屋征收与补偿的具体工作的临时性办事机构。如上所述,拆迁指挥部是负责拆迁补偿工作的中枢机构,其成员包括相关政府部门的主要领导;而且,有的情况下,由于拆迁指挥部由地方党委牵头,指挥部内部组成人员除了政府部门领导之外,还可能包括同级党委、纪委、政法委、人大、政协甚至法院、检察院的人员。

拆迁指挥部之所以兴师动众地将如此多的部门及其负责人(经常是相关部门的"一把手")纳入拆迁指挥部,主要就是为了协同推进拆迁工作,加快土地征收,即政府必须保证其出让给开发商的土地是"净地"。所以,在全国很多地区的《××人民政府关于成立××拆迁指挥部的通知》中都鲜明地指出了"快速推进"拆迁工作这一拆迁指挥部的最主要工作目标。例如,2014年6月14日南充市顺庆区人民政府《关于成立北部新城国际高中项目征地拆迁安置工作指挥部的通知》指出,为加快北部新城国际高中建设进程,顺利完成征地安置补偿和拆迁还房工作任务,确保项目建设工作快速、有序推进,经区政府

---

① 2013年1月9日,最高人民法院、最高人民检察院《关于办理渎职刑事案件适用法律若干问题的解释(一)》第5条规定:以"集体研究"形式实施的渎职犯罪,应当依照刑法分则第九章的规定追究国家机关负有责任的人员的刑事责任。对于具体执行人员,应当在综合认定其行为性质、是否提出反对意见、危害结果大小等情节的基础上决定是否追究刑事责任和应当判处的刑罚。本案法院对"其他人员是否提出反对意见"这一重要事实没有查明确认,而是径行将其他会办人员排除出责任主体。这就造成了同样参与决定余某拆迁安置补偿方案的人员,没有缘由地被区别对待。如果执意对张全孝一人进行滥用职权罪的刑事处罚,而不对其他参与人员的责任进行说明,则这样的处罚后果将会严重暴露司法机关的司法逻辑矛盾,严重影响司法机关的司法统一性、公平性,刑罚带来的消极后果将会被放大开来。

研究,决定成立北部新城国际高中项目建设征地拆迁安置工作指挥部。① 2015 年 7 月 27 日济南市历下区委、区政府《关于成立济南中央商务区征地拆迁指挥部的决定》指出,为全面做好济南中央商务区征地拆迁工作,确保按时完成市委、市政府下达的目标任务,经区委、区政府研究决定成立济南中央商务区征地拆迁指挥部。② 可见,无论是"快速、有序推进"还是"确保按时完成",地方政府成立拆迁指挥部所首要关心的是拆迁工作的时间进度,只有首先快速地完成拆迁、实现"净地",才能有后续的商业开发或者住宅改造等事项的开展,拆迁工作的进度直接决定着后续开发事项的效益。因此,每一个面临拆迁的地方政府都是英明的,都知道争抢拆迁时间进度,确保按时完成拆迁工作,不想留下"钉子户"。正是这种十分明确、直白的、毫不避讳的动机,使得拆迁指挥部在面对每一个被拆迁户并与之进行谈判时,总是原则性与灵活性相结合,而且往往更加注重灵活性。拆迁指挥部在拆迁过程中是要与被拆迁人谈判的,如果拆迁谈判过于僵化和刚性,那么就难以满足各种拆迁户的需求,难以化解各种拆迁矛盾,最终造成"钉子户"就是难以避免的,处理不好还容易引发拆迁上访,牵制领导精力,影响社会稳定。

本案被告人会同村、组等商议决定给予余某安置补偿,能够化解这种拆迁矛盾,化解两户"钉子户",使得拆迁工作快速地推进。既然对余某的拆迁安置补偿有如此的益处,且又属于可以自由裁量的职权范围,不违背实体和程序规定,何乐而不为?退一步讲,即便张全孝的行为在行政决策上存在瑕疵,他也只要承担相应的行政责任,其对某国道拆迁安置补偿工作的顺利推进是有所贡献的。如果在拆迁工作完成之后,对其中的行政裁量行为进行刑事责任的"反攻倒算",在行政权力模棱两可的事项上做文章,不仅不厚道,而且与又快又好地推进拆迁工作的政策环境不相符合。更糟糕的是,在全国反渎职犯罪的高压下,某些机关不能为了完成某个指标、抓某个典型,而拿某个基层机关工作人员"开刀"。如果将基层国家机关工作人员的瑕疵行政行为无限放大为滥用职权这种严重的渎职犯罪,仅仅是为了某些领导的反渎政绩,那么这就是最大的"滥用职权",是最严重的渎职。腐败犯罪可恶可耻,应当严厉打击,但绝不能在这种反贪污贿赂、反渎职侵权的高压态势中趁机滋生"左倾"冒进的错误思想。我们须要是法治反腐,人为树立某项必须完成的犯罪控诉指标,绝对与依法治国的战略要求背道而驰。

四、滥用职权罪的处罚

根据刑法第三百九十七条,国家机关工作人员滥用职权,致使公共财产、国家和人民利益遭受重大损失的,处三年以下有期徒刑或者拘役;情节特别严重的,处三年以上七年

---

① 《关于成立北部新城国际高中项目征地拆迁安置工作指挥部的通知》,http://sq.zwgk.nanchong.gov.cn/t.aspx?i=20140627163921-912634-00-000.

② 《关于成立济南中央商务区征地拆迁指挥部的决定》,http://www.lixia.cn/art/2015/7/28/art_4211_179790.html.

以下有期徒刑。本法另有规定的,依照规定。国家机关工作人员徇私舞弊,犯前款罪的,处五年以下有期徒刑或者拘役;情节特别严重的,处五年以上十年以下有期徒刑。本法另有规定的,依照规定。

这里的"本法另有规定的,依照规定"表明滥用职权罪是滥用职权的一种概括性的规定,刑法分则还规定了很多独立的滥用职权行为,如第三百九十九条徇私枉法罪、执行判决裁定滥用职权罪、第四百零四条徇私舞弊不征少征税款罪等。滥用职权罪和上述犯罪是普通法条与特殊法条的关系,在行为人的行为同时符合滥用职权罪和特殊条款的滥用职权罪名时,应当按照特殊法优先的原则进行处理。

第十一章　玩忽职守罪

【《中华人民共和国刑法》(最新版)相关法条】

第三百九十七条　国家机关工作人员滥用职权或者玩忽职守,致使公共财产、国家和人民利益遭受重大损失的,处三年以下有期徒刑或者拘役;情节特别严重的,处三年以上七年以下有期徒刑。本法另有规定的,依照规定。

国家机关工作人员徇私舞弊,犯前款罪的,处五年以下有期徒刑或者拘役;情节特别严重的,处五年以上十年以下有期徒刑。本法另有规定的,依照规定。①

【司法解释】

■ 2013年1月9日,最高人民法院、最高人民检察院《关于办理渎职刑事案件适用法律若干问题的解释(一)》

第一条　国家机关工作人员滥用职权或者玩忽职守,具有下列情形之一的,应当认定为刑法第三百九十七条规定的"致使公共财产、国家和人民利益遭受重大损失":

(一) 造成死亡1人以上,或者重伤3人以上,或者轻伤9人以上,或者重伤2人、轻伤3人以上,或者重伤1人、轻伤6人以上的;

(二) 造成经济损失30万元以上的;

(三) 造成恶劣社会影响的;

(四) 其他致使公共财产、国家和人民利益遭受重大损失的情形。

具有下列情形之一的,应当认定为刑法第三百九十七条规定的"情节特别严重":

(一) 造成伤亡达到前款第(一)项规定人数3倍以上的;

(二) 造成经济损失150万元以上的;

(三) 造成前款规定的损失后果,不报、迟报、谎报或者授意、指使、强令他人不报、迟报、谎报事故情况,致使损失后果持续、扩大或者抢救工作延误的;

(四) 造成特别恶劣社会影响的;

(五) 其他特别严重的情节。

第二条　国家机关工作人员实施滥用职权或者玩忽职守犯罪行为,触犯刑法分则第九章第三百九十八条至第四百一十九条规定的,依照该规定定罪处罚。

国家机关工作人员滥用职权或者玩忽职守,因不具备徇私舞弊等情形,不符合刑法分则第九章第三百九十八条至第四百一十九条的规定,但依法构成第三百九十七条规定的犯罪的,以滥用职权罪或者玩忽职守罪定罪处罚。

---

① 本条自1997年刑法确定以来并无修正。

第三条　国家机关工作人员实施渎职犯罪并收受贿赂,同时构成受贿罪的,除刑法另有规定外,以渎职犯罪和受贿罪数罪并罚。

第四条　国家机关工作人员实施渎职行为,放纵他人犯罪或者帮助他人逃避刑事处罚,构成犯罪的,依照渎职罪的规定定罪处罚。

国家机关工作人员与他人共谋,利用其职务行为帮助他人实施其他犯罪行为,同时构成渎职犯罪和共谋实施的其他犯罪共犯的,依照处罚较重的规定定罪处罚。

国家机关工作人员与他人共谋,既利用其职务行为帮助他人实施其他犯罪,又以非职务行为与他人共同实施该其他犯罪行为,同时构成渎职犯罪和其他犯罪的共犯的,依照数罪并罚的规定定罪处罚。

第五条　国家机关负责人员违法决定,或者指使、授意、强令其他国家机关工作人员违法履行职务或者不履行职务,构成刑法分则第九章规定的渎职犯罪的,应当依法追究刑事责任。

以"集体研究"形式实施的渎职犯罪,应当依照刑法分则第九章的规定追究国家机关负有责任的人员的刑事责任。对于具体执行人员,应当在综合认定其行为性质、是否提出反对意见、危害结果大小等情节的基础上决定是否追究刑事责任和应当判处的刑罚。

第六条　以危害结果为条件的渎职犯罪的追诉期限,从危害结果发生之日起计算;有数个危害结果的,从最后一个危害结果发生之日起计算。

第七条　依法或者受委托行使国家行政管理职权的公司、企业、事业单位的工作人员,在行使行政管理职权时滥用职权或者玩忽职守,构成犯罪的,应当依照《全国人民代表大会常务委员会关于〈中华人民共和国刑法〉第九章渎职罪主体适用问题的解释》的规定,适用渎职罪的规定追究刑事责任。

第八条　本解释规定的"经济损失",是指渎职犯罪或者与渎职犯罪相关联的犯罪立案时已经实际造成的财产损失,包括为挽回渎职犯罪所造成损失而支付的各种开支、费用等。立案后至提起公诉前持续发生的经济损失,应一并计入渎职犯罪造成的经济损失。

第九条　负有监督管理职责的国家机关工作人员滥用职权或者玩忽职守,致使不符合安全标准的食品、有毒有害食品、假药、劣药等流入社会,对人民群众生命、健康造成严重危害后果的,依照渎职罪的规定从严惩处。

第十条　最高人民法院、最高人民检察院此前发布的司法解释与本解释不一致的,以本解释为准。

■ 2002年12月28日全国人民代表大会常务委员会《关于〈中华人民共和国刑法〉第九章渎职罪主体适用问题的解释》

全国人大常委会根据司法实践中遇到的情况,讨论了刑法第九章渎职罪主体的适用问题,解释如下:在依照法律、法规规定行使国家行政管理职权的组织中从事公务的人员,或者在受国家机关委托代表国家机关行使职权的组织中从事公务的人员,或者虽未列入国家机关人员编制但在国家机关中从事公务的人员,在代表国家机关行使职权时,有渎职行为,构成犯罪的,依照刑法关于渎职罪的规定追究刑事责任。

■ 2017年7月1日,最高人民法院、最高人民检察院《关于办理扰乱无线电通讯管理秩序等刑事案件适用法律若干问题的解释》

第七条 负有无线电监督管理职责的国家机关工作人员滥用职权或者玩忽职守,致使公共财产、国家和人民利益遭受重大损失的,应当依照刑法第三百九十七条的规定,以滥用职权罪或者玩忽职守罪追究刑事责任。

■ 2006年7月26日,最高人民检察院《关于渎职侵权犯罪案件立案标准的规定》

玩忽职守罪是指国家机关工作人员严重不负责任,不履行或者不认真履行职责,致使公共财产、国家和人民利益遭受重大损失的行为。

一、玩忽职守罪的沿革

玩忽职守罪是所有渎职犯罪中最为典型的犯罪,日常生活中的"渎职"也往往指代玩忽职守行为。玩忽职守自古就受到统治者的重视,因为如果官员不为我所用、怠于履行职责,则不能发挥帝王知人善任、拱卫统治的目的,造成官民之间的直接冲突。早在西汉时期,针对职官不称职的行为规定了"不胜任"、"能不宜其官"和"软弱不任吏职"等罪名,职官在公务活动中不履行职务构成"办其官事不办"罪,职官不按时完成工作任务构成"失期罪",职官对紧急事件不及时上报或故意阻止上报的构成"不以求移"罪和"留难变事"罪,在公务活动中书写文书不准确、不认真的构成"书误"和"为伪书"罪等。中国共产党人历来十分痛恶玩忽职守行为,1933年12月15日,毛泽东签署《关于惩治贪污浪费行为——中央执行委员会第26号训令》,第4条规定:苏维埃机关、国营企业及公共团体的工作人员,因玩忽职守而浪费公款,致使国家受到损失者,依其浪费程度处以警告、撤销职务以至1个月以上3年以下的监禁。1934年4月8日,《中华苏维埃共和国中央执行委员会命令(中字第六号)》第10条规定:以反革命为目的,或希图取得报酬为反革命服务,进行各种间谍行为,或传递盗窃收集各种有关国家秘密性质的材料或军事秘密者,处死刑。因玩忽职务,不感觉其行动所能发生的结果而泄漏上项秘密者,处一年至五年的监禁。在革命年代,一个玩忽职守的行为可能导致很多革命同志的牺牲甚至革命根据地的动摇,其危害性不亚于一次叛变。在和平年代,玩忽职守的行为由于其对职务的漫不经心,可能导致职务相对人的生命财产遭受重大损失,动摇公众对"人民公仆"的怀疑。1952年3月11日,政务院公布《中央节约检查委员会关于处理贪污、浪费及克服官僚主义错误的若干规定》,指出:由于负责人严重的官僚主义和经管人员失职所造成的业务上的浪费和损失,而且并无不可克服的困难,其负直接责任的有关人员,除应严格检讨外,须酌予行政处分;其情节严重因而招致国家巨大损失者,可作专案议处,酌予刑事处分。

1979年刑法典第一百八十七条以法典形式规定,"国家工作人员由于玩忽职守,致使公共财产、国家和人民利益遭受重大损失的,处五年以下有期徒刑或者拘役"。如前章所述,这里的玩忽职守罪还包括了滥用职权行为,这是因为1979年刑法典明确承认类推适用,对于那些与玩忽职守行为危害性相当甚至更具危害性的行为,而刑法典又没有明确的规定时,按照类推适用的原则,比照最相类似的规定进行处罚,这是法制不发达、法治精神欠缺时期的一种选择。及至新中国成立后的第二部刑法典,基于反渎职经验的积累以及法制发展过程中的教训,1997年刑法典确立了新的玩忽职守罪,并与滥用职权罪并列,形成了新的处罚条文:"国家机关工作人员滥用职权或者玩忽职守,致使公共财产、国家和人民利益遭受重大损失的,处三年以下有期徒刑或者拘役;情节特别严重的,处三年以上七年以下有期徒刑。本法另有规定的,依照规定。国家机关工作人员徇私舞弊,犯前款罪的,处五年以下有期徒刑或者拘役;情节特别严重的,处五年以上十年以下有期徒刑。本法另有规定的,依照规定"。

二、玩忽职守罪的构成

玩忽职守罪的犯罪构成要件是玩忽职守致使公共财产、国家和人民利益遭受重大损失。本法条记述比较简明,构成玩忽职守罪需要满足以下构成要件:(1) 行为主体为国家机关工作人员;(2) 有玩忽职守的行为;(3) 玩忽职守行为造成重大损失,这要求重大损失与玩忽职守罪的客观行为之间存在因果关系。

(一)本罪的客观行为

社区干部玩忽职守案

【案例11-1】 被告人张某于2008年年末至2016年3月份,在担任九台街道办事处天桥社区(嘉鹏社区)低保专干期间,受九台市民政局和九台街道办事处委托,负责辖区内低保的初审及日常管理等工作。在初审过程中,张某没有严格按照《九台市城市居民最低生活保障办法实施细则》(九府发〔2010〕15号)文件中关于初审及日常管理工作的相关规定,导致多名申请人利用虚假证明材料申请低保并获得低保资格,造成国家经济损失528 600.16元。公诉机关认为,被告人张某受国家机关委托从事公务活动,不认真履行职责,致使公共财产遭受重大损失,其行为触犯了《中华人民共和国刑法》第三百九十七条之规定,犯罪事实清楚,证据确实、充分,应当以玩忽职守罪追究其刑事责任。辩护人辩护意见:对于多名申请人利用虚假证明材料并获得低保资格,造成国家经济损失的责任,主要责任在九台街道办事处和民政局,并非被告人一人造成,不应由被告人张某一人承担。如果认定被告人张某构成犯罪,由于造成本案的结果是多因一果,被告人只承担一部分责任,且被告人具有坦白情节,无前科劣迹,应从轻处罚。法院审理认为,公诉机关指控被告人张某受国家机关委托从事公务活动,在工作中对低保受理、入户核查及相关材料的收集和初审未能按照规定认真履行职责,使不符合低保条件的十四名居民以虚假的病例和释放证明获取了低保资格,致使国家遭受重大损失的事实,有经过庭审核实的证据予以证实,被告人张某的行为已构成玩忽职守罪。关于辩护人提出多名申请人利用虚假证明材料获得低保资格,造成国家经济损失的责任,并非被告人一人造成的辩护意见,法院认为被告人张某作为低保专干在低保初审、入户走访调查等规定中,签字、盖章,但未能认真履行职责,致使不符合低保条件居民领取了国家低保资金,虽损失并非被告人一人造成,但被告人亦负有直接责任,故对其辩护意见不予采纳。被告人张某犯罪后如实供述自己的罪行,有悔罪表现,可以从轻处罚。最终,判决被告人张某犯玩忽职守罪,判处有期徒刑一年缓刑一年。①

本罪的客观构成要件行为就是"玩忽职守",所谓"玩忽职守"是指国家机关工作人员严重不负责任,不履行或者不认真履行职责。不履行是指国家机关工作人员应当履行且有能力履行,但最终没有履行职责;不认真履行是指在履行职务过程中,违反职责规定,马虎大意,不履行应当注意的职责规范,导致职务履行错误或者职务履行不充分。案例11-1中,被告人张某受九台市民政局和九台街道办事处委托,负责辖区内低保的初审及日常管理等工作,属于接受国家机关委托从事公务的人员。根据2002年12月28日全国人民代表大会常务委员会《关于〈中华人民共和国刑法〉第九章渎职罪主体适用问题的解释》,在依照法律、法规规定行使国家行政管理职权的组织中从事公务的人员,或者在受国家机关委托代表国家机关行使职权的组织中从事公务的人员,或者虽未列入国家机关人员编制但在国家机关中从事公务的人员,在代表国家机关行使职权时,有渎职行为,构成犯罪的,依照刑法关于渎职罪的规定追究刑事责任。本案中,张某在负责低保初审管理工作中,没有严格按照实施细则履行相关审查工作,致使多名申请人利用虚假材料获得低保资格,其行为属于不认真履行责任的玩忽职守行为。

经贸处长被控玩忽职守案

【案例11-2】 唐某系S市(地级市)经信委处长,先后在中小企业综合协调处和中小企业产业与合作处任职。检察院指控玩忽职守罪事实:S市创先工业设计有限公司(创先公司)不符合2014年国家中小企业发展专项资金申报单位主体资格及申报条件,该公司负责人蔡某伪造企业营业执照、服务企业名单等资料,于2014年5月向S市经济和信息化委员会申报国家中小企业发展专项资金,并在申报时允诺S市经信委中小企业产业与合作处处长唐某,待申报成功后给其处室一些经费。S市经信委在审核申报材料过程中,负责审核的工作人员唐某、杨某,严重不负责任,不认真履行工作职责,未对创先

---

① 参见《吉林省长春市绿园区人民法院刑事判决书》,(2017)吉0113刑初字第26号。

公司的申报材料真实性进行审查,并以该申报资料作为依据,将创先公司向江苏省经信委申报国家中小企业发展专项资金服务体系项目,致使不符合申报条件的创先公司于2014年12月骗得国家奖励资金100万元,给国家造成损失100万元。

  本案的争议焦点在于唐某的行为是否属于不履行或者不认真履行职责。如上所述,玩忽职守罪中的不履行职责、不正确履行职责的前提是行为人有能力、有条件履行职责,也即行为人在自己能力范围之内履行职责,行为人的注意义务也仅限于此。本案中,唐某已经在能力范围之内履行了相应职责,不存在"严重不负责任,不履行职责、不正确履行职责"的情况。

  其一,在项目审核工作中,S市经信委中小企业产业与合作处处长唐某对区一级相关行政机关的公务行为存在合理的信赖。根据江苏省经信委、省财政厅的文件(苏中小科技〔2014〕279号),"符合条件的单位向注册地市、县(市)经信委、财政局提出资金申请报告"。据此,第一级的受理单位是市、县(市)经信委、财政局,具体到本案即为S市经信委、S市财政局,区一级单位是不直接组织申报的,这就是本次申报工作看似存在的最大不同。区一级单位虽然没有被要求组织辖区内的单位申报,但辖区内的单位必然会去区经信局、财政局开具一系列证明材料,这就意味着区一级单位仍然参加了本次申报材料的审查。而且,S市经信委、财政局虽然没有向区一级机构发文,但进行了电话通知,创先公司所在的软件园区也通过QQ群进行了申报通知的转发,创先公司在准备申报材料时也必然去软件园经发局盖章,事实上软件园经发局也确实在材料上进行了盖章确认。这就表明,虽然区一级经信局(经发局)没有实际组织区内单位申报,S市直接作为所辖区内单位的直接受理机构,但在实际申报工作中,区一级经信局(经发局)等部门仍然作为实际的初审部门参与审核工作。这与以往专项资金的申报流程没有任何区别,即作为第一层审查机构的区经信局(经发局)等单位对各类项目进行调查摸牌,首先加盖具有法律证明效力国家机关部门公章。申报材料加盖了两个政府部门合法有效的公章,就相当于相关政府部门已经对这份材料的真实性进行了保证,其已经具有相当的公信力和证明力,这也是公章效力的表现形式。如果每一个人都对盖有合法公章的材料进行质疑,将公章效力推倒重来、重新审核材料的真实,那么国家机关在公务行为中加盖公章的意义何在?前面国家机关的工作还要后面机关的重复、重新验证,以此类推,国家机关尤其政府机关的效率如何保证?这种重复劳动已经将公章的效力完全架空。所以,盖有合法有效政府公章的材料最具有说服力,这也是政府部门这一公权力部门的公信力、权威性所在。那么,基于这种对政府部门公信力和权威性的信赖,唐某在材料审核中对申报材料不需要再进行重复性审查,即与一贯的审核流程一样,不存在再次进行"实质审查"的职责。

  其二,唐某对专项审计报告存在合理的信赖。根据工信部、财政部文件(工信厅联企业〔2014〕65号),创先公司申报项目必须提供2013年度专项审计报告。为此,创先公司委托 S 市公兴会计师事务所有限公司出具了《专项审计报告》。众所周知，审计工作是一项专业性极强的工作，是由专职机构或人员接受委托或授权，以被审计单位的经济活动为对象，对被审计单位在一定时期的全部或一部分经济活动的有关资料，按照一定的标准进行审核检查，收集和整理证据，以判明有关资料的合法性、公允性、一贯性和经济活动的合规性、效益性，并出具审计报告的监督、评价和鉴证活动。那么，根据唐某本人的专业能力、公务范围，其本人根本不具有对《专项审计报告》再次进行所谓"实质审查"的能力，甚至整个中小企业产业与合作处、S 市经信委也不可能实际完成对创先公司 2013 年度的服务性资产的审计、涉及能力建设项目的审计、涉及业务奖励服务的审计等任务。所以，基于《专项审计报告》审计意见的信服力、公正性和严肃性，唐某完全对这份证明性文件具有合理的信赖；即便对中小企业产业与合作处以及唐某本人强加一种"实质审查"职责，囿于唐某及单位的能力，也无法期待唐某能胜任这一职责。更何况，本案实际上是因为 S 市审计局在审计创先公司账目时案发，而非在审查《专项审计报告》时发现问题，这就更加说明，不仅不能期待唐某在对《专项审计报告》进行所谓"实质审查"时发现问题，更不能强求唐某像审计局那样对创先公司的公司账目进行细致审查。

（二）本罪的主观罪过

玩忽职守与滥用职权都是刑法第三百九十七条规定的罪名，二者适用同样的入罪标准和法定刑幅度。玩忽职守罪与滥用职权罪是不同的两个罪名，那么二者的区分何在呢？除了行为不同之外，两罪的主观罪过也不相同。本书认为，滥用职权罪的主观罪过是故意，玩忽职守罪的主观罪过是过失。如前所述，1997 年刑法之所以增加滥用职权罪这一罪名，就是因为在刑法修订之前，实践中还有许多国家机关工作人员出于故意滥用职权情节严重的行为，这些行为与过失的玩忽职守罪一样具有极大的社会危害性，因此，应该在刑法中增设滥用职权罪，以作为一种故意犯罪与玩忽职守罪相对应，以从根本上解决司法实践中对滥用职权行为无法可依的情况。可见，滥用职权罪的产生是有其特定立法背景的，它是作为玩忽职守罪的对立面而存在的。就滥用职权罪与玩忽职守罪来说，它们所造成的危害后果都是使国家机关的正常活动及公众对国家机关工作人员职务活动公正性的信赖遭到破坏。由于这两罪构成犯罪的情节一样，即都是致使公共财产、国家和人民利益遭受重大损失，因此，对国家机关的正常活动造成的破坏是一样的；对于公众来说，都会因此丧失对国家机关工作人员职务活动的信赖感，都会造成公共财产、国家和人民利益的重大损失。所以，将滥用职权罪的主观状态理解为故意，对玩忽职守罪的主观状态理解为过失，并适用同一法定刑是合适的，这里重要的是法益侵害结果，主观状态是故意还是过失并没有影响对行为人的责任，这与故意杀人罪和过失致人死亡罪是完全不一样的立法初衷。

三、玩忽职守罪的处罚

根据刑法第三百九十七条,国家机关工作人员玩忽职守,致使公共财产、国家和人民利益遭受重大损失的,处三年以下有期徒刑或者拘役;情节特别严重的,处三年以上七年以下有期徒刑。国家机关工作人员徇私舞弊,犯前款罪的,处五年以下有期徒刑或者拘役;情节特别严重的,处五年以上十年以下有期徒刑。

杨某玩忽职守、徇私枉法、受贿案

【案例 11-3】 被告人杨某,原系深圳市公安局龙岗分局同乐派出所所长。1999年7月9日,王某(另案处理)经营的深圳市龙岗区舞王歌舞厅经深圳市工商行政管理部门批准成立,经营地址在龙岗区龙平路。2006年该歌舞厅被依法吊销营业执照,2007年9月8日,王某未经相关部门审批,在龙岗街道龙东社区三和村经营舞王俱乐部,辖区派出所为同乐派出所。被告人杨某自2001年10月开始担任同乐派出所所长。开业前几天,王某为取得同乐派出所对舞王俱乐部的关照,在杨某之妻何某经营的川香酒家宴请了被告人杨某等人。此后,同乐派出所三和责任区民警在对舞王俱乐部采集信息建档和日常检查中,发现王某无法提供消防许可证、娱乐经营许可证等必需证件,提供的营业执照复印件上的名称和地址与实际不符,且已过有效期。杨某得知情况后没有督促责任区民警依法及时取缔舞王俱乐部。责任区民警还发现舞王俱乐部经营过程中存在超时超员、涉黄涉毒、未配备专业保安人员、发生多起治安案件等治安隐患,杨某既没有依法责令舞王俱乐部停业整顿,也没有责令责任区民警跟踪监督舞王俱乐部进行整改。2008年3月,根据龙岗区"扫雷"行动的安排和部署,同乐派出所成立"扫雷"专项行动小组,杨某担任组长。有关部门将舞王俱乐部存在治安隐患和消防隐患等于2008年3月12日通报同乐派出所,但杨某没有督促责任区民警跟踪落实整改措施,导致舞王俱乐部的安全隐患没有得到及时排除。2008年9月20日晚,该舞厅发生特大火灾,造成44人死亡、64人受伤的严重后果。法院经审理后判决,被告人杨某犯玩忽职守罪,判处有期徒刑五年。①

本案为2012年11月15最高人民检察院指导案例第8号杨某玩忽职守、徇私枉法、受贿案,本案要旨有为渎职犯罪因果关系的认定:如果负有监管职责的国家机关工作人员没有认真履行其监管职责,从而未能有效防止危害结果发生,那么,这些对危害结果具有"原因力"的渎职行为,应认定与危害结果之间具有刑法意义上的因果关系。本案中,

---

① 参见《最高人民检察院第二批指导案例》,http://www.spp.gov.cn/spp/jczdal/201608/t20160811_162303.shtml。

被告人杨某作为同乐派出所的所长,对辖区内的娱乐场所负有监督管理职责,其明知舞王俱乐部未取得合法的营业执照擅自经营,且存在众多消防、治安隐患,但严重不负责任,不认真履行职责,使本应停业整顿或被取缔的舞王俱乐部持续违法经营达一年之久,并最终导致发生44人死亡、64人受伤的特大消防事故,造成了人民群众生命财产的重大损失,其行为属于玩忽职守行为且造成重大损失,情节严重,应当在三年以上七年以下有期徒刑幅度内定罪量刑。本案还涉及受贿罪,本指导案例的要旨之二是渎职犯罪同时受贿的处罚原则:对于国家机关工作人员实施渎职犯罪并收受贿赂,同时构成受贿罪的,除刑法第三百九十九条有特别规定的外,以渎职犯罪和受贿罪数罪并罚。

第十二章　故意(过失)泄露国家秘密罪

【《中华人民共和国刑法》(最新版)相关法条】

第三百九十八条　国家机关工作人员违反保守国家秘密法的规定,故意或者过失泄露国家秘密,情节严重的,处三年以下有期徒刑或者拘役;情节特别严重的,处三年以上七年以下有期徒刑。

非国家机关工作人员犯前款罪的,依照前款的规定酌情处罚。①

【司法解释】

■ 2006年7月26日,最高人民检察院《关于渎职侵权犯罪案件立案标准的规定》

(三)故意泄露国家秘密案(第三百九十八条)

故意泄露国家秘密罪是指国家机关工作人员或者非国家机关工作人员违反保守国家秘密法,故意使国家秘密被不应知悉者知悉,或者故意使国家秘密超出了限定的接触范围,情节严重的行为。

涉嫌下列情形之一的,检察机关应予立案:

1. 泄露绝密级国家秘密1项(件)以上的;
2. 泄露机密级国家秘密2项(件)以上的;
3. 泄露秘密级国家秘密3项(件)以上的;
4. 向非境外机构、组织、人员泄露国家秘密,造成或者可能造成危害社会稳定、经济发展、国防安全或者其他严重危害后果的;
5. 通过口头、书面或者网络等方式向公众散布、传播国家秘密的;
6. 利用职权指使或者强迫他人违反国家保守秘密法的规定泄露国家秘密的;
7. 以牟取私利为目的泄露国家秘密的;
8. 其他情节严重的情形。

(四)过失泄露国家秘密案(第三百九十八条)

过失泄露国家秘密罪是指国家机关工作人员或者非国家机关工作人员违反保守国家秘密法,过失泄露国家秘密,或者遗失国家秘密载体,致使国家秘密被不应知悉者知悉或者超出了限定的接触范围,情节严重的行为。

涉嫌下列情形之一的,应予立案:

1. 泄露绝密级国家秘密1项(件)以上的;
2. 泄露机密级国家秘密3项(件)以上的;

---

① 本条自1997年刑法确定以来并无修正。

3. 泄露秘密级国家秘密4项(件)以上的;

4. 违反保密规定,将涉及国家秘密的计算机或者计算机信息系统与互联网相连接,泄露国家秘密的;

5. 泄露国家秘密或者遗失国家秘密载体,隐瞒不报、不如实提供有关情况或者不采取补救措施的;

6. 其他情节严重的情形。

■ 2001年1月22日,最高人民法院《关于审理为境外窃取、刺探、收买、非法提供国家秘密、情报案件具体应用法律若干问题的解释》

为依法惩治为境外的机构、组织、人员窃取、刺探、收买、非法提供国家秘密、情报犯罪活动,维护国家安全和利益,根据刑法有关规定,现就审理这类案件具体应用法律的若干问题解释如下:

第一条　刑法第一百一十一条规定的"国家秘密",是指《中华人民共和国保守国家秘密法》第二条、第八条以及《中华人民共和国保守国家秘密法实施办法》第四条确定的事项。

刑法第一百一十一条规定的"情报",是指关系国家安全和利益、尚未公开或者依照有关规定不应公开的事项。

对为境外机构、组织、人员窃取、刺探、收买、非法提供国家秘密之外的情报的行为,以为境外窃取、刺探、收买、非法提供情报罪定罪处罚。

第二条　为境外窃取、刺探、收买、非法提供国家秘密或者情报,具有下列情形之一的,属于"情节特别严重",处十年以上有期徒刑、无期徒刑,可以并处没收财产:

(一) 为境外窃取、刺探、收买、非法提供绝密级国家秘密的;

(二) 为境外窃取、刺探、收买、非法提供三项以上机密级国家秘密的;

(三) 为境外窃取、刺探、收买、非法提供国家秘密或者情报,对国家安全和利益造成其他特别严重损害的。

实施前款行为,对国家和人民危害特别严重、情节特别恶劣的,可以判处死刑,并处没收财产。

第三条　为境外窃取、刺探、收买、非法提供国家秘密或者情报,具有下列情形之一的,处五年以上十年以下有期徒刑,可以并处没收财产:

(一) 为境外窃取、刺探、收买、非法提供机密级国家秘密的;

(二) 为境外窃取、刺探、收买、非法提供三项以上秘密级国家秘密的;

(三) 为境外窃取、刺探、收买、非法提供国家秘密或者情报,对国家安全和利益造成其他严重损害的。

第四条　为境外窃取、刺探、收买、非法提供秘密级国家秘密或者情报,属于"情节较轻",处五年以下有期徒刑、拘役、管制或者剥夺政治权利,可以并处没收财产。

第五条　行为人知道或者应当知道没有标明密级的事项关系国家安全和利益,而为境外窃取、刺探、收买、非法提供的,依照刑法第一百一十一条的规定以为境外窃取、刺探、收买、非法提供国家秘密罪定罪处罚。

第六条　通过互联网将国家秘密或者情报非法发送给境外的机构、组织、个人的,依照刑法第一百一十一条的规定定罪处罚;将国家秘密通过互联网予以发布,情节严重的,依照刑法第三百九十八条的规定定罪处罚。

第七条　审理为境外窃取、刺探、收买、非法提供国家秘密案件,需要对有关事项是否属于国家秘密以及属于何种密级进行鉴定的,由国家保密工作部门或者省、自治区、直辖市保密工作部门鉴定。

■ 2010年10月1日,全国人大常委会修订的《中华人民共和国保守国家秘密法》

第九条　下列涉及国家安全和利益的事项,泄露后可能损害国家在政治、经济、国防、外交等领域的安全和利益的,应当确定为国家秘密:

(一)国家事务重大决策中的秘密事项;

(二)国防建设和武装力量活动中的秘密事项;

(三)外交和外事活动中的秘密事项以及对外承担保密义务的秘密事项;

(四)国民经济和社会发展中的秘密事项;

(五)科学技术中的秘密事项;

(六)维护国家安全活动和追查刑事犯罪中的秘密事项;

(七)经国家保密行政管理部门确定的其他秘密事项。

政党的秘密事项中符合前款规定的,属于国家秘密。

第十条　国家秘密的密级分为绝密、机密、秘密三级。

绝密级国家秘密是最重要的国家秘密,泄露会使国家安全和利益遭受特别严重的损害;机密级国家秘密是重要的国家秘密,泄露会使国家安全和利益遭受严重的损害;秘密级国家秘密是一般的国家秘密,泄露会使国家安全和利益遭受损害。

第四十八条　违反本法规定,有下列行为之一的,依法给予处分;构成犯罪的,依法追究刑事责任:

(一)非法获取、持有国家秘密载体的;

(二)买卖、转送或者私自销毁国家秘密载体的;

(三)通过普通邮政、快递等无保密措施的渠道传递国家秘密载体的;

(四)邮寄、托运国家秘密载体出境,或者未经有关主管部门批准,携带、传递国家秘密载体出境的;

(五)非法复制、记录、存储国家秘密的;

(六)在私人交往和通信中涉及国家秘密的;

(七)在互联网及其他公共信息网络或者未采取保密措施的有线和无线通信中传递国家秘密的;

(八)将涉密计算机、涉密存储设备接入互联网及其他公共信息网络的;

(九)在未采取防护措施的情况下,在涉密信息系统与互联网及其他公共信息网络之间进行信息交换的；

（十）使用非涉密计算机、非涉密存储设备存储、处理国家秘密信息的；

（十一）擅自卸载、修改涉密信息系统的安全技术程序、管理程序的；

（十二）将未经安全技术处理的退出使用的涉密计算机、涉密存储设备赠送、出售、丢弃或者改作其他用途的。

有前款行为尚不构成犯罪，且不适用处分的人员，由保密行政管理部门督促其所在机关、单位予以处理。

一、故意(过失)泄露国家秘密罪的沿革

宏观经济数据泄密案

【案例 12-1】 2011 年 10 月 24 日，国务院新闻办公室举行涉密经济数据泄露案件查办情况新闻发布会。有关人士指出，2010 年 5 月以来，我国宏观经济数据多次被泄露。这一问题引起了中央领导同志的高度关注，有关职能部门密切配合、依法履行职责，迅速查明了泄密经过。2011 年 2 月，在有关部门预先工作的基础上，北京市西城区人民检察院对案件依法立案侦查，立案侦查 6 件 6 人，这 6 名犯罪嫌疑人中有一人是国家统计局办公室秘书室原副主任、副处级干部孙振，有 1 名是中国人民银行金融研究所货币金融史研究室原副主任、副处级干部伍超明，另外 4 名犯罪嫌疑人均为证券行业从业人员。例如，孙振在担任国家统计局办公室秘书室副主任及局领导秘书期间，于 2009 年 6 月至 2011 年 1 月，违反国家保密法规定，先后多次将国家统计局尚未对外公布的涉密统计数据共计 27 项，泄露给证券行业从业人员付某、张某等人。经鉴定，这 27 项被泄露的统计数据中有 14 项为机密级国家秘密，13 项为秘密级国家秘密。北京市西城区人民法院以故意泄露国家秘密罪依法判处被告人孙振有期徒刑五年，判决后被告人孙振没有提出上诉。再如，伍超明在中国人民银行金融研究所货币金融史研究室工作期间，于 2010 年 1 月至 6 月，违反国家保密法规定，将其在价格监测分析行外专家咨询会上合法获悉的、尚未正式公布的涉密统计数据 25 项，向证券行业从业人员魏某、刘某、伍某等 15 人故意泄露 224 次，经鉴定，上述被泄露的 25 项统计数据均为国家秘密级秘密。北京市西城区人民法院以故意泄露国家秘密罪依法判处被告人伍超明有期徒刑六年，判决后被告人伍超明没有提出上诉。

国家安全是每一个统治集团格外重视的问题，对国家安全的威胁行为向来受到很严重的处置，违反保密制度是危害国家安全行为的一种，是一种职务犯罪。例如案例 12-1 中的国家宏观经济数据，是一种极为重要的国家秘密，这种数据提前被违法泄露，危害经济运行秩序，干扰市场公平竞争，影响政府公信力，从而使国家、社会及人民利益遭受

重大损失,是一种社会危害性非常严重的泄密犯罪,必须依法惩治。

早在秦汉时期,泄露国家秘密罪就被视为严重犯罪。例如,《汉书·元帝纪》记载:"(建昭二年)淮阳王舅张博、魏郡太守京房,坐窥道诸侯王以邪意,漏泄省中语,博腰斩,房弃市。"据《汉旧仪》记载,"省中,禁中也,成帝外家王禁贵重,朝中为讳禁,故曰省"。唐人颜师古进而指出:"省,察也,言入此中皆当察视,不可妄也。""省中语"就是指"省中"内的一些言论和事宜,特别是和皇帝相关者。由于内侍近臣常出入"省中",知悉其中奏对论事,而这些内容在尚未公布前,往往属于机密,不容擅泄于外,否则漏泄人会受到惩处。有学者考证后认为,因泄漏省中语而治罪正始于中国历史上的第一位皇帝秦始皇。史载,秦始皇为求仙长生,听信术士"上所居宫毋令人知,然后不死之药殆可得"的说法,对自己行踪进行保密,下令"行所幸,有言其处者罪死",其间因怀疑随行人员"泄吾语","诏捕诸时在旁者,皆杀之"。这一次的"泄吾语",从"始皇帝幸梁山宫,从山上见丞相车骑众,弗善也。中人或告丞相,丞相后损车骑"(《史记·秦始皇本纪》)的记载来看,和两汉所触犯"漏泄省中语"罪的情形毫无二致,所以说漏泄省中语"原是秦代旧有的罪名"①。自魏晋至隋,对于漏泄密事者,多以赐死或贬黜论断。事实上,宫闱禁秘不便具体言明,故而史书权作隐语。因此,传世典籍对于泄密犯罪多以"漏泄禁中语"概称,具体案情则未能尽详。古代的"省中语"或"禁中语",大致包括以下秘密:易储废后、科举选士、人事调整、财政决策、军事调动等。在法制空前繁荣的唐朝,认定泄密犯罪的主要依据是《唐律疏议》中的《职制律》"漏泄大事"条:"诸漏泄大事应密者,绞。非大事应密者,徒一年半;漏泄于蕃国使者,加一等。仍以初传者为首,传至者为从。即转传大事者,杖八十;非大事,勿论。"

中华人民共和国成立后,由于帝国主义对东方社会主义国家虎视眈眈并采取孤立、包围策略,国家安全面临空前威胁,党和国家领导人特别重视对国家秘密的保守。1951年6月1日,中国政务院第87次政务会议通过《保守国家机密暂行条例》,本条例的制定目的是:为严格保守中华人民共和国的国家机密,防止国内外间谍分子、反革命分子和破坏分子侦察、偷窃或盗卖国家机密,防止各种人员泄露或遗失国家机密。1979年刑法第一百八十六条规定:国家工作人员违反国家保密法规,泄露国家重要机密,情节严重的,处七年以下有期徒刑、拘役或者剥夺政治权利。非国家工作人员犯前款罪的,依照前款的规定酌情处罚。1988年9月5日全国人大常委会通过《中华人民共和国保守国家秘密法》,2010年4月29日全国人大常委会对之做出了新的修订。1997年刑法第三百九十八条规定:国家机关工作人员违反保守国家秘密法的规定,故意或者过失泄露国家秘密,情节严重的,处三年以下有期徒刑或者拘役;情节特别严重的,处三年以上七年以下有期徒刑。非国家机关工作人员犯前款罪的,依照前款的规定酌情处罚。2014年11月1日,全国人大常委会通过《中华人民共和国反间谍法》,该法第37条规定:国家安全机关工作人员滥用职权、玩忽职守、徇私舞弊,构成犯罪的,或者有非法拘禁、刑讯逼供、暴力取证、

---

① 参见党超:《两汉"漏泄省中语"考论》,载《史学月刊》2016年第12期。

违反规定泄露国家秘密、商业秘密和个人隐私等行为,构成犯罪的,依法追究刑事责任。

二、泄露国家秘密罪的构成

(一) 本罪的主体

本罪虽然属于危害国家安全的一种形式,但被置于刑法分则第九章渎职罪中,是国家机关工作人员渎职犯罪的一种。根据刑法第三百九十八条,本罪的主体是国家机关工作人员,关于何为国家机关工作人员,前文已经进行了阐述。除此之外,故意或过失泄露国家秘密罪的主体还可以是非国家工作人员,第三百九十八条第二款规定:非国家机关工作人员犯前款罪的,依照前款的规定酌情处罚。非国家机关工作人员既包括非国家机关工作的国家工作人员,也包括非国家工作人员,这些主体可以构成渎职罪的本罪,这与其他渎职犯罪只要求国家机关工作人员这一主体不同。只是因为国家机关工作人员掌握更多的国家秘密,如果不遵守保密义务则泄露的可能更大、泄露的信息更重要、危害性更大,所以泄露国家秘密成为职务犯罪的一种典型行为,刑法故而将本罪置于渎职罪章。

(二) 本罪的客观行为

律师公布案卷信息被判故意泄露国家秘密

【案例 12-2】 于萍,河南省焦作市路通律师事务所主任,2001 年 1 月 8 日被逮捕。被告人于萍故意泄露国家秘密案由河南省沁阳市人民检察院于 2001 年 3 月 15 日向河南省沁阳市人民法院提起公诉。起诉书指控:2000 年 8 月 21 日,被告人于萍与助理律师卢鑫(另案处理)共同担任马明刚贪污案的一审辩护人。同年 11 月 3 日,于萍为准备出庭辩护安排卢鑫去沁阳市人民法院复印了马明刚贪污案的有关案卷材料。马明刚的亲属知道后,向卢鑫提出看看复印材料的要求。卢鑫在电话请示于萍后,将有关复印材料留给了马明刚的亲属朱克荣、马明魁等人。当晚,朱克荣、马峰、马明魁详细翻看了复印的案卷材料,并针对起诉书进行研究。次日,朱克荣根据案卷材料反映的情况,对有关证人逐一进行寻找和联系,并做了工作。后于萍到沁阳进行调查、取证时,证人张云田、吕学旗等人均出具了虚假的证明材料。与此同时,朱克荣又根据于萍交给他的部分复印的卷宗材料找到证人王全胜做工作,致使王全胜也出具了虚假证明。由于于萍故意泄露了国家秘密,马明刚贪污案开庭审理时,有关证人作了虚假证明,扰乱了正常的诉讼活动,造成马明刚贪污案两次延期审理的严重后果。检察机关和一审法院均认为,被告人于萍的行为已触犯了《中华人民共和国刑法》第三百九十八条的规定,构成了故意泄露国家秘密罪。[①]

[①] 参见《河南省沁阳市人民检察院诉于萍故意泄露国家秘密案》,载《最高人民法院公报》2004 年第 2 期。

本罪的构成要件行为是违反保守国家秘密法的规定，故意或者过失泄露国家秘密，情节严重。《中华人民共和国保守国家秘密法》第3条规定，国家秘密受法律保护，一切国家机关、武装力量、政党、社会团体、企业事业单位和公民都有保守国家秘密的义务。该法第9条规定了国家秘密的范围："下列涉及国家安全和利益的事项，泄露后可能损害国家在政治、经济、国防、外交等领域的安全和利益的，应当确定为国家秘密：（1）国家事务重大决策中的秘密事项；（2）国防建设和武装力量活动中的秘密事项；（3）外交和外事活动中的秘密事项以及对外承担保密义务的秘密事项；（4）国民经济和社会发展中的秘密事项；（5）科学技术中的秘密事项；（6）维护国家安全活动和追查刑事犯罪中的秘密事项；（7）经国家保密行政管理部门确定的其他秘密事项。政党的秘密事项中符合前述规定的，属于国家秘密。"对各种国家秘密的知悉人规定了保密守则与义务。第48条规定了邮寄、托运国家秘密载体出境，或者未经有关主管部门批准，携带、传递国家秘密载体出境，在私人交往和通信中涉及国家秘密等行为的法律责任。

案例12-2系最高人民法院公报案例（《最高人民法院公报》2004年第2期），争议焦点为：刑事被告人的辩护律师，通过合法手续获得涉密的案件材料，提供给当事人的亲属查阅，是否构成故意泄露国家秘密罪？案例要旨是："故意泄露国家秘密罪是指国家机关工作人员或者非国家机关工作人员违反保守国家秘密法，故意使国家秘密被不应知悉者知悉，或者故意使国家秘密超出了限定的接触范围，情节严重的行为。刑事被告人的辩护律师，并非国家机关工作人员，也不属于可能知悉或掌握国家秘密的非国家机关工作人员，故犯罪主体不适格。辩护律师通过合法手续获得的案件材料，虽属于'机密级国家秘密'，但检察机关没有标明密级，也无人告知案件材料中涉及国家秘密，不得泄露给他人，律师便没有将案件材料当作国家秘密加以保护的义务，对于案件材料内容泄漏的行为亦不存在主观上的故意。因案件材料内容的泄露导致诉讼活动的扰乱，也未达到情节严重的程度。那么，刑事被告人的辩护律师，将通过合法手续获得的涉密案件材料提供给当事人亲属查阅的行为，不构成故意泄露国家秘密罪。"

案例12-2中，于萍系某律师事务所主任，检察院指控的犯罪事实是，于萍将审判过程中复印的卷宗材料透露给其承办案件当事人的亲属，检察院认为案卷材料属于国家秘密，于萍的行为因而构成故意泄露国家秘密且情节严重，构成故意泄露国家秘密罪，并对之进行了逮捕、起诉。但是，案卷材料不属于国家秘密，于萍的当事人涉嫌贪污罪被起诉，案件进入审判阶段之后，基于公开审判的原则，案卷材料是可供复印、查阅的案件材料，不可能是国家秘密。即使检察机关自己将案卷材料规定为秘密级别，但当案件进入审判阶段以后，该材料并不是检察院的专属材料，而是控诉机关、审判机关以及被告人及其律师共享的材料，法院没有也不可能将之规定为国家秘密。事实上，在案件辩护过程中，也没有任何人向其传达该案卷材料的秘密性质与级别。1991年9月20日最高人民检察院关于下发《人民检察院办案工作中的保密规定》的通知，规制主体是检察院机关办案人员和检察机关内部因工作需要接触案件的人员,而非该主体之外的任何人,不构成对公民的普遍约束义务来源,于萍不属于检察机关保密规定中所指的国家秘密知悉人员。于萍让马明刚亲属查阅的案卷材料,是其履行律师职责时,通过合法手续,在法院从马明刚贪污案的案卷中复印的。这些材料虽然在检察机关的保密规定中被规定为机密级国家秘密,但当案件进入审判阶段后,审判机关没有将检察机关随案移送的证据材料规定为国家秘密。作为刑事被告人的辩护人,于萍没有将法院同意其复印的案件证据材料当作国家秘密加以保守的义务,检察机关在移送的案卷上,没有标明密级;整个诉讼活动过程中,没有人告知于萍,马明刚贪污案的案卷材料是国家秘密。因此,于萍在担任辩护人期间,将通过合法手续获取的案卷材料让当事人亲属查阅,不构成故意泄露国家秘密罪。本案二审法院最终撤销了沁阳市人民法院的一审刑事判决,判决于萍无罪。

本案也反映出一个比较突出的问题,即律师的辩护权受到很多方面的打压,这些压力很大一方面来自公权力机关,尤其是与被告人及其辩护人形成对抗关系的检察院。检察机关出于法律监督地位,对案件的诉讼过程行使监督权,本无可厚非,但如对控诉权的约束不力以及自我约束缺失,就很容易夸大与被告人及其辩护人之间的对立,一遇到对方不予顺从的场合或者情形,就极容易利用手中的权力将被告人及其辩护人置于更加不利的地位。一旦检察机关作出不尊重法律的决定,平级审判机关就可能顺从控诉机关的意志,共同将辩护人送入牢狱的深渊。本案就是典型的一例,本案的于萍由于当事人向家属透露案卷材料,家属为了马明刚的利益而做出各种不法行为,从而使得检察院的犯罪追诉受到影响甚至可能打乱了检察机关的阵脚,检察机关因而决定启动对于萍的追责。司法实践证明,"法律职业共同体"是个华丽的神话,从来没有这样的共同体,只有"共同职业"人即同行或者类同行,相同职业的人总是应了那句老话——同行是冤家。一方面,在诉讼过程中的对立方(检察院与辩护人)基于追诉与辩护、有罪与无罪、罪重与罪轻等各种事实问题、法律问题会展开对峙交锋,因而不可能存在共同利益;另一方面,律师职业群体中,总会存在相互倾轧、恶意竞争,"有钱大家赚"完全是一种臆想,甚至同一个律师事务所中的执业律师彼此之间都会存在"羡慕嫉妒恨",根本没有"共同体"。法学界、法学家或法律家总是充满着不切实际的浪漫幻想,总想结成一个法律职业共同体,这绝对是一个被吹起的泡沫,只是大家不愿意去承认。遗憾的是,事实总是"打脸",这个"共同体"是经不起考验的,共同体之下各怀鬼胎、各自为营,只有他们的职业是相同的,但他们从来不是一个共同体,没有一个可靠的纽带将他们团结在一起。

(三) 本罪的主观方面

李某过失泄露军事秘密案

【案例 12-3】 北京市海淀区人民检察院指控:2012 年 11 月 5 日 10 时许,被告人李×违反保守国家秘密法的规定,在本市海淀区清河 621 厂宿舍 3 栋楼 3 单元 502 室,使用本人戴尔笔记本电脑,以网名"ligand"在"飞扬军事论坛"上对一篇主题为"说说公安现役部队"的帖子进行了跟帖,其跟帖内容涉及我国重要国防战备工程的性质、名称和驻地,经鉴定系绝密级军事秘密。法院审理后认为,被告人李×违反保守国家秘密法的规定,过失泄露国家秘密,其行为已构成过失泄露国家秘密罪,应予惩处。北京市海淀区人民检察院指控被告人李×犯过失泄露国家秘密罪的事实清楚,证据确实充分,指控罪名成立。鉴于被告人李×犯罪以后,能够在接到办案机关电话传唤后自行到案,并如实供述自己的罪行,系自首,故依法对其予以从轻处罚并宣告缓刑,最终判决被告人李×犯过失泄露国家秘密罪,判处有期徒刑一年,缓刑一年。①

刑法第三百九十八条规定的泄露秘密罪之罪名是故意泄露国家秘密罪和过失泄露国家秘密罪,本条包含的两个罪名分别是故意犯罪和过失犯罪,二者适用同样的法定刑。这种情况与前述滥用职权罪和玩忽职守罪是一致的,滥用职权罪与玩忽职守罪分别属于故意犯罪和过失犯罪,二者在同一条中适用相同的刑罚幅度,是因为立法者看重的不是主观心理状态,而是行为违反职务规范以及就此造成损失,这是法益侵害性的最主要表现。故意泄露国家秘密罪与过失泄露国家秘密罪的法益侵害形式是对国家秘密的泄露,这种泄密行为对国家安全的侵害是立法者最重视的,故意泄露的行为与过失泄露的行为在法益侵害上具有同样的危害,故意或者过失不影响刑事责任,适用同样的法定刑幅度。案例12-3中,李某在跟帖中没有履行自己对知悉国家秘密的注意义务,泄露了军事秘密,主观上属于疏忽大意的过失。

三、泄露国家秘密罪的处罚

根据刑法第三百九十八条,国家机关工作人员违反保守国家秘密法的规定,故意或者过失泄露国家秘密,情节严重的,处三年以下有期徒刑或者拘役;情节特别严重的,处三年以上七年以下有期徒刑。非国家机关工作人员犯前款罪的,依照前款的规定酌情处罚。根据前述2006年7月26日最高人民检察院《关于渎职侵权犯罪案件立案标准的规定》,故意泄露国家秘密与过失泄露国家秘密构成"情节严重"的情形具有重合性,如故意或者过失泄露绝密级国家秘密1项(件)以上的,均为情节严重;在有些情形中,过失泄露国家秘密罪的入罪要求反而比故意要低,如遗失国家秘密载体,隐瞒不报、不如实提供有关情况或者不采取补救措施的,构成过失泄露国家秘密情节严重。

---

① 参见《北京市海淀区人民法院刑事判决书》,(2014)海刑初字第855号。

第十三章　徇私枉法罪

【《中华人民共和国刑法》(最新版)相关法条】

第三百九十九条　司法工作人员徇私枉法、徇情枉法,对明知是无罪的人而使他受追诉、对明知是有罪的人而故意包庇不使他受追诉,或者在刑事审判活动中故意违背事实和法律作枉法裁判的,处五年以下有期徒刑或者拘役;情节严重的,处五年以上十年以下有期徒刑;情节特别严重的,处十年以上有期徒刑。

在民事、行政审判活动中故意违背事实和法律作枉法裁判,情节严重的,处五年以下有期徒刑或者拘役;情节特别严重的,处五年以上十年以下有期徒刑。

在执行判决、裁定活动中,严重不负责任或者滥用职权,不依法采取诉讼保全措施、不履行法定执行职责,或者违法采取诉讼保全措施、强制执行措施,致使当事人或者其他人的利益遭受重大损失的,处五年以下有期徒刑或者拘役;致使当事人或者其他人的利益遭受特别重大损失的,处五年以上十年以下有期徒刑。

司法工作人员收受贿赂,有前三款行为的,同时又构成本法第三百八十五条规定之罪的,依照处罚较重的规定定罪处罚。[1]

【司法解释】

■ 2006年7月26日,最高人民检察院《关于渎职侵权犯罪案件立案标准的规定》

(五) 徇私枉法罪(第三百九十九条第一款)

徇私枉法罪是指司法工作人员徇私枉法、徇情枉法,对明知是无罪的人而使他受追诉、对明知是有罪的人而故意包庇不使他受追诉,或者在刑事审判活动中故意违背事实和法律作枉法裁判的行为。

涉嫌下列情形之一的,应予立案:

1. 对明知是没有犯罪事实或者其他依法不应当追究刑事责任的人,采取伪造、隐匿、毁灭证据或者其他隐瞒事实、违反法律的手段,以追究刑事责任为目的立案、侦查、起诉、审判的;

2. 对明知是有犯罪事实需要追究刑事责任的人,采取伪造、隐匿、毁灭证据或者其他隐瞒事实、违反法律的手段,故意包庇使其不受立案、侦查、起诉、审判的;

3. 采取伪造、隐匿、毁灭证据或者其他隐瞒事实、违反法律的手段,故意使罪重的人受较轻的追诉,或者使罪轻的人受较重的追诉的;

---

[1] 本条前三款罪名分别为"徇私枉法罪"、"枉法裁判罪"、"执行判决、裁定失职罪和执行判决、裁定滥用职权罪",第一款徇私枉法罪自1997年确定之后并无修正。

4. 在立案后,采取伪造、隐匿、毁灭证据或者其他隐瞒事实、违反法律的手段,应当采取强制措施而不采取强制措施,或者虽然采取强制措施,但中断侦查或者超过法定期限不采取任何措施,实际放任不管,以及违法撤销、变更强制措施,致使犯罪嫌疑人、被告人实际脱离司法机关侦控的;

5. 在刑事审判活动中故意违背事实和法律,作出枉法判决、裁定,即有罪判无罪、无罪判有罪,或者重罪轻判、轻罪重判的;

6. 其他徇私枉法应予追究刑事责任的情形。

一、徇私枉法罪的沿革

徇私枉法是司法人员对司法工作的亵渎和玩弄,属于滥用职权的一种,只不过由于司法是涉及公平正义的最后一道防线,因而如何惩治这种行为历来受到立法者的特别重视。中国古代就有"出入人罪"的说法,即职官进行审理案件时不依律,与事实和法律有"出入",要么刑罚处罚比实际要轻,要么刑罚处罚比实际加重。我国1979年刑法第一百八十八条规定:司法工作人员徇私舞弊,对明知是无罪的人而使他受追诉、对明知是有罪的人而故意包庇不使他受追诉,或者故意颠倒黑白做枉法裁判的,处五年以下有期徒刑、拘役或者剥夺政治权利;情节特别严重的,处五年以上有期徒刑。1997年刑法第三百九十九条规定:司法工作人员徇私枉法、徇情枉法,对明知是无罪的人而使他受追诉、对明知是有罪的人而故意包庇不使他受追诉,或者在刑事审判活动中故意违背事实和法律作枉法裁判的,处五年以下有期徒刑或者拘役;情节严重的,处五年以上十年以下有期徒刑;情节特别严重的,处十年以上有期徒刑。

二、徇私枉法罪的构成

警察徇私枉法案

【案例13-1】 2014年12月23日,兰州市公安局安宁分局刘家堡派出所副所长高建国(另案处理)带领民警禹某某等人在兰州市七里河区长征剧院附近将毛某某、田某某等十名吸毒人员抓获并带回派出所接受询问。在完成询问笔录的制作、尿液检测之后,经高建国等人审批于当日对毛某某、田某某等人做出了强制戒毒二年的决定。在将毛某某、田某某等人送往强制戒毒所之前,被告人禹某某为了完成本所侦破刑事案件数量的任务,分别与毛某某、田某某二人商量,让毛某某承担一起虚构的贩卖毒品刑事案件,让田某某承担一起虚构的盗窃刑事案件,并向二人保证通过控制毒品数量和盗窃金额让两人可能判处刑期都在六个月以内,在承担刑事责任后,二人就不用接受长达二年的强制隔离戒毒。毛某某、田某某二人同意后，被告人禹某某当即虚构了毛某某在安宁区元台子国资委29佳园附近两次向王某某贩卖毒品、遭王某某举报后被刘家堡派出所民警于2014年12月23日当场抓获的案情，并制作了虚假的讯问笔录；又虚构了田某某在安宁区赵家庄121路公交车终点站扒窃何某某手机时被发现，由何某某和邻居刘宗明当场抓获后报案的案情，并以此做了虚假的讯问笔录。做完讯问笔录后，毛某某、田某某二人被送往戒毒所强制戒毒。为完善案卷材料，被告人禹某某又伪造了何某某、刘某某、王某某等人的询问笔录、辨认笔录等材料。被告人王某某在明知上述案件系伪造的前提下，为帮助禹某某完成刑事案件任务，以证人身份在禹某某制作的虚假的询问笔录、辨认笔录、扣押决定书、扣押清单上签字捺印。2014年12月25日，被告人禹某某将二件虚构的刑事案件的《呈请鉴定报告书》提交高建国审批。后于2015年1月6日、1月9日分别将二件虚构的刑事案件的《提请逮捕报告书》提交高建国审批。2015年1月21日，经安宁区人民检察院批准，毛某某被执行逮捕。被告人禹某某意识到毛某某可能被判处有期徒刑一年，超过其向毛某某承诺的刑期，担心毛某某在审判阶段翻供，遂向高建国详细说明了其虚构毛某某贩毒案、田某某盗窃案的全部事实，高建国在知道禹某某虚构二件假案的细节后，要求禹某某把后续事宜处理妥当，并分别于2015年1月26日、3月19日对被告人禹某某提交的二件虚假案件的《呈请起诉报告书》签字同意移送起诉，毛某某被提起公诉后，禹某某前往兰州市第一看守所单独提审毛某某，告诉毛某某虚构的贩卖毒品案可能被判处的刑期不止六个月，并交代其不要翻供。

按照刑法第三百九十九条第一款，徇私枉法罪的主体是司法工作人员，刑法第九十四条规定：本法所称司法工作人员，是指有侦查、检察、审判、监管职责的工作人员。[①] 本罪的客观行为有三种：(1) 对明知是无罪的人而使他受追诉；(2) 对明知是有罪的人而故意包庇不使他受追诉；(3) 在刑事审判活动中故意违背事实和法律作枉法裁判。从1979年刑法至今，徇私枉法罪的构成要件行为就没有变化，只不过1997年针对第三种情形将原来的"故意颠倒黑白做枉法裁判"改为上述表达，以突出法律条文的严谨性。第一种情形是指司法工作人员明知对方没有犯罪事实或者不应当定罪（如明显无刑事责任能力），而采取伪造证据、湮灭证据或者其他隐瞒真相的方式使对方受到刑事立案、侦查、追诉与审判，即将明知无罪的人卷入刑事追诉程序当中。第二种情形则与此相反，司法

[①] 如今在监察体制改革中，对于监察委员会的监察权尤其对职务犯罪的调查权在本质上是否属于侦查权，存在很大争议，而且监察委员会工作人员对职务犯罪的调查是否属于刑事诉讼中的一部分，监察委员会工作人员是否属于司法工作人员，他们徇私、徇情而实施"对明知是无罪的人而使他受追诉""对明知是有罪的人而故意包庇不使他受追诉"等行为是否构成徇私枉法罪，也有争议。刑法第九十四条本来就存在着一种拟制，即将不是司法机关工作人员的公安侦查人员视为司法工作人员，那么由于监察委员会的职务犯罪调查权是求刑权的一部分，属于追诉权能的必要内容，其在职能以及强度上具有"不冠名的侦查权"属性，此类主体徇私枉法的，可以解释为"有侦查职责的工作人员"，而不受"监察委员会"机关属性的影响；如果不承认这一点，即反对监察委员会工作人员属于司法工作人员，那么就须要通过立法的形式将此类人员添加为本罪的主体，在此之前就存在处罚漏洞。

工作人员明知对方有罪或者有犯罪嫌疑，而通过虚构证据、隐瞒真相的方式使对方逃避刑事追诉即逃离在追诉程序之外，达到包庇的结果，这里的"有罪的人"并非被判决有罪而是有犯罪证据。第三种情形针对的刑事法官即有裁判权力的人，其行为方式是颠倒黑白，将有罪定为无罪、无罪定为有罪、轻罪重判、重罪轻判，即出入人罪。

  本罪的主观要件是故意，并且出于徇私、徇情的目的。根据刑法第三百九十九条，本罪的罪状中具有两处"明知""故意"，这旨在排除过失犯罪的可能。如果司法工作人员由于疏忽大意、不注意证据审查义务，而使无罪的人受到刑事追诉、有罪的人逃避刑法制裁、轻罪重判或者重罪轻判、误有罪为无罪、误无罪为有罪，此时该司法人员不构成徇私枉法罪。至于徇私枉法、徇情枉法目的的确认，则只要排除明显的法律水平不高、事实证据掌握不严而过失错判，即可予以认定。一般而言，枉法裁判总是出于一定的目的，显然这样的目的绝对不是出于"公"而是"私"，大公无私的人不可能出现枉法行为。所以，徇私、徇情更多具有提示意义，在该罪的具体认定中没有特别予以证明的意义。有学者认为，徇私、徇情不是犯罪目的，而是犯罪动机，主张："目的说"不仅违反刑法第三百九十九条的规定，而且将"徇私、徇情"作为犯罪目的，也会得出不合理的结论来。徇私枉法罪的最终危害结果并不是"徇私、徇情"，而是指有罪的人没有受到追诉、无罪的人受到追诉。这种结果显然不是用"徇私、徇情"所能概括的。相反"动机说"比较合适。其作用在于限制徇私枉法罪的成立范围，将客观上造成了徇私枉法的结果，但不是因为徇私徇情，而是由于司法工作人员业务水平不高或者对事实掌握不全而造成的情况排除在本罪的处罚范围之外。[①] 本书认为，将徇私、徇情认定为"目的"并无违反刑法第三百九十九条，将之作为犯罪动机也并无不妥，因为目的与动机都为主观的违法性要素，二者都不是故意的内容。作为同一构成要件要素的目的与动机，二者都具有区分此罪与彼罪或者罪与非罪的作用，如财产犯罪中的非法占有目的、淫秽物品犯罪中牟利的目的等，徇私枉法罪中的徇私、徇情本身确实具有区分本罪与其他"乱裁判"、错误裁判行为的意义，无论将之作为一种目的还是动机，这种作用都可以实现，因而上述争论并没有实际意义，二者都可以自圆其说且不影响具体结论。

  案例13-1中，禹某某作为负有刑事侦查职责的公安民警，属司法工作人员，其以完成破案任务为借口，违背法律规定及职业道德，明知毛某某、田某某没有犯相关毒品犯罪、盗窃罪，而伪造案件笔录和其他证人证言，实施以追究刑事责任为目的的立案、侦查行为，这种行为属于上述第一种情形即对明知是无罪的人而使他受追诉，其行为构成徇私枉法罪。禹某某提出，自己主观恶性低、犯罪情节轻微，认罪悔罪，工作具有特殊性，请求免于刑事处罚。本书认为，司法工作人员徇私枉法的行为，尤其这种伪造证据意图使无罪的人受到犯罪追诉，对司法权威和国家机关公信力的败坏是致命的，犯罪情节轻微的情况几乎不可能存在。对于此类行为不能给予超越一般人犯罪的特殊优待，实践中判

[①] 参见黎宏：《徇私枉法罪若干争议问题分析》，载《检察日报》2009年5月20日，第3版。

决轻缓的情况应当予以注意。本案一审法院判决被告人禹某某犯徇私枉法罪,判处有期徒刑二年,缓刑三年;被告人王某某犯徇私枉法罪,判处有期徒刑一年六个月,缓刑二年。这种刑罚已经足够轻微,因而二审法院只能作出维持原判的裁定。

三、徇私枉法罪的处罚

王立军徇私枉法案

【案例13-2】 2011年11月15日,英国公民尼尔·伍德被发现在其入住的重庆市一酒店房间内死亡。王立军身为重庆市公安局局长,在明知薄谷开来有杀害尼尔·伍德的重大嫌疑,且已掌握重要证据的情况下,为徇私情,指派与其本人及薄谷开来关系密切的副局长郭维国负责该案,向办案人员隐瞒薄谷开来向其讲述投毒杀害尼尔·伍德的情况及掌握的录音证据,对郭维国等人违背事实作出尼尔·伍德系酒后猝死的结论予以认可,将记录薄谷开来作案当晚到过现场的监控录像硬盘交给薄谷开来处置,以使薄谷开来不受刑事追诉。后王立军与薄谷开来产生矛盾并不断激化,王立军遂要求重庆市公安局有关人员重新调取、整理及妥善保管尼尔·伍德死亡案的证据,并提供了薄谷开来向其讲述投毒杀害尼尔·伍德的录音资料。2012年2月7日,王立军向国家有关部门反映了薄谷开来涉嫌故意杀害尼尔·伍德的情况并提供了相关证据材料,经公安机关依法复查侦破了薄谷开来故意杀人案。2012年9月24日,四川省成都市中级人民法院对王立军徇私枉法案作出一审判决,以徇私枉法罪判处有期徒刑七年;以叛逃罪判处有期徒刑二年,剥夺政治权利一年;以滥用职权罪判处有期徒刑二年;以受贿罪判处有期徒刑九年;数罪并罚,决定执行有期徒刑十五年,剥夺政治权利一年。[①]

刑法第三百九十九条规定,司法工作人员徇私枉法、徇情枉法,对明知是无罪的人而使他受追诉、对明知是有罪的人而故意包庇不使他受追诉,或者在刑事审判活动中故意违背事实和法律作枉法裁判的,处五年以下有期徒刑或者拘役;情节严重的,处五年以上十年以下有期徒刑;情节特别严重的,处十年以上有期徒刑。本罪的入罪标准、法定刑升格条件等并无司法解释予以明确,从司法实践中来看,本罪的处罚也呈现出一定的轻缓化。案例13-2中,原重庆市公安局局长王立军作为负责案件侦查工作的直接负责人,在命案发生后明知薄谷开来有重大作案嫌疑且掌握重要证据线索,而指使他人掩盖证据,意图使薄谷开来免受刑事追诉。这种行为构成第三百九十九条徇私枉法罪的第二种情形,成都市中级人民法院以徇私枉法罪判决王立军有期徒刑七年即在"情节严重"的法

[①] 参见《王立军案件庭审及案情始末》,http://news.ifeng.com/mainland/detail_2012_09/19/17742189_0.shtml.

定刑幅度内量刑,这种情节严重的认定是基于所包庇犯罪嫌疑人薄谷开来的身份以及所包庇的故意杀人罪重案产生的恶劣社会影响。

在徇私枉法罪的处罚中,第三百九十九条第四款的规定值得注意:司法工作人员收受贿赂,有前三款行为的,同时又构成本法第三百八十五条规定之罪的,依照处罚较重的规定定罪处罚。按照这一规定,司法工作人员收受贿赂之后又实施徇私枉法等行为时,此时按照从一重处罚的规定进行量刑。我们认为,这一规定属于特别规定而非提示性规定,因为本款中所记述的行为是两个,即先受贿而后基于贿赂而产生徇私枉法行为,两种行为是有前有后的,而且两种行为分别是受贿和渎职,具体危害性表现并不相同,因而本应当按照数罪并罚的方式予以处置,但第三百九十九条第四款特别规定从一重的原则,因而只能按照法条而放弃并罚原则。如果受贿行为与徇私枉法行为之间没有任何关联,或者徇私枉法行为在前而对方出于感谢而给予司法人员财物,这两种情形均不适用于第四款的从一重原则,而应当予以并罚。还须要指出的是,受贿罪有两种行为方式即收受贿赂和索取贿赂,而第三百九十九条第四款只规定了收受贿赂而后徇私枉法的情形,对于索取贿赂而又徇私枉法的,则仍然按照数罪并罚的原则进行处罚,而不适用第三百九十九条第四款的处罚原则。

第十四章 环境监管失职罪与食品监管渎职罪

【《中华人民共和国刑法》(最新版)相关法条】

第四百零八条 负有环境保护监督管理职责的国家机关工作人员严重不负责任,导致发生重大环境污染事故,致使公私财产遭受重大损失或者造成人身伤亡的严重后果的,处三年以下有期徒刑或者拘役。

第四百零八条之一 负有食品安全监督管理职责的国家机关工作人员,滥用职权或者玩忽职守,导致发生重大食品安全事故或者造成其他严重后果的,处五年以下有期徒刑或者拘役;造成特别严重后果的,处五年以上十年以下有期徒刑。

徇私舞弊犯前款罪的,从重处罚。①

【司法解释】

■ 2017年1月1日,最高人民法院、最高人民检察院《关于办理环境污染刑事案件适用法律若干问题的解释》

第一条 实施刑法第三百三十八条规定的行为,具有下列情形之一的,应当认定为"严重污染环境":

(一)在饮用水水源一级保护区、自然保护区核心区排放、倾倒、处置有放射性的废物、含传染病病原体的废物、有毒物质的;

(二)非法排放、倾倒、处置危险废物三吨以上的;

(三)排放、倾倒、处置含铅、汞、镉、铬、砷、铊、锑的污染物,超过国家或者地方污染物排放标准三倍以上的;

(四)排放、倾倒、处置含镍、铜、锌、银、钒、锰、钴的污染物,超过国家或者地方污染物排放标准十倍以上的;

(五)通过暗管、渗井、渗坑、裂隙、溶洞、灌注等逃避监管的方式排放、倾倒、处置有放射性的废物、含传染病病原体的废物、有毒物质的;

(六)二年内曾因违反国家规定,排放、倾倒、处置有放射性的废物、含传染病病原体的废物、有毒物质受过两次以上行政处罚,又实施前列行为的;

(七)重点排污单位篡改、伪造自动监测数据或者干扰自动监测设施,排放化学需氧量、氨氮、二氧化硫、氮氧化物等污染物的;

(八)违法减少防治污染设施运行支出一百万元以上的;

---

① 第四百零八条之一为2011年2月25日第十一届全国人民代表大会常务委员会第十九次会议通过的《刑法修正案八》所增加。

（九）违法所得或者致使公私财产损失三十万元以上的；

（十）造成生态环境严重损害的；

（十一）致使乡镇以上集中式饮用水水源取水中断十二小时以上的；

（十二）致使基本农田、防护林地、特种用途林地五亩以上，其他农用地十亩以上，其他土地二十亩以上基本功能丧失或者遭受永久性破坏的；

（十三）致使森林或者其他林木死亡五十立方米以上，或者幼树死亡二千五百株以上的；

（十四）致使疏散、转移群众五千人以上的；

（十五）致使三十人以上中毒的；

（十六）致使三人以上轻伤、轻度残疾或者器官组织损伤导致一般功能障碍的；

（十七）致使一人以上重伤、中度残疾或者器官组织损伤导致严重功能障碍的；

（十八）其他严重污染环境的情形。

第二条　实施刑法第三百三十九条、第四百零八条规定的行为，致使公私财产损失三十万元以上，或者具有本解释第一条第十项至第十七项规定情形之一的，应当认定为"致使公私财产遭受重大损失或者严重危害人体健康"或者"致使公私财产遭受重大损失或者造成人身伤亡的严重后果"。

■ 2011年5月27日，最高人民法院《关于进一步加大力度 严惩危害食品安全及相关职务犯罪的通知》

《刑法修正案(八)》对危害食品安全及相关职务犯罪作了修改完善，各级人民法院要认真研究疑难案件的法律适用问题，准确适用罪名。被告人实施危害食品安全的行为同时构成危害食品安全犯罪和生产、销售伪劣产品，侵犯知识产权，非法经营等犯罪的，依照处罚较重的规定定罪处罚。要综合考虑犯罪分子的主观恶性、犯罪手段、犯罪数额、危害后果、恶劣影响等因素，依法准确裁量刑罚。对于致人死亡或者有其他特别严重情节，罪当判处死刑的，要坚决依法判处死刑。要加大财产刑的判处力度，用足、用好罚金、没收财产等刑罚手段，剥夺犯罪分子再次犯罪的能力。要从严把握对危害食品安全的犯罪分子及相关职务犯罪分子适用缓免刑的条件。对依法必须适用缓刑的犯罪分子，可以同时宣告禁止令，禁止其在缓刑考验期内从事与食品生产、销售等有关的活动。

对于包庇、纵容危害食品安全违法犯罪活动的腐败分子，以及在食品安全监管和查处危害食品安全违法犯罪活动中收受贿赂、玩忽职守、滥用职权、徇私枉法、不履行法定职责的国家工作人员，构成犯罪的，应当依法从重处罚。2011年4月30日以前实施食品安全监管渎职行为，依法构成滥用职权罪、玩忽职守罪或其他渎职犯罪，在5月1日以后审理的，适用修正前刑法的规定定罪处罚。5月1日以后实施食品安全监管渎职行为，未导致发生重大食品安全事故或者造成其他严重后果，不构成食品监管渎职罪，但符合其他渎职犯罪构成要件的，依照刑法相关规定对其定罪处罚。

上级人民法院要加强审判指导，确保审判效果良好。对于社会影响大、关注度高的案件,必要时要挂牌督办,确保案件正确适用法律,准确定罪量刑。对在同一条生产销售链上的犯罪分子,既要严格依据法律规定对其量刑,又要在法律规定的幅度内体现严惩源头犯罪的精神。

■ 2013年5月4日,最高人民法院、最高人民检察院《关于办理危害食品安全刑事案件适用法律若干问题的解释》

第十六条 负有食品安全监督管理职责的国家机关工作人员,滥用职权或者玩忽职守,导致发生重大食品安全事故或者造成其他严重后果,同时构成食品监管渎职罪和徇私舞弊不移交刑事案件罪、商检徇私舞弊罪、动植物检疫徇私舞弊罪、放纵制售伪劣商品犯罪行为罪等其他渎职犯罪的,依照处罚较重的规定定罪处罚。

负有食品安全监督管理职责的国家机关工作人员滥用职权或者玩忽职守,不构成食品监管渎职罪,但构成前款规定的其他渎职犯罪的,依照该其他犯罪定罪处罚。

负有食品安全监督管理职责的国家机关工作人员与他人共谋,利用其职务行为帮助他人实施危害食品安全犯罪行为,同时构成渎职犯罪和危害食品安全犯罪共犯的,依照处罚较重的规定定罪处罚。

一、环境监管失职罪、食品监管渎职罪的沿革

民生问题无小事,民生问题是发展国家治理能力现代化要重点关注的问题之一。随着社会经济的不断发展,人们的价值观发生了很大的变化,之前认为十分正常的事情在今天看来已经成为对生态环境造成重大污染或者破坏的危险的行为,生态文明在社会文明建设中越来越重要。与此同时,食品安全问题也在成为人们物质文明生活中一个让人心焦的话题,毒奶粉、毒豆芽、毒葡萄、地沟油等正在成为威胁人们生命健康甚至子孙后代的巨大杀手。环境问题、食品安全问题成为全社会的"痛"。2018年5月18日至19日,全国生态环境保护大会在北京召开,习近平总书记指出,对于普通老百姓来说,每天喝上干净的水,呼吸新鲜的空气,吃上安全放心的食品,生活质量越来越高,过得既幸福又健康,这就是百姓心中的梦。我们这一代的认识是从之前数代的经验教训中得出的,新时代、新时期要加快建立健全"以治理体系和治理能力现代化为保障的生态文明制度体系",从治理手段入手,提高治理能力,并要把资源消耗、环境损害、生态效益等体现生态文明建设状况的指标纳入经济社会发展评价体系,建立体现生态文明要求的目标体系、考核办法、奖惩机制,使之成为推进生态文明建设的重要导向和约束。习近平总书记指出:"从制度上来说,我们要建立健全资源生态环境管理制度,加快建立国土空间开发保护制度,强化水、大气、土壤等污染防治制度,建立反映市场供求和资源稀缺程度、体现生态价值、代际补偿的资源有偿使用制度和生态补偿制度,健全生态环境保护责任追究

制度和环境损害赔偿制度,强化制度约束作用。"①环境治理、食品安全治理首先要求的是源头治理,即通过监管、监督的预防性治理,将问题解决在萌芽状态,而刑法中的污染环境罪等犯罪立法绝不是对此类问题的源头治理,而是一种事后的惩罚性治理,这种效果并不一定理想,但却是源头治理措施的保障措施。

环境监管失职罪、食品监管渎职罪正是源头治理过程中发生的国家机关工作人员的犯罪,本罪针对的是相关监管人员的职务违反行为。环境监管失职罪是1997年刑法设立的犯罪,在1996年12月的修订草案中,立法机关将原稿中的"玩忽职守"的规定修改为"严重不负责任",到1997年2月修订草案中,立法机关对此罪的罪状和法定刑又作了一些修改,如对此罪的主体做了具体描述,将原先"造成重大环境污染事故"的表述修改为"导致发生重大环境污染事故"等。食品监管渎职罪则是2011年5月1日实施的《刑法修正案八》所增设,是针对食品安全领域的监管人员滥用职权、玩忽职守而单独设立的犯罪规定。

二、环境监管失职罪、食品监管渎职罪的构成

环保局工作人员治污失职案

【案例14-1】 新乡马氏皮业有限公司(以下简称马氏公司)位于封丘县陈桥镇时寺村,系2014年新乡市废水重点监控企业、封丘县危险化学品企业,从2014年4月份开始,该公司擅自向厂区外自行挖掘的两个仅进行了池底水泥硬化,没有进行防水、防渗处理的排污池内抽放、堆放污染环境的生产废物。被告人李某、韩某某是该县环保局工作人员,在对该公司每月两次的环境监察工作中,不认真履行工作职责,未能发现该公司的违法排污行为。2014年5月28日,被告人李某、韩某某等人在对马氏公司的日常监察中发现该公司违法向排污池内倾倒生产废物,向该公司下达了《责令限期改正环境违法行为通知书》。但此后被告人李某、韩某某既未到该排污现场巡视监察,也未采取任何措施督促马氏公司改正其环境违法行为,致使该公司继续向排污池内抽放、堆放生产废物。2014年8月11日,李某到现场查看后,才报请封丘县环保局对马氏公司进行立案调查。马氏公司长期违法向该两个排污池排放生产废物,污染排污池所在林地面积达15.53亩,导致林地基本功能丧失。一二审法院认为,李某、韩某某作为负有环境保护监督管理职责的国家机关工作人员,在环境监察工作中,严重不负责任,导致发生重大环境污染事故,公共财产遭受重大损失,其行为均已构成环境监管失职罪。②

---

① 参见《习近平要求构建这样的生态文明体系》,http://www.chinanews.com/gn/2018/05-24/8521408.shtml。
② 参见《河南省新乡市中级人民法院刑事判决书》,(2015)新中刑一终字第193号。

动物检疫渎职案

【案例 14-2】 2010 年 12 月 19 日,被告人朱某某被中共黑龙江省农垦总局九三分局委员会组织部任命为分局动物卫生监督所副所长,动物卫生监督所内部分工朱某某负责驻黑龙江省九三农垦管理局畜禽定点屠宰厂动物屠宰检疫和管理工作,对检疫员有领导、监督、管理的职责,同时负责监管奶牛冷冻精和液氮的发放与管理,日常驻黑龙江省九三农垦管理局畜禽定点屠宰厂即大洲屠宰厂办公。2005 年 6 月,被告人张某、杨某某被黑龙江省九三管理局动物卫生监督所派驻大洲屠宰厂任专职检疫员,2009 年 7 月,被告人肖某某被黑龙江省九三管理局动物卫生监督所派驻大洲屠宰厂任专职检疫员,四被告人均有检疫资格证和行政执法证,上述人员负责大洲屠宰厂进出厂畜禽屠宰检疫工作。2011 年 12 月至 2013 年 5 月期间,焦德柱、李洪武将收购的病、死牛拉入大洲屠宰厂进行屠宰分割,大洲屠宰厂按每头牛收取 30 元钱,其中 24 元是大洲屠宰厂收取的场地占用费,6 元是大洲屠宰厂代替黑龙江省九三管理局动物卫生监督所收取的检疫费,由大洲屠宰厂每天将代收的检疫费交给检疫员,检疫员再交给九三动物卫生监督所财务,被告人肖某某、张某、杨某某在大洲屠宰厂负责进出厂畜禽屠宰检疫工作,轮流值班,被告人肖某某、张某、杨某某通过大洲屠宰厂收取了检疫费,但未对病、死牛入大洲屠宰厂进行屠宰分割进行制止及作无害化处理,也未给出具检疫合格证及其他检疫手续,导致 45 头病死牛在大洲屠宰厂分割后,牛产品流入市场,被他人作为食品销售。①

根据刑法第四百零八条,环境监管失职罪是指负有环境保护监督管理职责的国家机关工作人员严重不负责任,导致发生重大环境污染事故,致使公私财产遭受重大损失或者造成人身伤亡的严重后果的行为。从本罪的构成要件上看,"严重不负责任""导致发生重大环境污染事故""致使公私财产遭受重大损失或者造成人身伤亡的严重后果"提示本罪是过失犯且是结果犯。具体而言,本罪的过失是指负有环境监管职责的行为人在实施行政管理行为的过程中,应当预见由于其没有履行或者没有认真履行监管职责而发生侵害环境的后果,因疏忽大意没有预见或者已经预见而轻信能够避免,以致被监管者的行为造成了严重侵害环境法益的后果的主观心态。环境监管失职罪的本质行为是玩忽职守,而不包括故意实施的滥用职权,如果行为人故意滥用职权、任意履行职权,符合滥用职权罪的,应当直接认定为滥用职权罪。环境监管失职罪与玩忽职守罪是法条竞合关系,根据 2017 年 1 月 1 日实施的最高人民法院、最高人民检察院《关于办理环境污染刑事案件适用法律若干问题的解释》,环境监管失职造成公私财产损失 30 万元以上,或者具有本解释第一条第十项至第十七项规定情形之一的,应当认定为"致使公私财产遭受重大损失或者严重危害人体健康"或者"致使公私财产遭受重大损失或者造成人身伤亡

---

① 参见《黑龙江省九三农垦法院刑事判决书》,(2015)九刑再初字第 1 号。

的严重后果"：(1)造成生态环境严重损害的；(2)致使乡镇以上集中式饮用水水源取水中断十二小时以上的；(3)致使基本农田、防护林地、特种用途林地五亩以上，其他农用地十亩以上，其他土地二十亩以上基本功能丧失或者遭受永久性破坏的；(4)致使森林或者其他林木死亡五十立方米以上，或者幼树死亡二千五百株以上的；(5)致使疏散、转移群众五千人以上的；(6)致使三十人以上中毒的；(7)致使三人以上轻伤、轻度残疾或者器官组织损伤导致一般功能障碍的；(8)致使一人以上重伤、中度残疾或者器官组织损伤导致严重功能障碍的。

环境监管失职是一种典型的监督过失犯罪行为，在这种过失犯罪中监督义务是本罪成立的前提，为此需要明确环境监管的义务来源，即具有履行监督管理的义务，且能够履行而不履行，因而造成了严重损害后果。环境监督管理责任的来源可能是多样的，即包括宪法、法律、行政法规、部分规章、地方性法规甚至单位内部的特别任命等，只要行为人通过一定的形式被赋予了实际的监督管理职权，其就具有履行环境监督管理的义务，当其能够履行而怠于履行这种职责时，就存在监督过失行为。就此而言，食品监管渎职罪中的玩忽职守行为，也是一种监督过失责任行为。案例14-1中，被告人李某、韩某某作为县环保局工作人员，负有履行环境监督管理职责，二人在履行职务过程中发现某公司违法向排污池内倾倒生产废物并向该公司下达了《责令限期改正环境违法行为通知书》，但是二人在完成下达整改通知书之后就不再继续切实履行监管职责，在环境监管中表现出严重不负责任的行为，既未到该排污现场巡视监察，也未采取任何措施督促该公司改正其环境违法行为，致使该公司继续向排污池内抽放、堆放生产废物，造成林地污染15多亩，根据上述司法解释，损害后果构成"致使公私财产遭受重大损失"。

根据刑法第四百零八条之一，食品监管渎职罪是指负有食品安全监督管理职责的国家机关工作人员，滥用职权或者玩忽职守，导致发生重大食品安全事故或者造成其他严重后果的行为。与环境监管失职罪不同，食品监管渎职罪包括食品监管滥用职权的行为，也包括食品监管玩忽职守的行为，因而最高人民法院将本罪的罪名表述为食品监管渎职罪。最高人民法院原副院长张军曾指出，没有将刑法第四百零八条之一规定的有关食品安全监管犯罪确定为"食品监管玩忽职守罪"和"食品监管滥用职权罪"两罪，而是确定为"食品监管渎职罪"一罪，这主要是考虑：刑法第四百零八条之一将食品安全监管滥用职权和玩忽职守并列规定，且法定刑完全相同，分别确定罪名没有实际意义；相反，实践表明，滥用职权与玩忽职守的区分，实践中往往遇到困难、引发争议，将本条确定为两个罪名，难免会给司法适用和理论研究人为制造诸多难题，且可能引发不必要的上诉、抗诉或者申诉，浪费国家司法资源。① 其实，将本罪确定为食品监管滥用职权罪和食品监管玩忽职守罪两个罪名，并没有问题，上述所谓的法定刑一致这种理由也不成为理由，因

---

① 参见《张军：认真学习刑法修正案（八）促进经济社会科学发展》，http://www.dffyw.com/faxuejieti/xs/201105/22937.html.

为第三百九十七条的滥用职权罪与玩忽职守罪、第三百九十八条的故意泄露国家秘密罪与过失泄露国家秘密罪,都是在同一法条中规定的法定刑相同但主观罪过不同的犯罪,两个罪名并没有导致法律适用的不明,问题的关键在于正确解释刑法条文,而不是不区分主观故意或者过失,反而一股脑地将之硬性作为一个罪名来处理。我国的刑法罪名是最高人民法院通过司法解释的形式明确规定的罪名,而其他国家的罪名都没有官方的统一规定,甚至对于一些具有独立构成要件的加重构成要件行为也有独立于基本行为罪名的另外一个罪名。例如,对于携带枪支抢劫的抢劫行为,完全可以用"携带枪支抢劫罪",但在我国,这种行为的罪名仍然是抢劫罪。其实,第四百零八条之一本就是两个犯罪行为,分别是食品监管中的滥用职权罪和玩忽职守罪,它们与第三百九十七条的滥用职权罪、玩忽职守罪是法条竞合的关系,完全可以分别规定为两个罪名。当然,罪名只是一个形式或者一个叫法而已,重要的还是罪名之下的犯罪构成要件行为,因而将本罪规定为一个食品监管渎职罪甚至将第三百九十七条规定为一个"渎职罪"对于法律适用影响不大。

案例14-2中,被告人朱某某系被中共黑龙江省农垦总局九三分局委员会组织部任命的分局动物卫生监督所副所长,负责驻黑龙江省九三农垦管理局畜禽定点屠宰厂动物屠宰检疫和管理工作,肖某某、张某、杨某某为专职检疫员,四人均对食品监管工作负有直接的管理义务,是适格的食品监管渎职罪的主体。但是,被告人肖某某、张某、杨某某通过大洲屠宰厂收取了检疫费后却未对病、死牛入大洲屠宰厂进行屠宰分割进行制止及作无害化处理,也未给出具检疫合格证及其他检疫手续,这属于严重不负责的玩忽职守行为,这种行为最终导致大量病死牛肉进入市场。本案被告人的行为属于监督过失,并且造成了严重后果,构成食品监管渎职罪。

三、环境监管失职罪、食品监管渎职罪的处罚

根据刑法第四百零八条、第四百零八条之一,负有环境保护监督管理职责的国家机关工作人员严重不负责任,导致发生重大环境污染事故,致使公私财产遭受重大损失或者造成人身伤亡的严重后果的,处三年以下有期徒刑或者拘役。负有食品安全监督管理职责的国家机关工作人员,滥用职权或者玩忽职守,导致发生重大食品安全事故或者造成其他严重后果的,处五年以下有期徒刑或者拘役;造成特别严重后果的,处五年以上十年以下有期徒刑。徇私舞弊犯前款罪的,从重处罚。从两罪的法定刑及其幅度设置上看,食品监管渎职罪的处罚要重于环境监管失职罪。2014年2月20日,最高人民检察院发布第四批指导案例,其中第15号、16号涉及食品监管渎职罪的定罪与处罚,这里主要涉及的是受贿罪与食品监管渎职罪的罪数问题。如前所述,徇私枉法罪第三百九十九条第四款规定"司法工作人员收受贿赂,有前三款行为的,同时又构成本法第三百八十五条规定之罪的,依照处罚较重的规定定罪处罚",本书认为这是一条特别规定,对于其他

受贿后又实施渎职行为的,应当按照受贿罪与其他罪数罪并罚,该批指导案例也贯彻并强调了这一原则。

<h2 style="text-align:center">黎达文等人食品监管渎职案</h2>

【案例 14-3】 基本案情如下:

(一)被告人胡林贵、刘康清、叶在均、刘国富、张永富等人于 2011 年 6 月以每人出资 2 万元,在未取得工商营业执照和卫生许可证的情况下,在东莞市中堂镇江南农产品批发市场租赁加工区建立加工厂,利用病、死、残猪猪肉为原料,加入亚硝酸钠、工业用盐等调料,生产腊肠、腊肉。并将生产出来的腊肠、腊肉运至该市农产品批发市场固定铺位进行销售,平均每天销售约 500 公斤。该工厂主要由胡林贵负责采购病、死、残猪猪肉,刘康清负责销售,刘国富等人负责加工生产,张永富、叶在均等人负责打杂及协作,该加工厂还聘请了被告人叶世科等人负责运输,聘请了骆梅、刘康素等人负责销售上述加工厂生产出的腊肠、腊肉,其中骆梅于 2011 年 8 月初开始受聘担任销售,刘康素于 2011 年 9 月初开始受聘担任销售。

2011 年 10 月 17 日,经群众举报,执法部门查处了该加工厂,当场缴获腊肠 500 公斤、腊肉 500 公斤、未检验的腊肉半成品 2 吨、工业用盐 24 包(每包 50 公斤)、敌百虫 8 支、亚硝酸钠 11 支等物品;10 月 25 日,公安机关在农产品批发市场固定铺位缴获胡林贵等人存放的半成品猪肉 7 980 公斤,经广东省质量监督检测中心抽样检测,该半成品含敌百虫等有害物质严重超标。

(二)自 2010 年 12 月至 2011 年 6 月份期间,被告人朱伟全、曾伟中等人收购病、死、残猪后私自屠宰,每月运行 20 天,并将每天生产出的约 500 公斤猪肉销售给被告人胡林贵、刘康清等人。后曾伟中退出经营,朱伟全等人于 2011 年 9 月份开始至案发期间,继续每天向胡林贵等人合伙经营的腊肉加工厂出售病、死、残猪猪肉约 500 公斤。

(三)被告人黎达文于 2008 年起先后兼任中堂镇产品质量和食品安全工作领导小组成员、经贸办副主任、中堂食安委副主任兼办公室主任、食品药品监督站站长,负责对中堂镇全镇食品安全的监督管理,包括中堂镇内食品安全综合协调职能和依法组织各执法部门查处食品安全方面的举报等工作。被告人余忠东于 2005 年起在东莞市江南市场经营管理有限公司任仓储加工管理部的主管。

2010 年至 2011 年期间,黎达文在组织执法人员查处江南农产品批发市场的无证照腊肉、腊肠加工窝点过程中,收受被告人刘康清、胡林贵、余忠东等人贿款共十一次,每次 5 000 元,合计 55 000 元,其中胡林贵参与行贿十一次,计 55 000 元,刘康清参与行贿十次,计 50 000 元,余忠东参与行贿六次,计 30 000 元。

被告人黎达文在收受被告人刘康清、胡林贵、余忠东等人的贿款之后,滥用食品安全监督管理的职权,多次在组织执法人员检查江南农产品批发市场之前打电话通知余忠东或胡林贵,让胡林贵等人做好准备,把加工场内的病、死、残猪猪肉等生产原料和腊肉、腊肠藏好,逃避查处,导致胡林贵等人在一年多时间内持续非法利用病、死、残猪猪肉生产敌百虫和亚硝酸盐成分严重超标的腊肠、腊肉,销往东莞市及周边城市的食堂和餐馆。

被告人王伟昌自2007年起任中堂中心屠场稽查队队长,被告人陈伟基自2009年2月起任中堂中心屠场稽查队队员,二人所在单位受中堂镇政府委托负责中堂镇内私宰猪肉的稽查工作。2009年7月至2011年10月间,王伟昌、陈伟基在执法过程中收受刘康清、刘国富等人贿款,其中王伟昌、陈伟基共同收受贿款13 100元,王伟昌单独受贿3 000元。

王伟昌、陈伟基受贿后,滥用食品安全监督管理的职权,多次在带队稽查过程中,明知刘康清和刘国富等人非法销售死猪猪肉、排骨而不履行查处职责,王伟昌还多次在参与中堂镇食安委组织的联合执法行动前打电话给刘康清通风报信,让刘康清等人逃避查处。

[诉讼过程]

2011年10月22日,胡林贵、刘康清因涉嫌生产、销售有毒、有害食品罪被刑事拘留,11月24日被逮捕。2011年10月23日,叶在均、刘国富、张永富、叶世科、骆梅、刘康素因涉嫌生产、销售有毒、有害食品罪被刑事拘留,11月24日被逮捕。2011年10月28日,朱伟全、曾伟中因涉嫌生产、销售有毒、有害食品罪被刑事拘留,11月24日被逮捕。2012年3月6日,黎达文因涉嫌受贿罪被刑事拘留,3月20日被逮捕。2012年4月26日,王伟昌、陈伟基因涉嫌受贿罪被刑事拘留,5月10日被逮捕。2012年3月6日,余忠东因涉嫌受贿罪被刑事拘留,3月20日被逮捕。

被告人胡林贵、刘康清、叶在均、刘国富、张永富、叶世科、骆梅、刘康素、曾伟中、朱伟全涉嫌生产、销售有毒、有害食品罪一案,由广东省东莞市公安局侦查终结,移送东莞市第一市区人民检察院审查起诉。被告人黎达文、王伟昌、陈伟基涉嫌受贿、食品监管渎职罪,被告人胡林贵、刘康清、余忠东涉嫌行贿罪一案,由东莞市人民检察院侦查终结,移送东莞市第一市区人民检察院审查起诉。因上述两个案件系关联案件,东莞市第一市区人民检察院决定并案审查。东莞市第一市区人民检察院经审查认为,被告人胡林贵、刘康清、叶在均、刘国富、张永富、叶世科无视国法,在生产、销售的食品中掺入有毒、有害的非食品原料,胡林贵、刘康清还为谋取不正当利益,多次向被告人黎达文、王伟昌、陈伟基等人行贿,胡林贵、刘康清的行为均已触犯了《中华人民共和国刑法》第一百四十四条、第三百八十九条第一款之规定,被告人叶在均、刘国富、张永富、叶世科的行为均已触犯了《中华人民共和国刑法》第一百四十四条之规定;被告人骆梅、刘康素在销售中以不合格产品冒充合格产品,其中骆梅销售的金额五十万元以上,刘康素销售的金额二十万元以上,二人的行为均已触犯了《中华人民共和国刑法》第一百四十条之规定;被告人朱伟全、曾伟中在生产、销售中以不合格产品冒充合格产品,生产、销售金额五十万元以上,二人的行为均已触犯了《中华人民共和国刑法》第一百四十条之规定;被告人黎达文、王伟昌、陈伟基身为国家机关工作人员,利用职务之便,多次收受贿款,同时黎达文、王伟昌、陈伟基身为负有食品安全监督管理职责的国家机关工作人员,滥用职权为刘康清等人谋取非法利益,造成恶劣社会影响,三人的行为已分别触犯了《中华人民共和国刑法》第三百八十五条第一款、第四百零八条之一之规定;被告人余忠东为谋取不正当利益,多次向被告人黎达文、王伟昌、陈伟基等人行贿,其行为已触犯《中华人民共和国刑法》第三百八十九条第一款之规定。2012年5月29日,东莞市第一市区人民检察院以被告人胡林贵、刘康清犯生产、销售有毒、有害食品罪和行贿罪,叶在均、刘国富、张永富、叶世科犯生产、销售有毒、有害食品罪,骆梅、刘康素犯销售伪劣产品罪,朱伟全、曾伟中犯生产、销售伪劣产品罪,黎达文、王伟昌、陈伟基犯受贿罪、食品监管渎职罪,余忠东犯行贿罪,向东莞市第一人民法院提起公诉。

  2012年7月9日,东莞市第一人民法院一审认为,被告人胡林贵、刘康清、叶在均、刘国富、张永富、叶世科无视国法,在生产、销售的食品中掺入有毒、有害的非食品原料,其行为已构成生产、销售有毒、有害食品罪,且属情节严重;被告人骆梅、刘康素作为产品销售者,以不合格产品冒充合格产品,其中被告人骆梅销售金额为五十万元以上不满二百万元,被告人刘康素销售金额为二十万元以上不满五十万元,其二人的行为已构成销售伪劣产品罪;被告人朱伟全、曾伟中在生产、销售中以不合格产品冒充合格产品,涉案金额五十万元以上不满二百万元,其二人的行为已构成生产、销售伪劣产品罪;被告人黎达文身为国家工作人员,被告人王伟昌、陈伟基身为受国家机关委托从事公务的人员,均利用职务之便,多次收受贿款,同时,被告人黎达文、王伟昌、陈伟基还违背所负的食品安全监督管理职责,滥用职权为刘康清等人谋取非法利益,造成严重后果,被告人黎达文、王伟昌、陈伟基的行为已构成受贿罪、食品监管渎职罪;被告人胡林贵、刘康清、余忠东为谋取不正当利益,多次向黎达文、王伟昌、陈伟基等人行贿,其三人的行为均已构成行贿罪。对上述被告人的犯罪行为,依法均应惩处,对被告人胡林贵、刘康清、黎达文、王伟昌、陈伟基依法予以数罪并罚。被告人刘康清系累犯,依法应从重处罚;刘康清在被追诉前主动交代其行贿行为,依法可以从轻处罚;刘康清还举报了胡林贵向黎达文行贿5 000元的事实,并经查证属实,是立功,依法可以从轻处罚。被告人黎达文、王伟昌、陈伟基归案后已向侦查机关退出全部赃款,对其从轻处罚。被告人胡林贵、刘康清、张永富、叶世科、余忠东归案后如实供述犯罪事实,认罪态度较好,均可从轻处罚;被告人黎达文在法庭上认罪态度较好,可酌情从轻处罚。依照刑法相关条款规定,判决:

  (一)被告人胡林贵犯生产、销售有毒、有害食品罪和行贿罪,数罪并罚,判处有期徒刑九年九个月,并处罚金人民币十万元。被告人刘康清犯生产、销售有毒、有害食品罪和行贿罪,数罪并罚,判处有期徒刑九年,并处罚金人民币九万元。被告人叶在均、刘国富、张永富、叶世科犯生产、销售有毒、有害食品罪,分别判处有期徒刑八年六个月并处罚金人民币十万元、有期徒刑八年六个月并处罚金人民币十万元、有期徒刑八年三个月并处罚金人民币十万元、有期徒刑七年九个月并处罚金人民币五万元。被告人骆梅、刘康素犯销售伪劣产品罪,分别判处有期徒刑七年六个月并处罚金人民币三万元、有期徒刑六年并处罚金人民币二万元。

(二)被告人朱伟全、曾伟中犯生产、销售伪劣产品罪,分别判处有期徒刑八年并处罚金人民币七万元、有期徒刑七年六个月并处罚金人民币六万元。

(三)被告人黎达文犯受贿罪和食品监管渎职罪,数罪并罚,判处有期徒刑七年六个月,并处没收个人财产人民币一万元。被告人王伟昌犯受贿罪和食品监管渎职罪,数罪并罚,判处有期徒刑三年三个月。被告人陈伟基犯受贿罪和食品监管渎职罪,数罪并罚,判处有期徒刑二年六个月。被告人余忠东犯行贿罪,判处有期徒刑十个月。

一审宣判后,被告人胡林贵、刘康清、叶在均、刘国富、张永富、叶世科、骆梅、刘康素、曾伟中、黎达文、王伟昌、陈伟基提出上诉。

2012年8月21日,广东省东莞市中级人民法院二审裁定驳回上诉,维持原判。①

指导性案例是成文法国家的司法机关对法律适用和解释进行说明、指导的重要载体。2015年12月9日,最高人民检察院第十二届检察委员会第四十四次会议修订了《最高人民检察院关于案例指导工作的规定》,该规定第四条规定:"检察机关指导性案例一般由标题、关键词、基本案情、诉讼过程、要旨、法理分析、相关法律规定等组成。根据不同指导性案例的特点,发布指导性案例时可以对上述内容作适当调整。"本处第一次全部援引一则指导性案例,正是为了完整呈现指导性案例的全貌,本指导性案例包括了关键词、要旨、相关立法、基本案情、诉讼过程。截至成书时,最高人民检察院共发布十批指导案例,第15号指导性案例为第四批指导案例之一;最高人民法院发布十七批指导性案例。根据陈兴良教授对刑事指导案例的归纳、研究,当前的指导性案例发挥着五种功能:(1)司法规则的创制功能,即相较于司法解释,指导案例能够更为细微、具体地创制规则;(2)条文含义的解释功能,即进一步解决条文含义的明确性问题;(3)法律规定的释疑功能,即解决条文适用中的理解冲突;(4)刑事政策的宣示功能,即为具体案件中的标准掌握提供政策指导;(5)刑罚制度的示范功能,即指导新刑罚制度的适用,推动刑罚制度创新的法律和社会效果转化。② 笔者以为,最高人民检察院第15号指导性案例的"要旨"显示,该指导性案例既没有创制规则,也没有进行条文的解释或者释疑,对刑事政策的宣示并不明显,充其量具有刑罚上的示范意义(引起量刑上的注意)。

指导案例第16号"赛跃、韩成武受贿、食品监管渎职案"(检例第16号),总结的要旨与第15号基本一致:负有食品安全监督管理职责的国家机关工作人员,滥用职权或玩忽职守,导致发生重大食品安全事故或者造成其他严重后果的,应当认定为食品监管渎职罪。在渎职过程中受贿的,应当以食品监管渎职罪和受贿罪实行数罪并罚。2013年5月4日实施的最高人民法院、最高人民检察院《关于办理危害食品安全刑事案件适用法律若干问题的解释》第16条规定:负有食品安全监督管理职责的国家机关工作人员,滥

---

① 参见《最高人民检察院第四批指导案例》,http://www.spp.gov.cn/spp/jczdal/201608/t20160811_162641.shtml.

② 参见陈兴良:《刑法指导案例裁判要点功能研究》,载《环球法律评论》2018年第3期。

用职权或者玩忽职守,导致发生重大食品安全事故或者造成其他严重后果,同时构成食品监管渎职罪和徇私舞弊不移交刑事案件罪、商检徇私舞弊罪、动植物检疫徇私舞弊罪、放纵制售伪劣商品犯罪行为罪等其他渎职犯罪的,依照处罚较重的规定定罪处罚。负有食品安全监督管理职责的国家机关工作人员与他人共谋,利用其职务行为帮助他人实施危害食品安全犯罪行为,同时构成渎职犯罪和危害食品安全犯罪共犯的,依照处罚较重的规定定罪处罚。由于食品监管渎职罪包括食品监管滥用职权行为和食品监管玩忽职守行为,其与滥用职权罪、玩忽职守罪是法条竞合关系,因而当一种行为不符合食品监管渎职罪构成要件,但构成滥用职权罪或其他渎职犯罪时,完全应当依照该其他犯罪定罪处罚。

第十五章 非法批准征收、征用、占用土地罪

【《中华人民共和国刑法》(最新版)相关法条】
第四百一十条 国家机关工作人员徇私舞弊,违反土地管理法规,滥用职权,非法批准征收、征用、占用土地,或者非法低价出让国有土地使用权,情节严重的,处三年以下有期徒刑或者拘役;致使国家或者集体利益遭受特别重大损失的,处三年以上七年以下有期徒刑。①

【司法解释】
■ 2001年8月31日,全国人大常委会《关于刑法第二百二十八条、第三百四十二条、第四百一十条的解释》

全国人民代表大会常务委员会讨论了刑法第二百二十八条、第三百四十二条、第四百一十条规定的"违反土地管理法规"和第四百一十条规定的"非法批准征用、占用土地"的含义问题,解释如下:

刑法第二百二十八条、第三百四十二条、第四百一十条规定的"违反土地管理法规",是指违反土地管理法、森林法、草原法等法律以及有关行政法规中关于土地管理的规定。

刑法第四百一十条规定的"非法批准征用、占用土地",是指非法批准征用、占用耕地、林地等农用地以及其他土地。

■ 2000年6月16日,最高人民法院《关于审理破坏土地资源刑事案件具体应用法律若干问题的解释》

第四条 国家机关工作人员徇私舞弊,违反土地管理法规,滥用职权,非法批准征用、占用土地,具有下列情形之一的,属于非法批准征用、占用土地"情节严重",依照刑法第四百一十条的规定,以非法批准征用、占用土地罪定罪处罚:

(一)非法批准征用、占用基本农田十亩以上的;

(二)非法批准征用、占用基本农田以外的耕地三十亩以上的;

(三)非法批准征用、占用其他土地五十亩以上的;

(四)虽未达到上述数量标准,但非法批准征用、占用土地造成直接经济损失三十万元以上;造成耕地大量毁坏等恶劣情节的。

第五条 实施第四条规定的行为,具有下列情形之一的,属于非法批准征用、占用土

---

① 2009年8月27日第十一届全国人民代表大会常务委员会第十次会议通过《关于修改部分法律的决定》提出:将下列法律和法律解释中的"征用"修改为"征收、征用"。其中,包括了刑法第三百八十一条、第四百一十条。可见,除了《刑法修正案》之外,全国人民代表大会常务委员会还通过这种专门的综合性规定对整体法律体系中的法律用语进行了统一化。

地"致使国家或者集体利益遭受特别重大损失"：

（一）非法批准征用、占用基本农田二十亩以上的；

（二）非法批准征用、占用基本农田以外的耕地六十亩以上的；

（三）非法批准征用、占用其他土地一百亩以上的；

（四）非法批准征用、占用土地，造成基本农田五亩以上，其他耕地十亩以上严重毁坏的；

（五）非法批准征用、占用土地造成直接经济损失五十万元以上等恶劣情节的。

第六条　国家机关工作人员徇私舞弊，违反土地管理法规，非法低价出让国有土地使用权，具有下列情形之一的，属于"情节严重"，依照刑法第四百一十条的规定，以非法低价出让国有土地使用权罪定罪处罚：

（一）出让国有土地使用权面积在三十亩以上，并且出让价额低于国家规定的最低价额标准的百分之六十的；

（二）造成国有土地资产流失价额在三十万元以上的。

第七条　实施第六条规定的行为，具有下列情形之一的，属于非法低价出让国有土地使用权，"致使国家和集体利益遭受特别重大损失"：

（一）非法低价出让国有土地使用权面积在六十亩以上，并且出让价额低于国家规定的最低价额标准的百分之四十的；

（二）造成国有土地资产流失价额在五十万元以上的。

■ 2005年12月30日，最高人民法院《关于审理破坏林地资源刑事案件具体应用法律若干问题的解释》

为依法惩治破坏林地资源犯罪活动，根据《中华人民共和国刑法》、《中华人民共和国刑法修正案（二）》及全国人民代表大会常务委员会《关于〈中华人民共和国刑法〉第二百二十八条、第三百四十二条、第四百一十条的解释》的有关规定，现就人民法院审理这类刑事案件具体应用法律的若干问题解释如下：

第一条　违反土地管理法规，非法占用林地，改变被占用林地用途，在非法占用的林地上实施建窑、建坟、建房、挖沙、采石、采矿、取土、种植农作物、堆放或排泄废弃物等行为或者进行其他非林业生产、建设，造成林地的原有植被或林业种植条件严重毁坏或者严重污染，并具有下列情形之一的，属于《中华人民共和国刑法修正案（二）》规定的"数量较大，造成林地大量毁坏"，应当以非法占用农用地罪判处五年以下有期徒刑或者拘役，并处或者单处罚金：

（一）非法占用并毁坏防护林地、特种用途林地数量分别或者合计达到五亩以上；

（二）非法占用并毁坏其他林地数量达到十亩以上；

（三）非法占用并毁坏本条第（一）项、第（二）项规定的林地，数量分别达到相应规定的数量标准的百分之五十以上；

（四）非法占用并毁坏本条第（一）项、第（二）项规定的林地，其中一项数量达到相应规定的数量标准的百分之五十以上,且两项数量合计达到该项规定的数量标准。

第二条　国家机关工作人员徇私舞弊,违反土地管理法规,滥用职权,非法批准征用、占用林地,具有下列情形之一的,属于刑法第四百一十条规定的"情节严重",应当以非法批准征用、占用土地罪判处三年以下有期徒刑或者拘役:

(一)非法批准征用、占用防护林地、特种用途林地数量分别或者合计达到十亩以上;

(二)非法批准征用、占用其他林地数量达到二十亩以上;

(三)非法批准征用、占用林地造成直接经济损失数额达到三十万元以上,或者造成本条第(一)项规定的林地数量分别或者合计达到五亩以上或者本条第(二)项规定的林地数量达到十亩以上毁坏。

第三条　实施本解释第二条规定的行为,具有下列情形之一的,属于刑法第四百一十条规定的"致使国家或者集体利益遭受特别重大损失",应当以非法批准征用、占用土地罪判处三年以上七年以下有期徒刑:

(一)非法批准征用、占用防护林地、特种用途林地数量分别或者合计达到二十亩以上;

(二)非法批准征用、占用其他林地数量达到四十亩以上;

(三)非法批准征用、占用林地造成直接经济损失数额达到六十万元以上,或者造成本条第(一)项规定的林地数量分别或者合计达到十亩以上或者本条第(二)项规定的林地数量达到二十亩以上毁坏。

第四条　国家机关工作人员徇私舞弊,违反土地管理法规,非法低价出让国有林地使用权,具有下列情形之一的,属于刑法第四百一十条规定的"情节严重",应当以非法低价出让国有土地使用权罪判处三年以下有期徒刑或者拘役:

(一)林地数量合计达到三十亩以上,并且出让价额低于国家规定的最低价额标准的百分之六十;

(二)造成国有资产流失价额达到三十万元以上。

第五条　实施本解释第四条规定的行为,造成国有资产流失价额达到六十万元以上的,属于刑法第四百一十条规定的"致使国家和集体利益遭受特别重大损失",应当以非法低价出让国有土地使用权罪判处三年以上七年以下有期徒刑。

第六条　单位实施破坏林地资源犯罪的,依照本解释规定的相关定罪量刑标准执行。

第七条　多次实施本解释规定的行为依法应当追诉且未经处理的,应当按照累计的数量、数额处罚。

■ 2012年11月22日,最高人民法院《关于审理破坏草原资源刑事案件应用法律若干问题的解释》

第三条　国家机关工作人员徇私舞弊,违反草原法等土地管理法规,具有下列情形之一的,应当认定为刑法第四百一十条规定的"情节严重":

(一)非法批准征收、征用、占用草原四十亩以上的;

(二)非法批准征收、征用、占用草原,造成二十亩以上草原被毁坏的;

(三)非法批准征收、征用、占用草原,造成直接经济损失三十万元以上,或者具有其他恶劣情节的。

具有下列情形之一,应当认定为刑法第四百一十条规定的"致使国家或者集体利益遭受特别重大损失":

(一)非法批准征收、征用、占用草原八十亩以上的;

(二)非法批准征收、征用、占用草原,造成四十亩以上草原被毁坏的;

(三)非法批准征收、征用、占用草原,造成直接经济损失六十万元以上,或者具有其他特别恶劣情节的。

第七条　本解释所称"草原",是指天然草原和人工草地,天然草原包括草地、草山和草坡,人工草地包括改良草地和退耕还草地,不包括城镇草地。

一、非法批准征收、征用、占用土地罪的沿革

土地问题向来是中国共产党特别看重的问题,从土地革命战争时期的"打土豪、分田地"到解放初期的土地改革运动再到改革开放以后的"家庭联产承包责任制",土地一直是革命年代和经济建设年代最重要的发展资源。我国宪法第6条规定,"中华人民共和国的社会主义经济制度的基础是生产资料的社会主义公有制,即全民所有制和劳动群众集体所有制";第10条规定,"城市的土地属于国家所有。农村和城市郊区的土地,除由法律规定属于国家所有的以外,属于集体所有;宅基地和自留地、自留山,也属于集体所有。国家为了公共利益的需要,可以依照法律规定对土地实行征收或者征用并给予补偿。任何组织或者个人不得侵占、买卖或者以其他形式非法转让土地。土地的使用权可以依照法律的规定转让。一切使用土地的组织和个人必须合理地利用土地"。《中华人民共和国土地管理法》第2条规定:中华人民共和国实行土地的社会主义公有制,即全民所有制和劳动群众集体所有制。全民所有,即国家所有土地的所有权由国务院代表国家行使。任何单位和个人不得侵占、买卖或者以其他形式非法转让土地。土地使用权可以依法转让。国家为了公共利益的需要,可以依法对土地实行征收或者征用并给予补偿。国家依法实行国有土地有偿使用制度。但是,国家在法律规定的范围内划拨国有土地使用权的除外。

刑法是一部保障法,对于土地如农用地、林地的保护,1997年刑法分别规定了非法占用农用地罪、盗伐林木罪等。第四百一十条非法批准征收、征用、占用农地罪是1997年刑法为处罚非法批准征收、征用、占用土地行为而设立的一种特殊领域的渎职犯罪,其立法目的是为了应对土地审批人员不合理行使职权的渎职行为以及就此保护土地资源

使用分配。根据上述宪法、土地管理法,国家为了公共利益的需要可以依法对土地实行征收或者征用,在实践中,这种土地的征收或征用引发了很多社会矛盾甚至集体性事件,造成了严重的"官民冲突",严重损害了人民群众与党和人民政府之间的密切联系。尤其,我国人多地少的基本国情使得对土地的保护更为重要,土地所有权虽然并不是归公民个人而是实行社会主义公有制,但土地作为重要的生产资料,其使用权、收益权等攸关公民个人的生存问题,是人民群众幸福生活的最基本前提。以耕地为例,习近平总书记就多次强调,要实行最严格的耕地保护制度,依法依规做好耕地占补平衡,规范有序推进农村土地流转,像保护大熊猫一样保护耕地。① 因此,合理使用土地资源是国计民生之大事,非法批准征收、征用、占用土地罪成为渎职犯罪和民生刑法中较为突出的罪名。

二、非法批准征收、征用、占用土地罪的构成

林业管理人员滥用职权案

【案例15-1】 2013年金溪县浒湾镇谭头村裕丰石场准备开采建筑用石,需向林业部门办理林地占用审批手续,而该石场所在林地于2006年被划为国家公益林。石场合伙人邓某找到时任金溪县林业局林业产权交易中心主任,同时负责林地管理工作的被告人黄环青帮忙办理林地占用手续,黄环青明知该石场所在林地性质为国家公益林,在没有向局领导报告及办理正规审批程序的情况下,擅自在该石场申请办理林地占用的请示报告上签署"情况属实"并加盖县林业局公章,致使该石场采矿权最终被挂牌出让。2014年9月18日,黄环青为了帮矿山老板邓某在县国土部门领取采矿证,采取虚假手段私自为其出具金溪县林业局准予行政许可决定书(金林地审字〔2014〕18号),并加盖占用林地审核专用章,也未按有关规定收取该石场占用林地的相关费用。2016年9月20日,经金溪县森林资源监测中心现场勘察,浒湾镇谭头村裕丰石场占用及取土后覆土已破坏林地植被面积为5.7334公顷(86亩),地类为有林地,属国家公益林。一审法院认为,被告人黄环青在负责金溪县林业局林地办工作期间,利用其职务便利,违反规定批准占用林地,造成林地损毁面积达86亩,致使国家或者集体利益遭受特别重大损失,其行为已构成非法批准占用土地罪。被告人上诉提出,签署占用土地报告的意见只是违规操作,且批准的只有9.6亩,没有达到刑事立案标准。二审法院审理后裁定,驳回上诉、维持原判。②

本案的争议焦点在于被告人行为的性质以及是否达到立案标准。根据刑法第四百

---

① 参见《习近平:做好耕地占补平衡 推进农村土地流转》,http://www.xinhuanet.com/politics/2015-05/26/c_1115415731.htm.
② 参见《江西省抚州市中级人民法院刑事裁定书》,(2017)赣10刑终字第2号。

一十条,非法批准征收、征用、占用土地罪是指国家机关工作人员徇私舞弊,违反土地管理法规,滥用职权,非法批准征收、征用、占用土地,情节严重的行为。本罪的罪状"违反土地管理法规"属于空白罪状,其具体职权的违反需要按照土地管理法规。根据2001年8月31日全国人大常委会《关于刑法第二百二十八条、第三百四十二条、第四百一十条的解释》,"违反土地管理法规"是指违反土地管理法、森林法、草原法等法律以及有关行政法规中关于土地管理的规定。例如,《中华人民共和国土地管理法》于1986年6月25日经第六届全国人民代表大会常务委员会第十六次会议审议通过,2004年8月28日第十届全国人民代表大会常务委员会第十一次会议进行了第二次修正,本法对耕地、建设用地的保护、征收、审批等进行了规范,如第61条规定:乡(镇)村公共设施、公益事业建设,需要使用土地的,经乡(镇)人民政府审核,向县级以上地方人民政府土地行政主管部门提出申请,按照省、自治区、直辖市规定的批准权限,由县级以上地方人民政府批准;其中,涉及占用农用地的,依照本法第四十四条的规定办理审批手续。如果负责管理、审批土地征收、征用、占用事项的国家机关工作人员基于徇私动机,违反相关实体或者程序规定,超越职权或者不正确行使职权,从而做出土地的征收、征用、占用的非法行政行为,则就符合本罪的行为构成要件和主观构成要件,情节达到严重程度的,就可以构成本罪。案例15-1中,被告人系金溪县林业局林业产权交易中心主任,同时负责林地管理工作,被告人在履行职务过程中,明知石场所在林地性质为国家公益林,在没有向局领导报告及办理正规审批程序的情况下,擅自在该石场申请办理林地占用的请示报告上签署"情况属实"并加盖县林业局公章,这种行为属于滥用职权行为;而且,后来为了帮矿山老板领取采矿证,采取虚假手段私自为其出具金溪县林业局准予行政许可决定书并加盖占用林地审核专用章,不按有关规定收取该石场占用林地的相关费用,滥用职权的行为进一步恶化。根据2005年12月30日最高人民法院《关于审理破坏林地资源刑事案件具体应用法律若干问题的解释》第2、3条,国家机关工作人员徇私舞弊,违反土地管理法规,滥用职权,非法批准征用、占用防护林地、特种用途林地数量分别或者合计达到十亩以上,即属于刑法第四百一十条规定的"情节严重",应当以非法批准征用、占用土地罪判处三年以下有期徒刑或者拘役;非法批准征用、占用防护林地、特种用途林地数量分别或者合计达到二十亩以上,即属于"致使国家或者集体利益遭受特别重大损失",应当判处三年以上七年以下有期徒刑。本案中,经金溪县森林资源监测中心现场勘察,浒湾镇谭头村裕丰石场占用及取土后覆土已破坏林地植被面积为5.7334公顷(86亩),地类为有林地,属国家公益林,被告人的行为已经达到入罪标准,且已经达到法定刑升格的标准,应当在三年以上七年以下有期徒刑的范围内量刑。

三、非法批准征收、征用、占用土地罪的处罚

如上所述,刑法第四百一十条对本罪设置了两档法定刑,分别是:情节严重的,处三

年以下有期徒刑或者拘役;致使国家或者集体利益遭受特别重大损失的,处三年以上七年以下有期徒刑。至于何为情节严重、何为致使国家或者集体利益遭受特别重大损失,我国司法解释区分了基本农田、林地、草原等不同的土地类型而做出不同的情节认定。按照本罪的行为构成以及罪名,本罪属于选择性罪名,即可以分为非法批准征收土地罪、非法批准征收征用土地罪、非法批准占用土地罪,案例15-1中被告人触犯的罪名是非法批准占用土地罪这一罪。对于非法批准征收、征用、占用土地罪的认定和处罚,还须注意选择性罪名可以并罚。例如,A 非法批准征收基本农田10亩、非法批准占用防护林地10亩,那么 A 的行为构成两个犯罪即非法批准征收土地罪、非法批准占用土地罪,且均为"情节严重",两罪的刑罚分别是三年以下有期徒刑或者拘役。假如 A 触犯的非法批准征收土地罪被判处2年有期徒刑,非法批准占用土地罪被判处1年有期徒刑,那么应当对之数罪并罚,在二年以上三年以下的有期徒刑范围内量刑。选择性罪名之所以要并罚,是为了充分评价犯罪行为的种类和程度,做到罪刑均衡。

草原监理站站长受贿后违规审批占用草地案

【案例15-2】 2013年7月,贵州融化集团投资有限责任公司兴仁县下山镇远程煤矿(以下简称远程煤矿)在未办理草原征占用手续情况下,在贵州省黔西南布依族苗族自治州兴仁县放马坪基本草原(以下简称放马坪草原)进行露天煤矿开采,造成放马坪草原被严重破坏。同年9月,农业部下发《关于贵州省兴仁县远程煤矿非法破坏草原案件的处理意见》,要求贵州省农业主管部门严肃查处该案。此后,远程煤矿仍不定期开工建设。2013年10月,宗某(另案处理)受远程煤矿股东高某委托请时任贵州省农业委员会(以下简称省农委)副主任的黄晓(另案处理)帮忙办理草原征占用手续,并在黄某办公室送给其人民币20万元(以下币种均为人民币)。同年12月的一天,宗某到刘某某家中送给其飞天茅台酒24瓶。2014年1月初的一天,黄晓召集时任省农委总畜牧师的龙鳌(另案处理)、罗某某到其办公室,称有领导打招呼关照远程煤矿,并安排龙某、罗某某用贵州省重点工程项目代替国家重点工程项目为远程煤矿办理放马坪草原征占用手续。龙某、罗某某未表示反对。此后罗某某找到刘某某,告知远程煤矿办理审批手续一事有领导打过招呼,并要求刘某某办理,刘某某亦未提出反对意见。1月28日,远程煤矿被省发改委列为2014年贵州省重大工程和重点项目。次日,宗某找到刘某某要求办理草原征占用审批手续。刘某某明知远程煤矿不属于国家重点工程项目,不符合审批条件,仍给远程煤矿办理草原征占用审批手续,并将相关文件拿给罗某某审阅。罗某某明知不符合审批条件,仍安排刘某某拟稿,并予以核稿后交龙某签批,后龙某签批同意并签发了《贵州省农业委员会关于兴仁县远程煤矿办理征用草原的批复》,同意远程煤矿征用放马坪草原67.64公顷(折合1 014.6亩)。宗某拿到该批复文件后,为表示感谢送给刘某某价值20 000元的购物卡。2015年春节前后的一天,宗某再次送给刘某某价值5 000元的购物卡。经鉴定,远程煤矿露天开采煤炭造成部分草原植被毁坏,被毁坏的草原总面积为 2 350 亩,应收取草原植被恢复费 5 170 000 元。①

行为人受贿后,非法批准征收、征用、占用土地的,应当对受贿罪和本罪进行数罪并罚,这与前述受贿后又犯渎职罪的处罚一般原则是一致的,只有徇私枉法罪除外(刑法第三百九十九条第四款规定:司法工作人员收受贿赂,有前三款行为的,同时又构成本法第三百八十五条规定之罪的,依照处罚较重的规定定罪处罚)。本案中,罗某某利用担任省农委草原监理站站长的职务便利,为他人谋取利益,并收受他人贿赂共计人民币 61 000 元;刘某某利用担任省农委草原监理站工作人员的职务便利,为宗某谋取利益,收受宗某财物,二人的行为还构成受贿罪;同时,罗某某、刘某某徇私舞弊,违反土地管理法规,滥用职权,参与非法批准占用草原 1 014.6 亩,致使国家利益遭受特别重大损失,行为构成非法批准占用土地罪。对此,应当对两个犯罪行为进行数罪并罚,而不应按照牵连犯从一重处罚。

---

① 参见《贵州省高级人民法院刑事判决书》,(2017)黔刑终字第 443 号。